BARBARA RUSCHER
Fuck the Reiswaffel

aufbau taschenbuch

BARBARA RUSCHER hat ein Lehramtsstudium mit Referendariat in Musik und Germanistik absolviert, was ihr die Grundausbildung für die Bühne lieferte – schaffst du das, schaffst du alles. Die preisgekrönte Kabarettistin lebt mit ihren zwei Kindern und jeder Menge Bio-Inventar in Köln. Ihr erster Roman »Fuck the Möhrchen«, eine wunderbare Satire auf die Bionade-Generation, war ein Bestseller.

Mehr unter www.barbara-ruscher.de

Kaum hat Mia das erste Lebensjahr hinter sich gebracht, da warten schon neue Herausforderungen auf sie: Erst holen Mama und Papa mit Baby Fritz einen Konkurrenten ins Haus, und dann soll Mia in einem Kinderterrorcamp, Kita genannt, untergebracht werden. Abschiebung? – Nicht mit Mia! Als ihre Eltern nach zähem Ringen beschließen, dass nun Papa zu Hause bleiben soll, damit Mama arbeiten gehen darf, steht Mias Kleinkindwelt kopf. Ein Leben ohne Mama – was soll daran bitte schön sein? Aber immerhin ist nun Schluss mit dem Bio-Zeug, pädagogisch wertvoller Frühförderung, festem Tagesablauf und wettergerechter Kleidung, sprich: mit all dem mütterlichen Perfektionismus. Während der Papa zunächst seine liebe Müh hat, das bisschen Haushalt und den Kinderkram in den Griff zu bekommen, merkt er schon bald, dass man als Vater mit Kind bei den Frauen punkten kann. Und dann entdeckt auch Mia die Vorzüge der Papa-Betreuung ...

»Es ist sehr lustig und sehr grauenvoll, was das Baby Mia berichtet.« *Berliner Zeitung zum Vorgängerroman »Fuck the Möhrchen«*

BARBARA RUSCHER

EIN
KLEINKIND
PACKT AUS

ROMAN

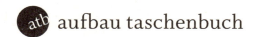

Die auf Seite 199 zitierten Passagen von Moritz Moppelpo stammen aus dem Hörbuch von Hermien Stellmacher: Moritz Moppelpo braucht keine Windel mehr und andere Geschichten. Gesprochen von: Stefan Maaß. München, Der Hörverlag, 2013.

ISBN 978-3-7466-3440-1

Aufbau Taschenbuch ist eine Marke
der Aufbau Verlag GmbH & Co. KG

1. Auflage 2018
© Aufbau Verlag GmbH & Co. KG, Berlin 2018
Umschlaggestaltung U1 berlin, Patrizia Di Stefano
unter Verwendung eines Bildes von © erllre / iStockphoto
Gesetzt aus der Whitman durch die LVD GmbH, Berlin
Druck und Binden CPI books GmbH, Leck, Germany
Printed in Germany

www.aufbau-verlag.de

Für meine Kinder

Kapitel 1

SCHNULLER, DIE IM DUNKELN LEUCHTEN

Ich wache auf.

Um mich herum herrscht Dunkelheit.

Nur in meinem Mund leuchtet es.

Neonpink.

So wird man heutzutage als Kind also in die Welt hineingeschubst. Oral gut versorgt, aber richtig mies gegendert.

Ganz ehrlich. Es gibt herrliche Schnuller, runde, symmetrische und kiefergerechte, mit Kirschkernform, aus Kautschuk, Silikon oder Latex, Bisphenol-A-freie Schnuller und sogar Schnuller aus in Mondlicht geschnitztem Ahornholz mit schamanisch besprochenen Poren.

Wäre mir alles recht. Nur PINK soll er bitte nicht sein.

Schaue in den Spiegel des gegenüberliegenden Wandschranks. O mein Gott. Es ist noch schlimmer, als ich dachte. Den Leuchteschnulli ziert ein Einhorn.

In den Akademikerkreisen, in denen sich Mama und Papa zu meinem Leidwesen bewegen, hat sich offensichtlich noch nicht rumgesprochen, dass ein kitschiges Fabelwesen mitnichten die richtige Vorbereitung auf das Leben im dritten Jahrtausend ist. Das Einhorn soll zwar das edelste und reinste aller Fabeltiere sein, da es für Anmut und Eleganz und Freiheit steht, aber jedes Kind kennt doch die schreckliche Wahrheit über das Tier mit dem langen Kegel auf der Nase: Einhörner pupsen Regenbögen in allen Farben.

Schlimmer geht es nicht.

Ich spucke das Ding aus, vermisse es jedoch sofort, diesen gummierten Brustwarzenersatz, dieses unvergleichlich befriedigende Gefühl im oralen Bereich. Einhorn hin oder her. Ich taste nach dem Schnuller, doch er fällt durch die Stäbe meines Gitterbettchens – und rollt fort, in unerreichbare Ferne. Ich gerate in Panik. Mein Gehirn gibt ein Signal an die Stimmbänder, und sie gehen in Stellung. Ich schreie mit all der Kraft, die meine zwölf Monate alten Lungen zu bieten haben, und gebe wirklich alles, um meinen Beruhigungssauger zurückzuordern. Doch nichts passiert. Noch nicht einmal das Fürsorgepersonal erscheint.

Ich schreie weiter.

Endlich hastet Mama herein und beginnt sofort, hektisch den Schnuller zu suchen. Sie hat ihre Brille nicht auf, also geht sie auf die Knie und tastet sich vorwärts, ihre dunklen langen Haare fallen in ihr bleiches Gesicht.

»Da!«, schreie ich.

»Wo?«, fragt sie.

»Da!«

»Wo?«

»Dadada!«

Mama holt Papa.

»Ja, wo ist denn unser kleiner Dadaist?« Papa fährt sich durch seinen Hipster-Bart, wie ihn heutzutage alle Väter haben, die modisch was auf sich halten. Was ich über das Gestrüpp an seinem Kinn denke, habe ich ihm noch nie gesagt, denn ich habe ihn lieb und will ihn nicht verletzen. Da muss er schon selbst drauf kommen. Außerdem: Mode kommt, Mode geht.

Bei der Schnullersuche bemüht er sich jedenfalls redlich und lacht gequält unter meinem Bettchen hervor. Doch Humor dieser Art ist mitten in der Nacht nicht meine Sache.

Ich schreie noch lauter, um meinen Punkt klarzumachen. Papa fragt: »Mia, wollen wir uns nicht lieber beruhigen?«

Du vielleicht, denke ich. Ich nicht. Erst brauche ich mein Einhorn zurück.

Ich schreie weiter, denn er hat meinen wunden Punkt getroffen. Das Einzige, was ich sagen kann, ist »Mama«. Und vielleicht noch »Da.« Gut, ich bin erst ein Jahr alt, aber durch die monatelange Frühförderung bereits im Mutterleib meiner sprachlichen Kompetenz geistig weit voraus. Ein unangenehmer Zustand, und ich trainiere hart, um meinen Wortschatz zu erweitern. Kurz: Ich rede den ganzen Tag, selbst wenn mich so gut wie niemand von den Erwachsenen versteht. Bloß meine Mama scheint manchmal zu spüren, worum es mir geht. Auf die ist Verlass.

Meinen besten Freund Teddy, der jede Nacht bei mir schläft, nervt mein Gebrabbel, aber ich lasse mich nicht vom Üben abhalten, immerhin möchte ich später in der Lage sein, souveräner als ehemalige bayrische Ministerpräsidenten beschreiben zu können, wie man vom Bahnhof zum Flughafen kommt.

»DAAAAA!«

Obwohl mein Redefluss Teddy oft zu viel wird, bin ich erleichtert, dass wenigstens er mich versteht. Ebenso wie meine gleichaltrigen Freunde Sören-Wotan und Levke-Fee – auch wenn sie die Einzigen sind.

»DAAAAA!«

Mama sagt, ihr Rücken mache ihr schon wieder Probleme, sie müsse sich sofort hinlegen, Papa solle weitersuchen und um Himmels willen endlich dafür sorgen, dass Mia sich beruhige.

Ist klar.

»Du brüllst wie Carmen Geiss nach ihrem Mann«, sagt Teddy.

»Ooooooh neeeeee«, rufe ich, und er äfft mich nach und schreit: »Rooooobert!«

Ich sehe das einfach nicht ein. Seit Mama wieder schwanger ist, geht es immer nur um dieses Baby, das doch realistisch betrachtet noch gar nicht da ist. Um mich kümmert sich überhaupt niemand mehr. Ich werde ignoriert und könnte kotzen. Wie Mama, sie macht das oft, seit ihr Bauch dicker wird. Hat wohl auch keinen Bock auf Fritz, den Fötus.

Statt mich – wie früher – selig lächelnd anzustrahlen und mir ununterbrochen zu sagen, wie lieb sie mich habe und dass ich ihr allerliebster Schnurzipurz sei – ein Kosewort, das seinesgleichen sucht –, gibt es nun immer etwas, worüber sie sich beschwert. Fritz mache Streifen auf ihren Bauch, sie habe Sodbrennen und könne nicht mehr mit mir toben. Ich frage mich ernsthaft, warum sie Fritz nicht einfach aus ihrem Bauch rausschmeißt. Zu nichts nütze, dieser Zwerg, einfach nur ein Störfaktor. *Ein* Kind reicht doch.

Vor kurzem noch hat sie immer mit mir »Hoppe, hoppe Reiter« gespielt, ein wirklich dämliches Spiel, bei dem sie irgendwann so tut, als ließe sie mich fallen, was sie aber sowieso nicht macht, immerhin ist sie meine Mama. Trotzdem hat mir dieser Quatsch mit ihr immer Spaß gemacht. Habe mich ihr zuliebe bei jedem Hops ahnungslos gestellt und dann gejuchzt, wenn sie mich im Fallen ganz überraschend aufgefangen hat. Zugegebenermaßen eine sehr schlichte Form der Unterhaltung, aber es war schön, sie glücklich zu machen.

Jetzt hat sie Angst, dass ich beim Hopsen gegen ihren Bauch stoße und Fritz dann anfängt zu boxen. Wo soll das noch enden? Wird sie mich irgendwann gar nicht mehr auf den Arm nehmen, wenn ihr Bauch so weiterwächst? Das einzig Gute an dem Bauch sind die Streifen darauf. Ich stelle mir immer vor, das seien Straßen und fahre mit meinem Spielzeugauto darauf entlang. Manchmal nehme ich auch ein Flugzeug, dann sind es die Landebahnen des Berliner Flughafens. Papa hat mal gesagt, da sei jetzt sehr viel Platz.

Wo bleibt eigentlich mein Schnuller? Die waren auch schon mal flotter.

Ich schreie lauter.

Papa redet nun irgendetwas vor sich hin, was sich ehrlich gesagt kaum von meiner Brabbelei unterscheidet, rennt in die Küche, kramt wie ein wildgewordener Minion in den Schubladen, kommt zurück und stopft mir ein unbekanntes Objekt in den Mund. Was ist das? Auf jeden Fall *nicht* mein Schnuller.

Mit mir kann man es ja machen.

In meiner Not wünsche ich mir zum ersten Mal in meinem Leben meine Hebamme Gudrun Rudolf-Steiner-Wiebkötter herbei und will von neuem schreien, doch mein Mund ist versiegelt. Fühle mich wie ein mittelalterlicher Brief, dessen Siegel nur der Papst aufbrechen kann. Unerwarteterweise schmeckt es aber plötzlich wunderbar nach Traube, ein bisschen vergoren vielleicht, aber das ist eindeutig Traube.

Papst, du kannst zu Hause bleiben.

Teddy wacht auf. Bestimmt hilft er mir und erklärt mir, was das alles zu bedeuten hat. Teddy, mein Buddy, mein brother in brain. Und in Braun. Der Einzige in meiner Umgebung, der einen tiefen Schlaf hat und der mich versteht wie kein anderer. Immer und überall. Mit ihm kann ich über alles reden, wirklich alles. Und er hat viel Erfahrung, denn er macht den Job als kuschliger Kinderbeistand schon lange. Sogar Oma hat er schon begleitet, als sie klein war, und dass er das überlebt hat, zeigt, wie robust, willensstark und gutmütig er ist.

Teddy sieht das Ding in meinem Gesicht und fängt an zu schnuppern. »Mmh, Merlot von 2013, fruchtig und mit leicht holzigem Geschmack«, murmelt er und will mir den Korken aus dem Mund ziehen, doch ich beiße zu.

»So was Gutes kriegt Fritz nicht, da kann er es im Bauch noch so schön haben«, triumphiere ich, »Merlot, aha, das merke ich mir! Danke für die Information, Teddy-Buddy, aber das ist jetzt meiner.«

Doch inzwischen hat Papa den Bling-Bling-Schnuller gefunden und tauscht die beiden aus.

»Ich will den Merlot-Nucki zurück«, schreie ich erbost, doch heraus kommt nur: »Da, da, da.«

»Ja genau, da ist dein Leuchteschnulli«, freut sich Papa. Ich gebe auf.

Teddy dreht sich auf den Bauch, um weiterzuschlafen, vielleicht auch aus Frust, weil er nicht an dem Korken lecken durfte, denn Teddy liebt guten Wein. Doch Papa hebt ihn hoch, drückt ihn mir in den Arm und verlässt seufzend das Zimmer.

»Auch gut«, murmelt Teddy und widmet sich genüsslich einer lautstarken Flatulenz. »Das musste noch raus«, kommentiert er und kuschelt sich behaglich in meinen Arm.

Wenn mein braunhaariger Freund aufgeregt ist, muss er immer pupsen, was viele mit dem »Bööööh« verwechseln, das Teddys manchmal machen, wenn man sie auf den Bauch dreht.

Kurze Zeit später ist er eingeschlafen und schnarcht wie ein Holzfäller.

Ich liege wach, warte darauf, dass die Feinstaubwerte wieder sinken, und denke über einen neuen Geschäftszweig nach. Es muss doch möglich sein, Schnuller mit Aroma zu erfinden. Erdbeere, Schokolade, von mir aus auch Pastinake.

Für die ganz Harten. Gleich morgen werde ich die Sache angehen, denn ich brauche dringend Geld.

Und Teddy eine Polypenverkleinerung.

Am nächsten Morgen haben Papa und Mama eine Gesichtsfarbe wie zwei einsame Vampire. Sie hocken in unserem Reihenhaus-Wohnzimmer auf der braunen Sitzgarnitur und trinken starken Kaffee. Fairtrade natürlich. Ich kratze ein bisschen an der Retro-Tapete. Konzentrische Kreise in Ockergelb und Umbra, das halte ich auf Dauer nicht aus. Irgendwie muss man das Ding doch abkriegen.

»Das kann man nur mit Drogen ertragen«, sagt Teddy und bastelt sich einen länglichen weißen Stab mit Kräuterkrümeln darin. »Lass die Tapete an der Wand, gleich geht's ab.«

Finde es nicht gut, dass er Mamas Tee zum Basteln benutzt. *Kraft und Harmonie* ist ihre Lieblingssorte, gleich nach *Nicht-schon-wieder-Montag*-Tee, und ich wette, wenn Fritz erst einmal rausgekommen ist, braucht sie die doppelte Portion.

Teddy interessiert das nicht, er bastelt weiter.

Komisch, dass man Teesorten so benennt. Biersorten heißen ja auch nicht *Morgen-hab-ich-garantiert-nen-Kater* oder *Ich-will-vergessen-einfach-nur-vergessen* oder *Wenn-ich-trinke-muss-ich-nicht-reden*. Und wann um Himmels willen soll man einen *Wach-auf*-Tee trinken?

Papa nimmt einen weiteren Schluck aus seiner Kaffeetasse und starrt auf einen der Kreise. Der Kaffee scheint ihm plötzlich Schwung zu geben, vielleicht war es auch der Kreis, jedenfalls knallt er plötzlich seine Tasse auf den Tisch, sieht Mama an und sagt: »Heike, so geht das nicht weiter. Was hast du eigentlich beim Abstillen falsch gemacht, dass Mia nach einem Jahr immer noch nicht durchschläft?«

»Ich?« Mamas Augen werden groß.

Teddy guckt sich hektisch nach seiner Bastelarbeit um und atmet erleichtert auf, als er das Ding hinter seinem Ohr entdeckt.

»Was hat das denn mit dem Abstillen zu tun?«

»Mia hat sich viel zu lange dran gewöhnt, nachts dauernd die Brust zu kriegen!« Papa ist richtig in Rage. »Mich hast du nie so häufig rangelassen.«

Mama schnappt nach Luft. »Ach daher weht der Wind! Weil DU sexuell frustriert bist, bin ICH schuld an Mias Schlafverhalten.« Ungläubig schüttelt sie den Kopf. »Du warst es doch, der das Stillen so wichtig fand. Wegen deiner Allergien, hast du gesagt. Weil sich das aufs Kind übertragen kann, und Stillen der beste Schutz sei. Und ich hab mitgemacht, obwohl mir die Brustwarzen dabei so wehgetan haben, als würde eine vom Pflegenotstand frustrierte Krankenschwester ein Dutzend großflächiger nicht-sensitiver Pflaster mit einem Ruck abreißen. Ich habe die Zähne zusammengebissen und weitergemacht. Und jetzt bin ICH schuld?«

Ja, Mama, du bist schuld. Zum Glück. Muttermilch ist das Beste, was es gibt, und ich kann es immer noch nicht fassen, dass das Stillen für immer vorbei sein soll. Aber, lieber Papa, deshalb nicht durchzuschlafen, würde der Sache doch ein bisschen zu viel Bedeutung beimessen. Immerhin bin ich inzwischen ein Kleinkind. Und für Kleinkinder gibt es Süßigkeiten.

Papa fährt sich nervös durch die Haare. »Natürlich bleibe ich dabei, dass Stillen wichtig ist. Aber wenn du früher abgestillt hättest, hätte Mia sich früher ans Durchschlafen gewöhnen können.«

»Dann zeig doch mal, dass du Erziehung besser drauf hast, und mach ein Durchschlaftraining mit Mia!«

Durchschlaftraining. Das Wort kenne ich noch nicht. Wie soll das gehen? Entweder wache ich auf, weil ich Papa schnarchen höre, oder ich träume was Doofes. Und jeden Dienstag kommt Teddy nachts betrunken aus der Kneipe und weckt mich. Das alles abzutrainieren erfordert Sinn und Verstand und scheint mir ein ziemlich komplexes Projekt, aber ehrlich gesagt erweckt Papa in seiner jetzigen Verfassung, mit all dem Schlafmangel, über den er ständig klagt, nicht gerade den Anschein, als sei er mit zahllosen innovativen, spritzigen Ideen gesegnet.

Seit Tagen reden Mama und Papa darüber, dass es so nicht weitergehen könne, dass sich etwas ändern müsse, dass sie das nicht länger durchhielten. So was höre ich schon seit einem Jahr immer mal wieder, aber irgendwie sind sie plötzlich so ernst dabei. Und nun diskutieren sie auch noch über meine Unterbringung in einer Anstalt.

Ich ahne Schlimmes.

Sie lieben mich nicht mehr.

»Ungeliebte Menschen in eine Anstalt einpferchen, das ist schon lange verboten«, schreie ich. »Das durften Männer früher mit Frauen machen, die es gewagt haben, eine eigene Meinung zu haben. Aber das ist vorbei! Und jetzt sollen da stattdessen wir Kinder rein?«

Doch sie sagen nur: »Mia, jetzt nicht, dududu«, und drücken mir den Schnuller in den Mund.

Ich soll in eine Anstalt. Eine Anstalt für Kinder. »Kita« nennen sie das. Hm, wofür steht das wohl? Kinder-Terror-Akademie? Oder nein, sicher bilingual. Englisch-Deutsch. Kids-Terrorism-Akademie.

Vielleicht lieben sie mich ja doch noch und sind nur radikal geworden. Werden ja viele momentan. Ich soll eine Ausbildung in einer Akademie machen und dann in den heiligen Krieg ziehen, um Kinderlose durch ohrenbetäubendes Gebrüll fertigzumachen. Die sollen aufhören, stundenlang gemütlich Bücher zu lesen und Kinoabende zu planen und miteinander zu reden, ohne dass einer dazwischenblökt oder das Möhrchenglas umkippt. Die sollen sich endlich der Realität stellen, Kinder zeugen und die Rente sichern und es auf sich nehmen, sich monatelang übermüdet in Bionade-Cafés mit laktosefreiem Latte macchiato und frischem Minz-Ingwer-Tee rumzutreiben.

Igitt.

Meine Eltern schauen mich an. Die hecken irgendwas Schlimmes aus, das sehe ich doch.

»Es ist so schön dort, Mia«, flötet Mama.

»Da findest du Freunde«, lächelt Papa.

Verarschen kann ich mich alleine. Habe genug Außenkontakt. Da ist zuallererst Sören-Wotan, der Sohn von Marlon und Bettina. Die sind zwar getrennt, aber Eltern bleibt man ein Leben lang, aus der Nummer kommt man nie wieder raus. Bettina ist Mamas alte Schulfreundin, wobei das Wort »Freundin« ihrer nicht spannungsfreien Beziehung vielleicht nicht immer gerecht wird. Bettina ist in Bezug auf Sören-Wotan ein wenig überambitioniert, um nicht zu sagen: ehrgeizig wie zehn Eckart von Hirschhausens. Seit sie aber ihre Neigung zu Frauen entdeckt hat und mit Gudrun Rudolf-Steiner-Wiebkötter zusammen ist, wirkt sie entspannter. Marlon ist Creative Director, von sich selbst überzeugter Dubadoo-S1-Kinderwagen-Experte mit gegelten

Haaren und ein ziemlicher Schnösel, aber Mama mag ihn trotzdem. Solange er die Finger von ihr lässt, soll es mir recht sein.

Erstaunlich ist jedoch, dass diese beiden narzisstisch leicht gestörten Personen einen so wunderbaren Sohn haben: Sören-Wotan, mein rothaariger Lover. Gut, so weit sind wir noch nicht, bis jetzt sind wir erst einmal Freunde. Aber ich sehe der Zukunft positiv gestimmt entgegen. Außer was die Schwiegereltern betrifft. Bettina hat Sören-Wotan das Kinderzimmer mit Bob der Baumeister tapeziert, der *Können wir das schaffen? Ja, wir schaffen das!* in sieben verschiedenen Sprachen sagt.

Gut, dass Sören-Wotan jetzt mich hat. Das bringt ihn auf den Boden der Tatsachen zurück. Außerdem hat Gudrun Rudolf-Steiner-Wiebkötter einen guten Einfluss auf Sörens Mutter, und auch sie selbst ist viel gelassener, seit sie »gleichgeschlechtlich liebt«, wie sie es nennt. Sogar gegen meinen Schnulli hat sie nichts mehr gesagt, obwohl das mit ihrer anthroposophischen Angst vor Stillverwirrung eigentlich nicht vereinbar ist. Das rechne ich Bettina hoch an.

Außerdem spiele ich oft mit der Nichte unserer Nachbarin Wiebke. Sie heißt Levke-Fee und ist ein allergiegestrafter Hypochonder, aber sonst ganz in Ordnung. Zwar hat sie ein Auge auf meinen Sören-Wotan geworfen, doch das kriege ich in den Griff. Habe für den Notfall ein paar Haselnüsse und Birkenpollen gesammelt und hoffe, dass sie mich nicht zum Äußersten treibt.

Von Teddy lerne ich alles, was ein Mädchen wie ich fürs Leben wissen muss, vor Eltern jedoch geheim gehalten wird. Und schließlich ist da noch der Mops von Wiebke. Mittlerweile sind wir Freunde. Na ja, zumindest haben wir eine Abmachung. Ich werfe ihm Stöckchen zum Schnappen und schiebe ihm unterm Tisch meinen Pastinaken-Hähnchen-Brei zu, dafür darf er als Belohnung mein Gesicht abschlecken. Mich ekelt das ja ein bisschen an, aber der Deal ergibt im kulinarischen Bereich für mich wirklich Sinn. Meine Mutter und Wiebke finden den feuchten Liebesbeweis des Mopses erstaunlicherweise süß, aber die finden ja auch Tom Cruise süß, einen Mann, der zwar einigermaßen gut aussieht, aber mit voller Überzeugung einer inakzeptablen Sekte angehört. Furchtbar, wozu eine geringe Körpergröße einen Mann treiben kann. Porsche oder Sekte, eins von beiden muss die Sache in diesen Fällen immer kompensieren.

In der Zwischenzeit diskutieren meine Eltern noch über meine Unterbringung während ihrer Arbeitszeit.

»Oder Oma muss ran«, schlägt Papa vor.

»Das macht die nie«, winkt Mama ab. »Außerdem erwirbt unser süßes Scheißerchen dann keine Sozialkompetenz, überleg doch mal, ohne andere Kinder wird sie mit Sicherheit zum Nerd, wird drogenabhängig oder was weiß ich ... Und Oma füttert sie immer mit Sahne.«

»Mark Zuckerberg war auch ein Nerd«, gibt Papa zu bedenken.

»Trotzdem«, sagt Mama.

»Der hat Facebook erfunden und ist jetzt einer der reichsten Männer der Welt«, lächelt Papa, »immerhin.«

»Siehst du! Deshalb ist Facebook gut beim Sammeln von Daten, aber schlecht bei der schnellen Vernichtung von Hass-Posts, Nazi-Statements und Katzenbildern.«

Papa seufzt.

Das nenn ich eine gute Argumentation – ich bin stolz auf sie.

Es klingelt an der Tür. Nachbarin Wiebke fragt, was denn letzte Nacht los gewesen sei, sie habe sich ernsthaft Sorgen gemacht, ich habe ja gebrüllt wie vögelnde Katzen. Sie schmeißt sich müde auf einen Küchenstuhl und packt einen Stapel selbstgemachte Buchweizen-Pfannekuchen aus.

»Vögelnde Katzen? Was ist das denn? Gibt es auch katzelnde Vögel?«, frage ich Teddy.

»Das ist noch nichts für dich«, antwortet er gleichgültig und versucht weiter, sich ein Piercing in den Bauchnabel zu hämmern.

Mama sagt: »Mia hatte ihren Schnuller verloren, und Chris hat nachts einen Durchblick wie Donald Trump politisch.«

Papa seufzt, verdreht die Augen und zwinkert mir müde zu.

Wiebke gähnt.

Mama fährt fort: »Wir wollen Mia in einer Kita anmelden...«

Wiebke ist schlagartig wach.

Die also auch.

»Waaaas, das habt ihr noch gar nicht gemacht?«

Papa spielt mit Essstäbchen Schlagzeug auf zwei Pfannkuchen.

»Wieso?«, sagt Mama. »Sie soll doch erst mit zwei Jahren gehen.«

»Das ist doch nur noch EIN JAHR hin!«, krächzt Wiebke entsetzt und nimmt Papa das Schlagzeug weg. »Da kriegt ihr doch jetzt KEINEN PLATZ MEHR!«

Prima, denke ich, Problem gelöst.

Der Mops röchelt beifällig, und Mama fragt: »Wieso? Es gibt doch zig Kitas in unserem Viertel in Köln.«

Wiebke guckt sie an. »Aber auch zig Kinder. Und ihr wollt doch eine GUTE Kita für euren Schnurzipurz.«

Schnurzipurz. Mir wird übel.

Papa tätschelt mir liebevoll den Kopf, als wäre ich eine

Bulldogge. Ich glaube, er hat momentan wirklich keinen Durchblick, und ich sabbere hundemäßig, um ihn nicht zu verstören.

Wiebke hakt nach.

»Aber wenigstens das Baby habt ihr doch schon angemeldet, oder?«

Mama und Papa gucken sich an.

»Neeeei-ein«, sagt Mama, »das ist doch noch gar nicht geboren.«

»O Gott, du hast ja wirklich keine Ahnung!« Wiebke sackt in sich zusammen.

Papa tätschelt nun Mamas Bein.

»Keine Sorge, Schatz, ich habe mich da natürlich lange vor der Zeugung abgesichert, wir haben die Zusage für einen Platz in einer Kita, die heißen *Die glutenfreien Gnocchis*«, sagt Papa und stellt den Ahornsirup auf den Tisch.

»Echt? Kenn ich gar nicht, aber super!«, freut sich Wiebke. Erleichtert prüft sie, ob der Ahornsirup das Bio-Siegel hat oder zumindest Fairtrade ist. Sie schüttelt den Kopf, enttäuscht über so viel Ignoranz des gesellschaftlichen Ernährungsfortschritts, holt aus ihrer Handtasche ein Weckglas mit Zimt und Kokosblütenzucker, bestreut ihren Pfannekuchen damit und beißt hinein.

Mama und Papa lachen, und auch ich muss gestehen, dass mein Vater sehr überzeugend gewirkt hat.

Wiebke ist sauer.

Der Mops kotzt meine Buchweizenpfannkuchenreste aus.

»Iiiih«, sagt Papa und wird grün im Gesicht. »Ist das eklig.«

Wiebke guckt betroffen, was Mama offenbar leid tut.

»Wiebkes Mops kotzt. Das ist nicht eklig, Chris, das ist Poesie. Denk nur an Ernst Jandl«, sagt Mama und lächelt Wiebke an.

Es ist erschreckend, wie sehr sich Frauen in der Schwangerschaft verändern.

Draußen verdunkeln sich die Wolken, und Wind kommt auf. Wolken, Wind und Wiebke – für meinen Geschmack zu viel Alliteration.

Ich befeuchte meinen Zeigefinger und male mit der Zimt-Kokosblütenzucker-Mischung ein Anti-Atomkraft-Tattoo auf Mopsis Fell.

»Ihr werdet schon noch sehen, wie schwierig es ist, einen Platz zu bekommen«, murmelt Wiebke beleidigt und wischt mein Kunstwerk ab.

Bin enttäuscht. Noch nicht mal Wiebke hat Verständnis für meine gesellschaftskritische Kunst.

Papa sagt beschwichtigend, er sei ihr dankbar für den Tipp und werde umgehend bei der Stadt anrufen.

Er verlässt die Küche.

Sie machen wirklich ernst. Bin völlig verzweifelt und vertraue mich Teddy an.

Er fängt an zu lachen und schlägt sich auf die Schenkel.

Ich haue ihn.

»Aua«, sagt er entrüstet und dann: »Entschuldige, Mia, aber Kita, das ist kein Terrorcamp ... obwohl, eigentlich schon, nur anders.« Er kichert von neuem und schlägt sich schuldbewusst die Pfoten vor den Mund.

»Kita – da treffen sich Kinder und spielen zusammen. Es sind mehrere Betreuerinnen da, die für euch sorgen und mit euch spielen.«

Oha.

Er ergänzt: »Da wird Musik gemacht und gemalt und gerutscht, einfach herrlich.«

Ich bin sprachlos. Anscheinend sind meine Eltern eigentlich doch ganz in Ordnung.

Ich klettere auf Mamas Schoß und lullere ein bisschen an ihrer Kette rum, doch Mama sagt: »Nicht, Mia, ich habe keine Zeit«, setzt mich auf den Tripp-Trapp-Hochstuhl und legt mir bunte Plastiklöffel vor die Nase.

Was soll ich denn damit? Ohne Glockenspiel. Ohne dass sie mir jemand wieder aufhebt.

Mama seufzt wie Bert, wenn Ernie wieder Regenschirm, Taschenlampe und Fußball mit in die Badewanne nehmen will, und schaltet ihren Laptop an. »Wenn man nicht alles selbst macht.«

Unbemerkt stelle ich mich auf den Tripp Trapp und luge über ihre Schulter.

Es poppt eine Site mit dem Namen *Still-Bill, der Mami-Chat* auf, und Mama beginnt zu schreiben. Offensichtlich ist es ihr peinlich, sich diesem Forum anzuschließen, deshalb benutzt sie ein Pseudonym.

Schlaue Mama.

Kunstabzugshaube: Liebe Mütter, wisst ihr, wie man einen U3-Kita-Platz bekommt? Unsere Tochter Mia ist schon ein Jahr alt, und wir suchen einen Betreuungsplatz. Bin für jede Hilfe dankbar.

Thermomixfee: Wie bitte? Du willst dein Kind schon so früh weggeben? Die passen in diesen Läden doch gar nicht auf. Und wenn deine Zuckermaus da zum Beispiel eine Nuss verschluckt, und keiner kriegt's mit? Das ist lebensgefährlich in dem Alter! MUSST du wirklich arbeiten? Was macht denn dein Mann?

Einlauf-Mutter: Kinder gehen einem doch sowieso nur auf den Sack.

Eiskunstläuferin: Ist wirklich schwer, einen Platz zu finden, deshalb habe ich eine Nanny eingestellt. Die hat unseren Konstantin-Levan immer im Auge und bringt ihm sogar Fremdsprachen bei.

MissKatze7: Ja, aber ich dachte, in der Kita lernen die doch auch Sozialverhalten, das ist doch supi.

Eiskunstläuferin: Sozialverhalten hat meine Nanny auch.

Thermomixfee: Das Sozialverhalten der Kinder hängt doch am meisten vom Sozialverhalten der Eltern ab. Aber vielleicht ist Mias Vater ja arbeitslos, und Kunstabzugshaube MUSS arbeiten?

Amaranth-Stute: Hauptsache, die kochen da gut. Du musst unbedingt eine Kita mit Bio-Essen finden. Am besten mit eigenem Gemüseanbau, wo die Kinder mitgärtnern können.

Kunstabzugshaube: Mein Mann ist nicht arbeitslos.

Amaranth-Stute: Erdbeeren, Tomaten, Artischocken.

ThermomixFee: Und dann in den Thermomix, der kann ja auch Smoothies.

Amaranth-Stute: Wir sind bei Schabernack, kann ich nur empfehlen. Die erziehen anthroposophisch und frei von jeglichem konsumistischen Terror. Neulich haben sie Blockflötenhüllen selbst gefilzt.

ThermomixFee: Smoothies, da merken die Kinder gar nicht, was da alles an gesunden Sachen drin ist.

Einlauf-Mutter: Dann brauchst du es auch nicht selber anbauen. Kinder haben da eh keinen Bock drauf. Nimm ne Fanta, da sind Orangen drin.

Gute Idee. Klettere vom Tripp Trapp und öffne den Kühlschrank auf der Suche nach Fanta. Finde keine. Stattdessen stehen da zwei Pappkartons mit Eiern drin. Sehen aus wie große elliptische Flummis. Frage mich, ob die titschen können und werfe eins auf den Boden. Fehlanzeige. Sage der Einfachheit halber »Da!«, um Mama das Ergebnis meines Experiments zu zeigen. Doch Mama ist so vertieft in ihren Chat, dass sie nicht im Stande ist, meine physikalischen Studien zu würdigen.

Also mache ich allein weiter.

Um auszuschließen, dass das erste Ergebnis ein Zufall war, werfe ich das zweite Ei auf den Boden. Gelber und durchsichtiger Glibber fließen nun durcheinander, was mich künstlerisch ungemein inspiriert. Nacheinander werfe ich nun alle Eier auf verschiedene Stellen auf den Boden.

Betrachte begeistert mein Werk.

Sah nicht schon Franz Marc seinerzeit im Gelb das »Sanfte, Heitere, Sinnliche«? Ich hoffe, die trübe Stimmung meiner Mutter damit aufhellen zu können.

Stupse sie an, doch sie sagt nur: »Mia, ich KANN jetzt NICHT!«

»Du meinst, du willst nicht«, sage ich. »Von diesem Anblick bekommt man aber garantiert gute Laune. Du willst lieber wieder zum Therapeuten rennen, für etwas, das du hier bei mir gratis haben könntest.«

Natürlich versteht sie mich nicht. Frustriert betrachte ich das Ergebnis meiner Arbeit. Irgendetwas fehlt noch.

Ich öffne den Kühlschrank und angele mir die Ketchupflasche. Umrande jedes einzelne Werk mit einem kräftigen Rot. Das ist nicht einfach, aber die Glibberhaufen machen nun einen durchaus ästhetischen Eindruck und sehen fast aus wie Turners »Licht und Farbe. Der Morgen nach der Sintflut«.

Teddy lacht und meint, es erinnere ihn eher an einen dieser naiven Tetsche-Cartoons aus dem *Stern*, nur dass die Eier nicht gebraten wären.

Pah.

Betrachte mein Werk als vollendet und klettere wieder auf den Tripp Trapp, um zu sehen, wie weit Mama inzwischen gekommen ist.

MissKatze7: Schabernack, das ist doch dieser ehemalige sozialistische Kinderladen, die laufen doch immer alle in Jute rum, da würde ich mein Kind nie hingeben.

Amaranth-Stute: Besser als Polyester. Du bist doch im Fitness-Studio, oder? Gibt's da eigentlich auch Faszien-Yoga?

Kunstabzugshaube: Hätten die denn noch einen Platz?

MissKatze7: Im Fitness-Studio?

Kunstabzugshaube: Nein, in der Jute-Kita.

Amaranth-Stute: Ich frag mal nach, aber ich glaube nicht. Bist du denn Anthroposophin?

Thermomixfee: Anthroposophin? Ist doch unwichtig, Hauptsache, man wäscht das Gemüse.

MissKatze7: Im Fitness-Studio sind noch jede Menge Plätze.

Kunstabzugshaube: Was kostet denn eine Nanny?

Eiskunstläuferin: Unsere kostet 3000 Euro, aber sie hat auch mehrere Zertifikate und war vorher in verschiedenen adeligen Häusern.

Kunstabzugshaube: Amaranth-Stute, sag bitte Bescheid, ob bei den Jute-Leuten ein Platz zu haben wäre. Und letzte Frage: Wie bekommt man es hin, dass Buchweizenpfannkuchen lecker schmecken?

Einlauf-Mutter: Mit Zucker.

Mama klappt den Laptop zu und seufzt. Dann sieht sie mein Werk und beginnt zu schreien.

»MIA!«

»Ja! Das war ich!«, sage ich und erwarte Lob und das Bereitstellen weiterer Materialien.

Doch sie schreit: »Was für eine Sauerei!«, holt den Wischmopp und wischt alles weg. Wirklich ALLES.

Das erzürnt mich sehr. Jetzt weiß ich, warum sie mich in eine Einrichtung stecken will. Die künstlerische Konkurrenz ist ihr zu groß.

Bin nun richtig sauer und beschließe, meine Kunst ab jetzt heimlich auszuüben.

Und Eier esse ich auch nicht mehr.

Kapitel 2

PRENZLAUER-BERG-PERIODE

Papa und Mama vernachlässigen mich.

Will das Jugendamt anrufen, doch sie legen das Telefon nie aus der Hand. Die ganze Woche über telefonieren sie mit Kitas. Vermutlich ist die Sintflut nahe und das Überleben nur in integrativen bilingualen Kitas mit alternativen Veggie-Hack-Frikadellen gesichert.

»Keine Sorge«, rufe ich, um etwas Spannung aus der Luft zu nehmen, »falls es wirklich dazu kommt, werden erst mal nur die Tiere eingesammelt, immer zwei pro Gattung, und dann irgendwann vielleicht noch ein paar Menschen, da haben wir gar keinen Einfluss drauf.« Das mit den Tieren hat Oma mir erklärt, die wohnen dann in der Arche Noah, und die steht im Kölner Zoo, da hab ich auch schon drin gespielt.

Meine Eltern machen »psst« und stecken mir den Schnulli in den Mund. Habe Geduld mit ihnen, denn sie sind offensichtlich nicht bibelfest.

Teddy guckt mich an und schüttelt den Kopf. Natürlich fehlt er in der Aufzählung, schon allein, weil er keinen Partner hat. Aber er braucht keine Angst zu haben, ich werde ihn mit reinschmuggeln. Tröstend nehme ich ihn in den Arm.

Papa und Mama wirken jedoch zunehmend verzweifelt, und ich möchte sie beruhigen und ihnen sagen, dass ich schon ganz gut auf mich selbst aufpassen kann und auch die soziale Interaktion mit anderen durch Teddy, Sören-Wotan und Levke-Fee ausreichend gewährleistet sei. Sage »Mama«, »Da« und »Pfffffheßßß«, doch sie beachten mich nicht.

Nur die Yucca-Palme lässt ihre Blätter in meine Richtung sinken.

Draußen scheint die Sonne, und ich wünschte mir, Mama würde wieder mit mir »Hoppe, hoppe Reiter« spielen.

Erschöpft lässt Papa jetzt den Hörer sinken. »Die Stadt sagt, sie habe keinen einzigen Platz frei für Fritz. Und für Mia schon gar nicht, was mir denn einfiele, so kurzfristig.«

Fritz, Mia. Die Reihenfolge gefällt mir gar nicht.

Zornig pupse ich. Geruchsintensiv.

»Gut gemacht«, lacht Papa und ahmt mich nach. Ha.

Ich weiß, wie man ihn auf meine Seite ziehen kann, und lege noch ein Lüftchen nach. Papa kontert. Mama verzieht angewidert das Gesicht und sagt: »Aber die müssen doch ...«

»Nein«, erwidert Papa, »die müssen erst ab drei Jahre. Für Kinder unter drei sind die zu nichts verpflichtet.«

»Was machen wir denn nur?«

Papa platzt vor Stolz.

»Ich habe Termine bei sieben verschiedenen Elterninitiativen.«

»Termine?«

»Ja, da muss man sich vorstellen. Im Grunde wie bei einem Bewerbungsgespräch.«

Mama zwinkert ihm zu und gluckst: »Is klar, und dann muss man seinen Namen tanzen und veganes Bio-Essen nach Attila-Hildmann-Richtlinien vorkochen, haha ...«

Papa schweigt.

»Du meinst das doch nicht ernst, oder?«

Papa schweigt.

Mama reckt stolz den Kopf.

»Da geh ich nicht hin.«

»Wir müssen«, sagt Papa. »Es sei denn, du bleibst mit den beiden in den nächsten Jahren zu Hause.«

»Wieso ich?«, braust Mama auf. »Du bist doch genauso verantwortlich, oder hab ich die Kinder allein gezeugt?«

»Wo ist bloß der Heilige Geist, wenn man ihn mal braucht«, sagt Papa und lächelt Mama an.

Jetzt wird es interessant. Vielleicht ist mein Papa nicht Papa, sondern der Heilige Geist. Maria hat zum Kinderzeugen ja auch lieber auf den Geist zurückgegriffen.

Mama wird sarkastisch.

»Ach, der Typ im Bett warst gar nicht du? Deswegen also ...« Sie lacht, aber es klingt nicht fröhlich.

Papa verzieht das Gesicht.

Ich verstehe nur Bahnhof. Natürlich ist Papa gut im Bett. Wir sind alle gut im Bett. Ich auch, ich schlafe schon fast durch. Also.

»Ach Heike, einer muss zu Hause bleiben, und von irgendetwas müssen wir auch leben.«

Mama schmollt.

»Du vertraust meiner Kunst nicht«, sagt sie schließlich und streicht sich enttäuscht über den Babybauch.

»Doch«, versucht Papa sie zu beruhigen, »aber überleg mal, wie lange du jetzt schon darauf wartest, deine Bilder über *Die familiäre Verbundenheit und das Wunder der Geburt in rosafarbenen Kreissälen* loszuwerden. Und von deinem Zyklus *Dickes Blut* hat noch keiner auch nur ein Bild gekauft.«

»Der Galerist ist schlecht.«

Mama starrt wütend auf ihre Rhabarbersaftschorle, was ich verstehen kann. Wer will denn so was trinken? Die bloße Existenz von Rhabarber ist eine Strafe Gottes. Ein völlig unnötiges Staudengewächs, eigens dazu erdacht, die Menschheit zur Demut zu züchtigen. Kann mir richtig vorstellen, wie Gott in einem Anflug von schaffensmäßigem Burn-out dasaß und dachte: *So, Zeit für eine schöne kleine Menschenschinderei, warum soll es denen besser gehen als mir, also einfach einen Schuss Oxalsäure in das Gemüse rein, fertig.*

Oma ist hörige Christin und bringt das purpurne Zeug oft in Kuchenform mit, und mein Gaumen zieht sich schon beim bloßen Anblick zusammen, bis er sich so anfühlt wie Omis Ellenbogen aussieht.

»Ich weiß«, seufzt Papa, »der Galerist ist schlecht, und deine Bilder sind gut, aber die traurige Wahrheit ist, dass wir nicht davon leben können, nicht zu viert.«

»Noch sind wir ja nur drei«, sagt Mama.

Papa guckt erschrocken.

»Dreieinhalb«, korrigiert Mama.

So, denke ich, das sitzt, du bist eben nur eine halbe Portion, Fritz.

»Außerdem heißt der Zyklus *Dickes Blut in Divergenz zur Ein-Kind-Politik Chinas*«, sagt sie trotzig.

»Eben«, sagt Papa leise.

Mama braust auf. »Was soll das heißen?«

»Ein-Kind-Politik Chinas, das ist doch gar nicht mehr aktuell. Die dürfen doch jetzt mit staatlicher Erlaubnis zwei Kinder bekommen.«

Mama ist sprachlos. Sie nippt an ihrer Schorle und denkt nach.

»Na und? Dann benenne ich das halt um und ändere den Titel. Aber wir wollten doch bei Job, Kindern und Haushalt immer fifty-fifty machen …«, braust Mama auf, »und ich hab doch jetzt diesen Job im Museum …«

»Zum Bilder-Abstauben.«

»Aber ich habe ein Einkommen! Und Van Gogh.«

O Gott. Jetzt auch noch Van Gogh. Den hab ich gefressen.

Sich ein Ohr abschneiden und dann schon mit siebenunddreißig sterben – gibt bessere Marketingideen. Und dann immer Sonnenblumen, als ob sonst nichts in der Welt los sei.

Mama fährt fort. »Der hat zu Lebzeiten auch so wenige Bilder verkauft. Und war dennoch ein wahnsinnig guter Künstler. Und ist jetzt einer der Berühmtesten.«

»Jetzt«, erwidert Papa und sieht Mama ernst an.

Nein, Mama, bitte nicht, ich mag deine Ohren.

»Wenn ich zusätzlich zu dem Job im Museum noch ein paar meiner eigenen Bilder verkaufe, dann wäre das doch schon ganz ordentlich.« Mama überlegt. »Besonders berühmt ist ja Van Goghs holländische Periode.«

Puh.

Papa guckt irritiert.

»Da hat er Bauern bei der Arbeit gemalt und ihre ärmlichen Hütten und als Sinnbild dafür die Kartoffel. Vielleicht sollte ich eine Prenzlauer-Berg-Periode machen: Ich könnte Akademikereltern und kinderreiche Ärzte mit Zusatzausbildung in Homöopathie malen und die Pastinake als Sinnbild dafür. Oder Grünkohl-Smoothies. Aus regionalem Anbau. Und daneben zehn SUVs.«

Papa seufzt.

»Die Idee ist schön, aber das dauert doch alles viel zu lange, und auf den finanziellen Durchbruch können wir uns leider nicht verlassen.«

Er will sie in den Arm nehmen, doch Mama ist sauer und verschränkt die Arme.

»Nicht *dickes Blut* – *dicke Luft*«, flüstert Teddy mir zu, und ich gebe ihm traurig recht. Meine Eltern sollen sich nicht streiten. Ich kann ja weniger essen. Vielleicht kann ich auch bald schon aufs Töpfchen. Dann brauchen wir kein Geld mehr für Windeln. Doch noch während ich darüber nachdenke, landet ein ordentliches Drückerchen in meinen Pampers. Furchtbar. Ich hab das einfach nicht unter Kontrolle. Aber ich werde daran arbeiten. Hart. Denn ich habe meine Eltern lieb.

Mama murmelt: »So viel verdienst du auch nicht mit deinem Tonstudio.«

»Aber immer noch mehr als du und genug, um eine Familie zu ernähren.«

Jetzt reicht es. Zeit zu handeln.

Ich kippe die Schorle um, greife mir einen Löffel und male damit auf das selbstgefilzte grüne Stuhlkissen, ein Geschenk von Wiebke. Es entstehen frühgeförderte Kinder, die auf Chinesisch die Bedeutung des Bruttoinlandprodukts unter Berücksichtigung der Waffenverkäufe in Dritte-Welt-Länder erklären. Zufrieden halte ich mich am Stuhl fest und betrachte mein Werk. Prenzlauer-Berg-Periode? Der Anfang ist gemacht.

Stolz sehe ich Mama an, doch sie fängt an zu schimpfen und wischt mit einem Geschirrtuch das ganze Œuvre weg.

Erst die Eier, nun die Schorle. Ich bin ein verkanntes Genie. Von den eigenen Eltern künstlerisch verstoßen. Diese bittere Erkenntnis lässt mich entsetzt aufschreien.

Papa stopft mir den Schnulli in den Mund.

Was für eine Demütigung. Doch ich muss mich nur kurz konzentrieren, und kurze Zeit später ziert ein Schwall Erbrochenes den Tisch mitsamt Rhabarbersaftschorle.

Kapitel 3

GLEICHGESINNTINNEN UND GLEICHGESINNTE

Eine Woche später sitzen meine Eltern mit mir vor einer Gruppe lächelnder Frauen mit bunten Ohrringen in einem farbenfrohen und konsequent nach Feng-Shui gestalteten Raum. Zwei weitere Elternpaare mit jeweils einem Kind sitzen kampfbereit neben uns.

Mama deutet auf die Frauen mit den bunten Ohrringen und erklärt mir, das seien die Erzieherinnen der Kita, die ganz lieb seien und sich hoffentlich bald um mich kümmern würden.

Ich glaube ihr nicht.

Die patent wirkenden Frauen wollen sich gerade vorstellen, da kommt Marlon mit Sören-Wotan rein.

»Entschuldigung«, keucht er, »unser Sören-Wotan hat noch einen hübschen Haufen in die Windel gemacht, das hat uns aufgehalten.«

Mein Freund Sören-Wotan wird rot und guckt verlegen zur Seite.

Meine Eltern lachen, und Papa haut Marlon freundschaftlich auf die Schulter.

Die Erzieherinnen lächeln Marlon verständnisvoll an, und die jüngste von ihnen sagt, das sei doch kein Problem, es sei ja toll, dass ER als VATER sich so gut um seinen Sohn kümmere und sogar vor dem Säubern eines sicherlich süßen Pos nicht zurückschrecken würde.

Marlon lacht und zwinkert der blonden Pädagogin zu,

dann nehmen sie neben uns Platz. Sören-Wotan schämt sich immer noch. Ich zwinkere ihm zu.

»So geht das also«, raunt Papa Marlon zu, »na warte, mein Freund, das kann ich besser.«

Mama nickt ermunternd, und Papa zeigt einige seiner besten Zaubertricks, um mich öffentlich zum Lachen zu bringen, doch die Kita-Leiterin beginnt nun mit der Begrüßung.

»Ich freue mich sehr, dass Sie den Weg in unsere Erziehungsinitiative *Kleine Racker e.V.* gefunden haben. Mein Name ist Birgit Heckler-Koch, und ich bin hier die Leiterin. Wie Sie wissen, sind wir streng anthroposophisch ausgerichtet und hoffen, dass wir uns unter Gleichgesinntinnen und Gleichgesinnten befinden.«

Mama unterdrückt ein Kichern.

»Ich muss Ihnen vorab leider sagen, dass wir nur zwei Plätze frei haben«, fährt sie fort.

Durch die Elternschaft geht ein Raunen.

»Und wie viele Plätzinnen?«, frage ich Sören-Wotan, doch der scheint sich immer noch zu schämen und guckt weg.

»Wir können nur EINEN Jungen und EIN Mädchen aufnehmen.«

Entsetzen macht sich breit.

»Leider«, ergänzt sie und lächelt bedauernd.

Sören-Wotan und ich schauen uns an, ich schüttele den Kopf, und auf Kommando schubsen wir beide unsere Apfelschorle auf den unbehandelten und sicherlich fair gehandelten Holztisch.

Lektion 1 unserer Aktion: Fair gehandelt ist nicht gleich fair behandelt.

»O nein«, ruft die blonde Erzieherin, »wir haben nur für heute Abend die Plastiktischdecke abgenommen ...« Bevor sie weiterreden kann, wird sie von Frau Sturmgewehr unter dem Tisch angestupst.

»Das macht doch nichts«, sagt diese, »auf ihre Umgebung achtzugeben lernen die Kinder dann hier. Sofern wir diese Kinder nehmen.«

Mama wischt hektisch die Schorle auf, und Marlon springt auf, um ihr zu helfen. Ihre Hände berühren sich für einen Moment, und plötzlich hat Mama die Gesichtsfarbe einer Tomate. Mama hat also immer noch was für Marlon übrig. Sie kennt ihn schon seit der Schulzeit, und wenn ich das richtig verstanden habe, waren sie damals ganz kurz ein Paar oder so was in der Art – unvorstellbar. Zum Glück hat sie jetzt Papa, er ist mit absoluter Sicherheit die bessere Wahl. Doch dass Mama bei der Berührung von Marlons Pranke errötet, gefällt mir nicht.

»Ist doch nicht so schlimm, das braucht Ihnen nicht peinlich zu sein«, sagt Blondie. Dann wendet sie sich an Marlon: »Und Ihnen als Vater erst recht nicht, und normalerweise haben wir hier recyclebare Plastiktischdecken drauf, ich wusste ja nicht, dass Sie ...«

Die braunhaarige Kurzhaarfrisur mit den langen Beinen sagt: »Also wir haben unsere Tochter im Griff.« Sie rümpft die Nase. »Unsere Rucola-Joyce ist ganz lieb und muss unbedingt zum nächstmöglichen Termin in die Kita. Wir sind überzeugte Anthroposophen, und unser Darling selbstverständlich nicht geimpft.«

Die Erzieherinnen nicken zustimmend.

»Unser Benjamin-Purcell-Ole kann anderen Kindern schon osteopathisch helfen und wäre hier sicher bestens aufgehoben«, entgegnet ein rothaariger Pagenkopf. Der Hornbrillen-Hipster neben ihr schweigt.

Papa und Mama gucken sich an. Papa fängt sich als Erster

und sagt: »Unsere Mia-Ophelia-Günther kann nicht nur laufen, sondern auch ihren Namen tanzen.«

Mama stößt ihm mit dem Arm in die Seite, verkneift sich ein Kichern und bestätigt seine Aussage durch stolzes Kopfnicken.

»Dann soll Mia-und-wie-war-das-noch? uns das doch mal zeigen!« Die braune Kurzhaarfrisur grinst hämisch und schüttelt den Kopf.

»Mia-Ophelia-Günther«, antwortet Papa, »Günther nach Günther Grass.«

Alle sehen ihn an.

Ich auch.

»Das war ein Scherz«, erklärt Papa. »Das mit dem Tanzen auch.«

Die braune Kurzhaarfrisur stockt einen Moment und erwidert dann: »Ach so, natürlich, als ob sie das schon könnte, das ist ja lächerlich.« Sie lacht gehässig und kriegt sich nicht mehr ein. Auch Rucola-Joyce gluckst gemein in meine Richtung.

Jetzt reicht es.

Zögernd rutsche ich von Papas Schoß und tanze, was das Zeug hält. »Ich werde meine Lauflernschuhe frisieren, das werden Tanzlernschuhe«, flüstere ich Sören-Wotan zu.

Er blickt mich bewundernd an. »Was du alles kannst.«

Motiviert tanze ich eine Blume, die beim ersten morgendlichen Sonnstrahl ihren Kelch öffnet.

Rucola-Joyce und die Kurzhaarfrisur hören auf zu lachen.

Ich falle hin.

Die Erzieherinnen lächeln und sagen: »Nein, ist das süß, das war zwar nicht dein Name, liebe Mia, aber du hast ein gutes Körpergefühl, du bist ein tolles Mädchen.«

Eine Mädchin, meinst du, will ich sagen, halte aber lieber meine Klappe.

Marlon murmelt, das sei doch klar, bei der Mutter, die habe früher auch ein richtig gutes Körpergefühl gehabt.

Die Kurzhaarfrisur ergreift nun die Initiative: »Hier muss man doch alle vier Wochen kochen, deswegen habe ich zum Testen meine kindgerechten Grünkern-Burger mit Dinkel-Cranberry-Sauce mitgebracht.«

Siegessicher teilt sie undefinierbare braune Klopse aus.

Mama und Papa probieren vorsichtig ein Stück.

Papa sagt kauend: »Nicht genug Aroma, da fehlt Kardamom. Und ein bisschen Ingwer könnte nicht schaden, das ist zudem gut gegen Erkältungen, damit kann man gut vorbeugen, was gerade für Sie wichtig wäre, weil Ihre Radicchio-Joyce ja nicht geimpft ist.«

»Rucola-Joyce«, korrigiert die Kurzhaarfrisur mit erhobenen Augenbrauen und riecht an ihrem Klops.

»Vermutlich beim Salatessen in veganem Restaurant gezeugt«, raunt Marlon meiner Mama zu, und sie lacht.

»Sehr lecker«, sagen die Erzieherinnen mit vollem Mund, »und was kochen Sie gerne, Heike?«

Mama überlegt.

»Pommes, Mama, sag Pommes!«, rufe ich. Sie sieht mich fragend an.

P ...«, beginnt sie zögerlich.

Sie hat mich verstanden. Zum ersten Mal.

»Ja!«, feuere ich sie an.

»P ... astinake. Und Smoothies kann ich besonders gut. Mit Avocado und Sellerie und so.«

Papa blickt erstaunt auf.

»Bring ich von Wiebke mit«, raunt Mama ihm zu. »Oder ich male sie.«

Papa sagt: »Knickknack.«

Marlon sagt: »Ich kann sehr gut Currywurst und Pizza ...«

»Sie brauchen doch hier nicht zu kochen, nicht doch, als alleinerziehender Mann haben Sie sicher alle Hände voll zu tun ...«, säuselt die blonde Erzieherin.

»Wieso braucht er nicht zu kochen?«, fragt Papa überrascht. »Er verdient mehr als wir beide zusammen und hat viel mehr Zeit.«

Die Kita-Leiterin wendet sich Papa zu.

»Sie verdienen also nicht viel?«, fragt sie lauernd.

»Das habe ich nicht gesagt ...«, versucht Papa die Situation zu retten.

»Sie wissen schon, dass Sie hier einen Extra-Beitrag für die Bio-Kost leisten müssen, die an den Tagen gekocht wird, an denen die Eltern keinen Dienst haben.«

»Kein Problem«, sagt Mama ruhig. »Ich bin erfolgreiche Künstlerin, und wenn es nicht reicht, geh ich halt anschaffen.«

Die braune Kurzhaarfrisur atmet zischend ein. Ich muss an die Schlange Kaa aus dem Dschungelbuch denken und bekomme Angst vor Hypnose.

Gerade will sie ansetzen zu »Hör auf miiiiich, glaube miiiiir«, doch da platzt es aus der Rothaarigen raus: »Moment mal. Ich kann im Prinzip jede Woche kochen, also nicht ich selber, ich bin als Vorstandsmitglied einer großen Immobilienfirma natürlich nicht abkömmlich, aber meine Nanny macht ganz tolle Bio-Dinkel-Pasta und Quinoa-Brei, außerdem ist sie Chinesin, denn mein Benjamin-Purcell-Ole wird ja bilingual erzogen, ach was, trilingual, aren't you, Bändschamööön? N'est-ce pas, mon petit darling? Außerdem könnte die Nanny im Anschluss ans Essen bleiben und den Kindern Chinesisch beibringen, das wird hier ja sonst gar nicht angeboten.«

Die Erzieherinnen nicken anerkennend.

Draußen regnet es sintflutartig, und in der Ecke des Zimmers quieken die anthroposophischen Meerschweinchen.

»Das sind Waldorf und Dr. Hauschka«, erklärt Frau Heckler-Koch. »Die werden am Wochenende reihum von den Eltern mitgenommen.«

Mama stöhnt. Papa sagt: »Heike freut sich, wir wollten immer Tiere haben.«

Mama zieht die Augenbrauen hoch.

Schnell ergänzt er: »N'est-ce pas, Schatz? Das wäre ein guter Einstieg.«

Meerschweinchen. Gar nicht mein Fall. Ich setze auf den Mops.

»Außerdem muss jede Familie ein Amt übernehmen, das ist obligatorisch.«

Meine Eltern sehen sich an.

»Ein Amt?«, fragt Papa, »was bedeutet das?«

»Sie können zum Beispiel das Wäscheamt übernehmen und regelmäßig die Tischdecken, Handtücher und Kissenbezüge mit nach Hause nehmen und gewaschen und gebügelt wieder mitbringen.«

»Oh«, sagt Mama.

»Kein Problem«, kreischt die braune Kurzhaarfrisur, »auf meinem Internat für höhere Töchter hatte ich Hauswirtschaft, ich bin perfekt im Bügeln.«

»Das Wäscheamt ist sehr dankbar, Sie müssen nur die indischen Waschnüsse besorgen«, fährt Frau Heckler-Koch fort.

»Was wäre die Alternative?«, fragt Papa tonlos.

»Sie könnten regelmäßig den Lebensmitteleinkauf übernehmen, also Tomaten in Dosen, Reis, Mais und andere Vorräte.«

Bevor meine Eltern reagieren können, schaltet sich die Rothaarige ein.

»Das mach ich. Ich habe eine Paybackkarte, dann kann ich Punkte sammeln und dem Kindergarten regelmäßig Bonusgeschenke mitbringen.«

Jawoll, und zack, sind deine Daten weg. Missbilligend über so wenig politischen Sachverstand schüttele ich den Kopf, doch die Erzieherinnen sind begeistert.

»Das nächste Amt nehmen wir«, ruft Mama überschwänglich, »egal, welches.« Doch die Erzieherinnen sagen bedauernd, dass zurzeit nur diese beiden Ämter frei seien.

»Ach kommen Sie schon, ich kann wahnsinnig gut Sachen reparieren«, startet Papa einen Versuch.

Mama lacht wie eine Verrückte, blickt in die Runde und behauptet entschuldigend, ich hätte gerade eine lustige Grimasse geschnitten.

»Das ist nicht wahr«, flüstere ich Sören-Wotan zu, und er pflichtet mir bei.

»Einen guten Handwerker haben wir schon, aber danke für Ihr Engagement.«

Papa wird blass. Mamas Hände krampfen sich zusammen. Die Verzweiflung meiner Eltern ist kaum auszuhalten. Ich will ihnen helfen und drücke einen riesigen Haufen in die Windel.

Jetzt kann Papa seine Fähigkeiten als guter Vater unmittelbar am lebenden Objekt demonstrieren.

Bloß schade, dass sich der Haufen als Durchfall entpuppt, denn die Windel quillt über und stinkt zum Gotterbarmen.

Sören-Wotan lacht und hält seinen Daumen hoch, doch die Erwachsenen verziehen angewidert ihr Gesicht. Die Blonde öffnet hastig das Fenster, und die Kita-Leiterin beendet die Runde.

»Ich denke, wir haben jetzt einen Eindruck bekommen, morgen sehen wir uns noch vier weitere Elternpaare an und sagen Ihnen dann Bescheid.«

Siegesgewiss rauscht die Rothaarige aus der Tür, auch die Braunhaarige packt ihre Unkraut-Joyce zufrieden in den rosafarbenen Bugaboo. Marlon streicht mir zum Abschied über den Kopf, was Mama gefällt. Mir aber nicht. Sören-Wotan findet das auch nicht gut, nickt mir zu und fängt an zu schreien.

Marlon schiebt sich Stöpsel ins Ohr und zieht mit meinem Lover hinfort. Hach, was für ein Rotschopf.

Kapitel 4

JEDES KIND KANN SCHLAFEN LERNEN.
AUSSER MIR.

Seit Wochen liest Papa ein Buch mit dem Titel »Jedes Kind kann schlafen lernen«.

Es muss wahnsinnig interessant sein, denn er liest darin beim Kochen, auf seinem Hometrainer und auf der Toilette.

Heute hat er es zum ersten Mal beim Ins-Bett-Bringen dabei. Es ist Abend, und ich bin wirklich müde. Er streichelt mir den Kopf, gibt mir einen Gute-Nacht-Kuss und verlässt das Zimmer. Draußen höre ich Mama lachen: »Da bin ich gespannt.«

»Wirst schon sehen, das ist das Papa-Experiment«, sagt Papa leise und will sich davonschleichen.

Will wissen, was da los ist, und schreie.

Papa kommt herein, lächelt, streichelt mir wieder über den Kopf und geht hinaus.

»Ich will eine Erklärung!«, schreie ich. »Welches Experiment?«

Doch keiner kommt.

Habe Angst, dass sie mir beim Schlafen irgendwelche bewusstseinsverändernden Substanzen einflößen. Sören-Wotan hat so was mal in einem Film gesehen, denn wenn er nicht schlafen kann, darf er mit seinem Vater Horrorfilme gucken, und dann liegt er danach still in seinem Bett, um die Geister nicht aufzuscheuchen, und Marlon ist stolz auf seine gelungene Pädagogik.

»So geht das nicht«, schreie ich weiter. »Wir sind eine Familie und haben keine Geheimnisse voreinander.«

Papa kommt wieder herein, lächelt mich an und geht wieder hinaus.

Keine Berührung, kein Wort.

Teddy setzt sich in die Ecke, holt die Chips raus und beobachtet mich.

Jetzt ist mir alles klar: Papa will mich dressieren. In meiner Vorstellung höre ich ihn sagen: *Heeeereinspaziert, meine Damen und Herren, tadaaa, dieses Kind ist das einzige auf der ganzen Welt, das auf Knopfdruck schläft. Ich gehe jetzt hinaus, und zack, sind die Äuglein zu.*

Offensichtlich habe ich das laut gesagt, denn bei dem Wort »Knopfdruck« schüttelt Teddy missbilligend den behaarten Schädel.

Papa macht Ernst. Vielleicht will er mir auch nur durch Ignoranz und tumbes Lächeln klarmachen, dass er zwar grundsätzlich anwesend ist, ihm aber sein Feierabendbier und seine Entspannung ab jetzt wichtiger sind als ich.

Na warte.

Ich hole tief Luft und schreie, bis mir fast die Ohren platzen.

Nach ungefähr zehn Minuten kommt Papa wieder rein, lächelt und geht wieder raus.

Vor der Tür höre ich Mama lachen. »Ich hab's dir doch gesagt«, triumphiert sie.

»Das werden wir noch sehen.« Papa ist fest entschlossen.

Das Schreien hat mich müde gemacht, und ich schlafe ein, doch kurze Zeit später werde ich von dem Zerknüllen der Chipstüte durch Teddy wieder geweckt.

Voller Zorn erinnere ich mich an Papas perfides Unterfangen und schreie wieder los.

Zerzaust kommt er herein, und ich frage mich, ob es einen Nachtfrisör mit Vorliebe zu Urban-Priol-Frisuren gibt, da geht er wieder hinaus.

Ich bin sprachlos.

Er, der andauernd »Hoppe, hoppe Reiter« mit mir spielen will und mich abknutscht, als würde er mich damit vorm Austrocknen bewahren können, nimmt mich trotz Schreien nicht auf den Arm. Morgen verbrenne ich dieses Buch.

Versuche es erneut mit Schreien, doch diesmal kommt gar keiner mehr.

Von Ferne höre ich Mama: »Du hast es ja pädagogisch echt drauf. Mia klingt total zufrieden.« Sie gähnt so ausgiebig und laut, dass ich Angst bekomme, sie ab morgen mit einer Kiefersperre zu sehen.

Die Ironie in ihrer Stimme entgeht auch Papa nicht. Ich höre ihn wütend mit dem Fuß aufstampfen, doch ich bin zu erschöpft, um Papa weiter zu provozieren.

Dass sie sich so streiten, gefällt mir nicht, denn ich habe Angst vor einer Scheidung. Ich nehme mir vor, ab jetzt so gut wie möglich durchzuschlafen, damit die Streiterei ein Ende hat. Könnte mich wirklich nicht entschließen, bei wem ich lieber wohnen würde, und immer dieses Hin und Her, Sachen packen und wieder auspacken, und schlussendlich fehlt doch wieder was, der Teddy, der Einhorn-Schnulli, die Erstausgabe von Goethes Faust – nur wegen Schlafmangel die Beziehung zerbrechen zu lassen, wäre wirklich ein unzulässiger Grund.

Aber so viel steht fest: Das beknackte Schlafbuch muss weg.

Am nächsten Tag sitzen wir alle übermüdet am Küchentisch.
»Toll gemacht, Chris«, seufzt Mama. »Jetzt sind wir endlich alle gut drauf.«
»Das geht eben nicht so schnell«, sagt Papa. Trotz seiner Blässe und den Rändern unter den Augen wirkt er erstaunlich entschlossen. »Mia muss sich nur daran gewöhnen.« Er löst eine weiße Brausetablette in einem Glas Wasser auf. »Heute Nacht bist du dran.«
Mama rührt irritiert in ihrem Kaffeebecher. »Ich?«
»Komm, Heike, dich als Künstlerin inspiriert so ein bisschen Schlafmangel doch, die beste Kunst entsteht nun mal aus Leid.«
Mama überlegt.
»Da ist was dran. Allerdings habe ich schon genug Leid in der Vergangenheit erlebt, in der nämlich meine Mutter nie an mein Bettchen gekommen ist, als ich klein war.« Sie wirft mir einen Seitenblick zu, den ich als eine merkwürdige Mischung aus Verständnis und Vorwurf interpretiere. »Und außerdem komme ich körperlich zurzeit so gut wie gar nicht auf meine Kosten, das reicht, um von Gewaltphantasien dominierte Bilder zu malen.«
»Heike, ich ...«
»Schon gut. Ich bin halt jetzt dick, aber offensichtlich an der falschen Stelle.« Sie dreht sich um und murmelt: »Alles Möpse-Fetischisten.«
»Was hat denn Rudi damit zu tun?«, frage ich Teddy, doch er grinst nur und schiebt mir einen geöffneten Brief vor die Nase.
Ich lese und staune. Das mit den Meerschweinchen wird nichts.
Der Brief ist von der Kita, die Plätze sind vergeben. Sören-Wotan und ich sind leer ausgegangen.

Die Anthroposophen mögen uns nicht.
Juchhu.

Am nächsten Abend geht Papa wie am Vorabend vor, genauso auch am übernächsten und am darauffolgenden Tag, immer die gleiche Zirkusnummer, und mir wird das Schreien langsam langweilig. Bin echt sauer, dass ich jetzt in der Nacht allein klarkommen soll, aber ihm ist es ernst, und ab und zu muss man als Kleinkind auch nachgeben.

Umso besser wird die Überraschung gelingen, wenn ich nachts plötzlich vor seinem Bett stehe, weil ich aus meinem Gitterbettchen rauskrabbeln kann.

Es folgen weitere Gespräche in diversen Kitas, doch immer werden wir abgelehnt. Mama beginnt, ausführliche Bewerbungsbriefe zu schreiben. Sie legt Fotos von uns im Tierpark beim Füttern der Ziegen dazu, von ihrem Blockflötespielen zu Weihnachten im Seniorenheim, vom gemeinsamen Besuch des Pekip-Kurses, doch nichts passiert.

Sie ergänzt die Briefe um Vernissage-Einladungen und verschickt Pakete mit bunt gefilzten Massagebällen und selbstgemachter Marmelade von Oma.

Nichts. Keiner will uns haben.

Wenn es nach mir geht, kann sie das lassen, denn ich will sowieso in keine »Einrichtung«. Doch die ständige Ablehnung irritiert mich.

»Warum wollen die uns alle nicht?«, frage ich Teddy, doch er zuckt nur mit den Schultern und widmet sich weiter seiner *Men's Health*.

Mama und Papa sind verzweifelt. Sie sitzen auf dem Sofa und sortieren die Ablehnungsbriefe.

»Was machen wir bloß?«, sagt Papa.

»Ins Bett gehen«, erwidert Mama mit einem Zwinkern in den Augen.

Das verstehe ich nicht. Seit ein paar Tagen lasse ich sie doch die ganze Nacht schlafen, dennoch scheinen sie müde zu sein.

»Heike«, sagt Papa und schüttelt den Kopf.

Doch Mama schmollt. »Immer nur das Kita-Thema. Nie reden wir über uns, über Dinge, die uns Erwachsene angehen. Über etwas, das uns inspiriert, verstehst du?« Sie überlegt. »Vielleicht sollte ich aus dem Stapel der Bewerbungsunterlagen ein Mahnmal gegen Kitaplatzmangel und arrogante Anthroposophen errichten.«

»Das wird keine Lösung sein, Heike«, sagt er und lächelt sie traurig an.

»Wenn sich das verkauft, könnten wir davon eine Nanny bezahlen«, sagt Mama. »Vielleicht sogar die Super-Nanny.«

Sie hat es geschafft. Er lächelt. Gute Mama.

»Natürlich, Heike, aber bis dahin brauchen wir eine Lösung.«

Er überlegt.

Aus der Wohnung nebenan hört man Wiebkes Mops japsen, und es klingt, als hätte er sein Asthmaspray verloren.

Papa lässt die Schultern fallen und sagt: »Es gibt nur noch eine Möglichkeit.«

Mama horcht auf.

»Oma muss ran.«

»Ich hab dir doch gesagt, dass sie das nicht macht«, sagt Mama und winkt ab.

»Lass es uns wenigstens mal probieren«, sagt Papa. »Wenn wir geschickt vorgehen, dann ...«

Ich will auch, dass Oma kommt. Den ganzen Tag Zucker,

Sahne, Spaziergänge und vorgelesen bekommen – herrlich. Mama ist noch skeptisch, also nehme ich mir vor, sie wieder regelmäßig nachts zu mir zu brüllen, um sie mürbe zu machen.

Das ging schnell. Nur drei Nächte später ist es so weit: Mama stimmt zu, und heute kommen Oma und Opa zu Besuch. Papa hat schlesische Mohntorte gebacken, Mama hat Omas Lieblingsblumen besorgt. Gladiolen. Mama begrüßt ihre Eltern und stellt seufzend eine Porzellanschüssel mit Sahne neben den Kuchen.

Für mich gibt es Dinkelstangen.

Oma sieht mein Gesicht und steckt mir schnell ein bisschen Sahne in den Mund.

Ich liebe Oma.

»Los, betreu mich, du bist die Beste!«, will ich rufen, doch ein weiterer Löffel Sahne hindert mich am Sprechen.

Mama will ihr den Löffel wegnehmen, doch Chris hält sie zurück und macht wilde Zeichen hinter Omas Rücken.

Opa dröhnt: »Wo ist denn meine Mia!«, hebt mich hoch, wirft mich in die Luft und fängt mich wieder auf.

Herrlich.

Wir setzen uns an den Tisch, und ich zappele ein bisschen auf meinem Tripp Trapp herum, um sie bespaßungsmäßig bei der Stange zu halten.

Opa spielt, dass ihn keiner sieht, wenn er sich die Hände vors Gesicht hält. Damit man nicht zu lange nach ihm suchen muss, redet er dabei. Ununterbrochen.

»Ja, wo ist denn der Opa? Wo isser denn?«

Oma fordert mich auf, ihn anzutippen.

Dankbar für die Sahne spiele ich mit und stupse ihn an.

Opa nimmt seine Hände vom Gesicht und ruft begeistert: »Jawoll, Mia, da bin ich!«

Aaaalter, meine Großeltern bauen echt ab.

Doch sie scheinen mit ihrer pädagogischen Kompetenz zufrieden zu sein und wenden sich nun dem Kuchen zu.

Papa räuspert sich und beginnt vorsichtig: »Ist das nicht herrlich, Mia kann mittlerweile schon Kissenburgen bauen, die aussehen wie der Kölner Dom ...«

»In einer frühen Bauphase«, kichert Mama.

»Aber es sind immer genau zwei Türme nebeneinander.«

Yes. Papa versteht mich. Es handelt sich zwar um das Setting für *Herr der Ringe*, genauer gesagt um den zweiten Teil der Trilogie: *Die zwei Türme – Special Extended Edition*, aber man kann das natürlich in einer modernen Inszenierung auch ins mittelalterliche Köln versetzen. Gute Idee eigentlich. Krabble vom Stuhl und beginne zu bauen.

Mama stöhnt auf. »Jetzt macht sie wieder Chaos, dabei habe ich doch gerade aufgeräumt. Es kann doch nicht meine Aufgabe sein, ihr immer hinterherzuräumen.«

Doch, Mama. Genau so ist es. Und zwar mindestens die nächsten siebzehn Jahre.

Als ob Opa mich verstanden hätte, nickt er und reicht mir ein weiteres Kissen an.

»Papa!«, ruft Mama, wird aber von meinem Papa unter dem Tisch angestoßen.

In der Schaffensphase gestört zu werden, macht mich wütend. Lasse deshalb von der modernen Bühneninszenierung mangels nackter Schauspieler ab und beginne stattdessen, Opa mit Kissen zu bewerfen.

Er lacht und schreit »Kissenschlacht, Mia, Attacke!«

»Lass das doch, Opa«, sagt Oma. »Manchmal ist er wie ein kleines Kind.«

Doch ich sehe, dass ihren Mund ein Lächeln umspielt, und das finde ich so wunderbar, dass ich immer mehr Kissen auf Opa werfe.

Daunen fliegen durch die Luft, und meine müde Mama zuckt resignierend mit den Achseln und seufzt: »Hoffentlich hat sie keine Hausstaubmilbenallergie.«

»Ihr seid ja ein richtiges Team«, jubelt Papa. »Da seht ihr es, Mia braucht Spielkameraden, ob groß oder klein.«

Opa hält sich ein Kissen vors Gesicht und sagt: »Ja, wo ist denn der Opa?«

Ich kann nicht mehr und bewerfe ihn mit Kuchenkrümeln.

»Aber wir haben immer noch keinen Betreuungsplatz für sie«, sagt Papa.

Für ihn meint ihr wohl, will ich sagen, Opa braucht dringend einen, das geht nicht mehr lange gut. Sich permanent Hände oder Kissen vor das Gesicht zu halten und zu denken, man könne sich so unsichtbar machen – dabei weiß doch jeder, dass das nur mit einem Elbenmantel geht.

»Wir haben uns überall beworben, aber nichts erreicht.«

»Aha«, erwidert Oma.

»Einen Platz für Kinder unter drei Jahren zu finden, ist genauso so schwer, wie nicht auszurasten, wenn der Seitenbacher-Mann das Radio mit seiner Müsliwerbung zumüllt«, ergänzt Mama.

»Dann bringt sie doch erst, wenn sie drei ist, dorthin«, sagt Opa fröhlich und wischt sich mit der Serviette den Schweiß aus dem Gesicht.

Oma löffelt mir fleißig Sahne rein.

Mama beißt die Zähne zusammen, obwohl sie gar keinen Kuchen isst.

»Unter drei in die Betreuung, so was gab's früher nicht«,

konstatiert Oma. »Und aus euch ist ja auch was geworden.«
Sie hält inne. »Na ja, wobei ... Bei dir, Heike ...«

»Scht«, unterbricht Opa sie. »Sie hat so einen leckeren Kuchen gebacken, extra für uns.«

Mama beginnt: »Das war nicht ich, das war ...«, doch Papa tritt sie unter dem Tisch und schüttelt den Kopf.

Opa ist begeistert, doch Oma schaut missbilligend.

»Chris war das?«, ruft sie. »Dass du so einen tollen Mann abgekriegt hast, Heike.«

»Abgekriegt?« Mama bleibt die Spucke weg.

Opa sagt vergnügt: »Sagt man doch so, Heike. Du hast Chris abgekriegt und Oma mich.«

Oma verdreht die Augen. »Das ist doch was ganz anderes«, sagt sie missbilligend.

»Wieso?«, fragt Heike lauernd.

»Du hättest ja finanziell durchaus was aus deinem Leben machen können.«

Mama atmet schwer.

Oma fährt unbeirrt fort. »Aber du musstest ja dein Medizinstudium abbrechen, das ich dir von meinem bitter Ersparten finanziert habe.«

»Oma, ist gut, hör auf«, versucht Opa zu beschwichtigen.

Medizin. Zum Glück hat sie das abgebrochen, sonst wäre sie jetzt womöglich mit Dr. Liebermann zusammen. Das kennt man doch, sagt Teddy immer. Im Studium kennengelernt, gemeinsame Obduktion, zack, verheiratet, dann Golfen, Kinder, Scheidung.

Um Oma zu beruhigen, zeige ich auf meinen Arztkoffer. Hat Mama mir gekauft. Alles drin, Spritzen, Stethoskop, Blutdruckmessgerät.

Wenn ihr so viel daran liegt, darf Oma ruhig damit spielen.

»Nein, nichts ist gut«, sagt Oma, »aber du musstest ja

Kunst machen. Da kannst du froh sein, dass du einen Mann hast, der genug Geld verdient und dich bei diesem Quatsch unterstützt.«

»Mama!«

»Was denn, Heike? Das wird man doch wohl noch sagen dürfen.«

Sie wischt sich die Spucke aus den Mundwinkeln.

Zum Glück nicht mir.

»Heike könnte wesentlich mehr verdienen als ich«, sagt Chris schnell. »Die Bilder sind toll, aber es ist eben schwer auf dem Kunstmarkt, sich gegen die Konkurrenz durchzusetzen.«

»Siehst du!«, sagt Oma zu Opa. »Jetzt nimmt er sie auch noch in Schutz.« Sie schüttelt den Kopf, während Mamas Kiefer unsichtbare Betonklötze zermalmen. Will ihr helfen und stecke mir einen kleinen Bauklotz in den Mund. Gelingt es mir, ihn mit meinen wenigen Zähnen durchzubeißen, nehme ich mich auf Video auf und stelle es als Aktionskunst gegen die Mafia aus.

»Also das mit der Kunst, das hätte ich mir mal erlauben sollen damals. Aber was hätte ich überhaupt malen können? Mein Leben gab doch gar nichts her«, und mit einem Seitenblick zu Opa, »Bratwürste oder was!«

»Autobahnen«, zischt Mama mit zusammengebissenen Zähnen.

»Aber das Geld, das ich mit der Metzgerei verdient hab, war dir gut genug«, sagt Opa resigniert und dann beschwichtigend: »Chris, der Kuchen ist lecker, kannst du Oma das Rezept geben?«

Jetzt ist Oma beleidigt.

Papa holt für Opa einen Schnaps und schenkt Oma einen zweiten Eierlikör ein.

Eine Weile wird geschwiegen. Fühle mich unbehaglich.

Ich spucke den Klotz aus und fülle die Stille mit »dadada«, »Mhpfff« und »Ledledlledl.«

Keiner reagiert.

Sage »Mamamamamama« und lächele sie mit meinem herzigsten Lächeln an.

Es funktioniert. Der Kiefer lockert sich.

»So schön könnten wir doch öfter zusammensitzen«, versucht Papa die Situation zu retten. »Ihr könntet doch Mia betreuen, und wenn wir dann von der Arbeit kommen, trinken wir ein Likörchen zusammen. Und ich fahre dich regelmäßig zum Frisör. Na wie wär's, liebste Schwiegermama?«

»Hast du mehrere?«, fragt Opa und lacht, doch ich sehe, wie Oma bei dieser Ansprache weich wird wie eine überreife Zwetschge.

»Lieber Chris, tut mir schrecklich leid, aber dafür haben wir keine Zeit.«

Mama sagt: »Natürlich, zu viele Arzttermine vermutlich.«

Oma hebt die Augenbrauen und sieht demonstrativ an ihr vorbei.

»Das auch, aber vor allem helfen wir jetzt den Flüchtlingen.«

Mama bleibt die Spucke weg. »Wie – den Flüchtlingen?«

Auch Papa ist überrascht, und sogar Teddy hört auf, sich die Nägel zu feilen.

»An drei Tagen in der Woche koche ich für Flüchtlinge und nähe ihnen Kleidung.«

»Und ich repariere Fahrräder für sie«, sagt Opa. In seiner Stimme schwingt ein wenig Stolz.

»Das ist ja großartig!«, entfährt es Chris.

Mamas Kopf schnellt zu ihm herum. Sie kneift die Augen zusammen. Vermutlich wieder eine Fruchtfliege drin. Das war gestern auch so, mitten im Streit mit Papa. Da hat sie gar nicht mehr aufgehört, sich die Augen zu reiben.

»Also für die Flüchtlinge«, ergänzt Papa. Er überlegt. »Dann bleiben ja noch zwei Tage übrig.«

»Da habe ich Senioren-Zumba und mein Kaffeetrinken mit den Klassenkameradinnen aus der Volksschule.« Oma sieht Papas enttäuschtes Gesicht. »Tut mir leid.« Sie überlegt. »Ich könnte aber für Mia Socken stricken und für das Neugeborene Schühchen häkeln.«

Papa beißt sich auf die Unterlippe.

»Na, weil Heike das ja nicht kann.«

Mama starrt in die Luft. Es glitzert ein bisschen in ihren Augen, und ich glaube, die Fruchtfliege ist raus.

Opa brummt: »Ich muss ihre Socken auch immer tragen, und die kratzen wie ...«

Er verstummt, denn Oma zieht ihm sein zweites Stück Mohntorte unter der Nase weg.

»Denk an deinen Diabetes!«, sagt sie mit einem Hauch Genugtuung in ihrer Stimme.

Papa seufzt.

»Das ist lieb, Schwiegermama, aber die Kinder brauchen doch auch ihre liebe Omi, die ihnen regelmäßig was vorliest und sie mit Sahne füttert.«

Mamas Augen weiten sich. Sicher bleibt ihr aus Frust über die mangelnde Kooperation ihrer Mutter als künstlerische Kompensation nur eine Manga-Mädchen-Performance. Vielleicht übt sie aber auch eine Özil-Parodie.

»Regelmäßig? Mit S ...?«, beginnt sie, doch Papa tritt ihr unter dem Tisch auf den Fuß.

»Auuuuu!«

Das ist nun schon das dritte Mal, dass Papa sie tritt.

»Siehst du, das ist meine Tochter«, lacht Opa, »denkt immer nur an Fleisch. Klar kriegt Mia auch gute Leberwurstbrote von mir, komm, Oma, einen Tag die Woche, das kriegen wir hin, oder?«

Papa lächelt Oma an.

Mama reibt sich das Schienbein.

»Und wir besuchen euch dafür jeden Sonntag.«

Oma knickt ein.

Mama grunzt entsetzt.

Oma nickt entschlossen.

»Na gut, einen Tag kann ich mir freischaufeln.«

Opa klopft ihr anerkennend auf die Schulter, und Mama atmet auf.

»Aber nur Bio-Sahne, versprochen?«, macht Mama einen hilflosen Versuch, ihre gesunde Ernährung nicht komplett zu untergraben.

Kapitel 5

ALLES SAHNE, ODER WAS

»Sahne«, stöhnt Mama, als Opa und Oma weg sind. Sie wischt Mohnkrümel vom Tisch auf den Teller. »Aber immerhin ein Tag pro Woche.«

Papa lacht. Er streichelt ihr zärtlich über den Arm.

»Früher hattest du doch auch nichts gegen Sahne, Schatz, zumindest nicht im Bauchnabel ...«

»Schscht«, unterbricht Mama ihn und zeigt auf mich, »nicht vor dem Kind.«

Doch auch sie lächelt jetzt, und ich verstehe, dass Sahne offensichtlich etwas Großartiges ist, sogar in und auf unterschiedlichen Körperregionen, man das jedoch vor Kindern aus pädagogischen Gründen nicht zugeben darf.

Interessant.

Fühle mich unangenehm voll im Bauch, lege mich auf die Kissen und mache die Augen zu. Dass man zu jeder Zeit überall einschlafen darf, ist das Beste an meinem Alter.

»Mia schläft, Chris! Komm mit rüber ...«, flüstert sie Papa zu, und ich blinzle träge in ihre Richtung. Sie lächelt Papa an und kneift das linke Auge zu. Vermute, er soll sie zum Augenarzt fahren, es scheint wirklich nicht gut um sie zu stehen, denn er reagiert sofort und trägt sie aus dem Zimmer. Mama schnappt sich im Vorübergehen MEINE Sahne, und beide verschwinden im Schlafzimmer.

Das hat sie von Oma, denke ich, kurz vorm dringenden Arztbesuch noch schnell die Wohnung aufräumen, man weiß ja nie, wie lange man weg ist, und Hauptsache, man hat eine frische Unterhose an, selbst beim Augenarzt. Doch warum gehen sie ins Schlafzimmer?

»Der Kühlschrank ist in der Küche«, rufe ich, doch die Schlafzimmertür ist bereits zu, und sie hören mich nicht.

Ich seufze, nun doch wieder wach, und knibbele aus Langeweile den Lack vom Esstisch ab.

Dann höre ich beide kichern und schmatzen. Das mit dem Auge war also nur ein Scherz von ihr, denke ich. Sie ist halt Opas Kind, gleich schiebt sie sich sicher noch ein künstliches Gebiss in den Mund, beißt in ein Mettbrötchen und lässt es flattern, und ich bin froh, dass ich nicht dabei bin.

Im Schlafzimmer wird nun gestöhnt. Alles klar, sie haben MEINE Sahne gegessen, und jetzt ist Bauchweh angesagt.

Geschieht ihnen recht.

Wütend knibble ich weiter.

Plötzlich klingelt das Telefon. Ich höre Papas gedämpfte Stimme: »Ist doch jetzt nicht wichtig, lass es klingeln!«, doch da stürmt Mama schon aus der Tür und hechtet wie ein aufgestörter Nacktmulch mit roten Wangen zum Telefon.

Warum ist sie nackt?, frage ich mich. Ach so, die Klamotten sind vermutlich mit Sahne vollgeschmiert. Ihre Nacktheit scheint sie nicht zu stören, sie nimmt den Hörer ab und zwinkert mir zu. Ihr Augenleiden hat sie also immer noch, denke ich, sicher wollte sie sich vor dem Arztbesuch noch umziehen. Doch dann sehe ich den Grund ihrer Blöße. Sie hat Sahneflecken im Bauchnabel. Sie haben ernsthaft versucht, MEINE Sahne an das Baby zu verfüttern.

Jetzt reicht es mir.

Wenn schon Sahne an Kinder, dann wenigstens gerecht aufgeteilt, mag sich Mama gesagt haben, und ich sehe schwierige Zeiten auf mich zukommen, sobald Fritz sich durch den Gebärmutterhals in unser Familienleben schiebt.

Mama sagt: »Heike Wagner am Apparat, wen darf ich begrüßen?«

Mich.

Aber jetzt nicht, ich bin sauer.

Ihre Augen weiten sich freudig.

»Ach, Herr Klausitz, das ist ja eine Überraschung, nein, Sie stören gar nicht ...«

Doch. Er stört sogar ganz gewaltig, denn Mama hat MEINE Sahne im Bauchnabel.

Ich zeige auf ihre Körpermitte und schreie: »Mama, Mama, Mama, da, da, da!«

Mama wird hektisch. Na endlich. Sie winkt in meine Richtung und legt den Zeigefinger auf ihren Mund. Offensichtlich will sie, dass ich still bin.

Das finde ich UN-ER-HÖRT. Ich lasse nicht mit mir verhandeln und lege nach. »MAMA, MAMA, DADADA!«

»Tatsächlich, eine Ausstellung in der Unibibliothek, ich weiß gar nicht, was ich sagen soll – nur ich? ... Das ist großartig! ... Nein, das ist nur meine Tochter.«

Nur.

»Ledl, ledl, ledl«, schreie ich erbost und pupse wie der dreifache Weltmeister im Bohnenschnellessen.

Sie nimmt mich auf den Arm. Das hätte sie nicht tun sollen.

»Und das ist wirklich sicher?«

Ich kotze auf den Hörer.

»Mia!«, schreit sie und wischt den Hörer an ihrem nackten Leib ab. Das Erbrochene mischt sich mit der Sahne, und ich denke, dass dies ein guter Zeitpunkt ist, laktoseintolerant zu werden.

»Nächste Woche, alles klar.« Sie legt auf.

Jetzt geht es zur Sache, denke ich, ein Duell, wie es nur zwischen Mutter und Tochter stattfinden kann, ein Gefecht aus Schlagfertigkeit und wüsten Worten. Doch es kommt anders.

Mama wirbelt mich begeistert durch die Luft und schreit: »Jaaaaaaaaah!«

Wenigstens Papa weiß sich zu benehmen, denn er kommt frisch geduscht herein und pfeift »Can't Stop«, eines seiner Lieblingslieder von den Red Hot Chili Peppers, und das pfeift er nur, wenn er richtig gut gelaunt ist. Als er uns sieht, bleibt er wie angewurzelt stehen, macht auf dem Absatz kehrt, kommt mit einem nassen Handtuch wieder, nimmt mich aus Mamas Armen und reicht ihr das Handtuch.

»Chris«, sagt Mama atemlos. »Die wollen eine Ausstellung von mir machen, nächste Woche schon, im Foyer der Unibibliothek – ich muss sofort los ins Atelier!«

»Sofort? So?«, lacht Papa und will ein Foto machen.

»Lass das doch«, sagt Mama und versteckt sich hinter dem Handtuch, »Fotografieren ist Kunst, und damit immer noch meine Sache, untersteh dich.«

Papa lacht.

Mama lacht auch, zieht sich ihren Overall an und verlässt das Haus.

Jetzt lacht Papa nicht mehr.

Ich mache mir ebenfalls Sorgen. Um Mama und den vergessenen Augenarzttermin.

»Und wir zwei Hübschen? Was machen wir jetzt?«, fragt Papa ein wenig hilflos.

Zeige auf die Knete, und wir legen los. Papa knetet zufrieden aussehende Hausfrauen und ich Sahne.

Kapitel 6

LEBERWURST-PAINTINGS

Am nächsten Tag sitzt Mama übermüdet, aber glücklich mit Papa und mir am Frühstückstisch.

Papa berichtet Mama, dass heute das Bewerbungsgespräch im englisch-deutschen Kindergarten sei und wir nun aufbrechen müssten, and maybe, this would be their last chance, doch Mama winkt ab und sagt, sie sei erschöpft und müsse bis zum Ausstellungsbeginn noch zwölf Bilder fertigkriegen, und wir seien ja eh keine native speaker und bekämen dort sowieso keinen Platz und deshalb wolle sie lieber zu Hause bleiben.

Papa seufzt, this sei aber, after all, our blade of grass in the desert, und zieht allein mit mir los.

Dort angekommen wundere ich mich, wie viele Kinder schon Englisch sprechen können. Offensichtlich sind hier alle von Anfang an bilingual aufgewachsen, und ich fühle mich unwohl.

Papa sagt: »Hello everybody, how are you? This is Mia, and my name is Chris. We are Germans ...«

Sofort wird er von einer Erzieherin mit goldenem Nasenring unterbrochen. »And what do you want here? Are you searching for a job as an au pair?«

»No, this is my daughter, and she wants to stay here in your ...«

Die Erzieherin hebt die Augenbrauen.

»She is astonished«, raunt Papa mir zu »but ...«

»I'm so sorry, but we have BREXIT!«

Sie dreht sich auf dem Absatz um und will davonrauschen.

»A joke«, lacht Papa, »you're kidding!«

Die Nasenberingte bleibt ernst.

»No joke«, sagt sie, »you are a member of the EU, aren't you? And this kindergarten is only for English kids, sorry.«

Papa bleibt hart.

»Aber you are working in Germany, right?«

»Yes«, sagt sie unbeirrt. »But for the kids of the English people who live in Germany we are like an isle in the sea.«

Papa schnaubt.

»Okay. Than we can verzicht auf Plumpudding and Porridge.«

Spöttisch weist uns die Porridge-Pussy den Weg hinaus.

Als wir zu Hause ankommen, sitzt Mama mit Oma und Opa beim Abendbrot. Opa schmiert mir sofort ein Leberwurstbrot und singt: »Kein Schwein ruft mich an.«

»Da sagst du was«, knurrt Papa und starrt vor sich hin.

Mama fragt: »Was ist los?«

Papa sagt düster: »Wir haben den Platz nicht gekriegt.«

»In der englischsprachigen Kita? Das war doch klar, Chris.«

Sie beißt beherzt in ihre vegetabilen Frischkäsetörtchen, verzieht das Gesicht und schnappt sich eins der Mettbrötchen, die Oma und Opa mitgebracht haben.

Papa brummt: »This result is not good.« Er streicht mir über den Kopf und sieht Mama an. »But you are right, it has still ever joot jejange.«

Kölsch ist immer gut, denke ich.

Opa stimmt zu: »Das war englisch oder?« Und mit einem Seitenblick zu Oma: »Englisch braucht doch kein Mensch. Ihr wollt doch nicht auswandern, oder? Und wenn, dann doch wohl eher nach Spanien, da gibt es wenigstens gute Metzgereien mit Schorizo und so was.«

Mama hat Mett zwischen den Zähnen und sagt lieber nichts.

Oma seufzt. »Heike, wenn man schwanger ist, darf man doch eigentlich gar kein Mett, also kein rohes Fleisch …?«

Ein eisiger Blick Mamas lässt sie verstummen. Ich verstehe das. Ich mag es auch nicht, wenn mir meine Mama sagt, was ich essen darf und was nicht.

Oma strafft die Schultern. »Na ja, aber Mia ist doch geimpft, oder?«

Im Radio läuft Jan Delay: *Oh Jonny, aber hast du kein Gewissen.* Opa schaltet das Radio aus.

Mama sagt: »Notfalls leisten wir uns eine Tagesmutter, jetzt, wo ich die Ausstellung …«

»Welche Ausstellung?« Oma horcht auf.

»In der Unibibliothek«, sagt Mama stolz.

»Da gehen doch die Leute zum Lesen hin, nicht zum Bildchen gucken«, wundert sich Oma. »Oder gibt es da Gratis-Sekt, Schnittchen und ein Unterhaltungsprogramm? Das ist ja immer das Tolle, zumindest an den Ausstellungseröffnungen …« Sie sieht Mamas versteinertes Gesicht. »Mal ehrlich, nur wegen deiner Bilder …? Egal. Also ist sie jetzt geimpft?«

»Schscht«, sagt Opa.

Mamas Augen glitzern wie das Schloss der Eiskönigin.

»Ich bin frei, endlich frei. Und fühl mich wie neugebo-ho-ren«, singe ich, um Mama an die Selbständigkeit der Kunst zu erinnern und daran, dass man auf Kritiker nicht immer hören darf, wenn man seine künstlerische Identität finden will.

Doch sie versteht mich nicht. Sie steht auf.

»Natürlich ist Mia geimpft!«, sagt sie mit Eisesstimme. »Und meine ...«

»Ich LIEBE Heikes Bilder!«, ruft Chris schnell. »Und die Skulpturen erst, das müsstet ihr sehen, sie hat sie noch mit Pastellkreide bemalt und dann mit Muttermilch das Ganze verfremdet, solch eine Technik, das hat vor ihr noch keiner ...«

Oma wendet pikiert den Blick ab. »Und nach ihr wird das auch keiner machen«, sagt sie. »Und um Mia wird sich auch nicht vernünftig gekümmert.«

Opa raunt ihr zu: »Oma, denk dran, Heike ist schwanger, du darfst sie nicht aufregen.« Versöhnlich wendet er sich an Mama: »Mal doch mal was mit Leberwurst, das hat vorher auch noch keiner gemacht.«

Oma stößt ihn in die Rippen.

»Ich mein ja nur«, brummt er verständnislos. »Man kann das doch imprägnieren.«

Gute Idee und schnell umsetzbar, denke ich mir und lege sofort los.

Auf der weißen Tischdecke entsteht ein aussagekräftiges Leberwurstbild. Ich male ein Schwein und lege den Darm, in der Hoffnung, dass es die richtige Stelle ist, unten auf den Bauch. Leberwurst ist ein Genuss, besonders auf Brötchen, aber auf die Idee, ein Tier zu schlachten, es durch den Fleischwolf zu drehen und dann in seinen eigenen Darm zu stecken, kann auch nur der Mensch kommen. Diese perfide Brutalität unterscheidet ihn wohl vom Tier. Habe noch nie eine Katze gesehen, die eine Maus jagt, sie zerkleinert und ihre Überreste in den Mäusedarm pfriemelt. Kann natürlich auch daran liegen, dass Mäusedärme zu klein sind, um sie mit etwas Brauchbarem zu stopfen. Oder dass Katzen ihre Beute nicht verkaufen wollen, sondern nur für den Eigenbedarf jagen. Schweineteile jedoch werden traditionell in Därme gestopft, und dagegen protestiere ich mit diesem Bild. Lege eins von Mamas vegetabilen Frischkäsetörtchen auf den Mund des Tiers, so dass es aussieht wie eine Aufforderung zum Fleischverzicht.

Betrachte mein Werk und bin zufrieden. Würde es Mama gern für ihre Ausstellung schenken, doch sie starrt nur vor sich hin und sagt: »Ihr werdet schon sehen.«

»Warst du eigentlich heute bei der Vorsorgeuntersuchung?«, fragt Papa und streichelt ihren Rücken.

»Ja«, antwortet Mama, »Gudrun Rudolf-Steiner-Wiebkötter meinte, es sei alles in Ordnung, und das ist doch das Wichtigste.«

Das Wichtigste.

Bin ich.

Vielleicht behalte ich das Bild auch.

»Gudrun und Bettina wollen auch Kinder.«

Oma hebt erstaunt die Brauen.

»Haben die denn Männer?«

»Nein«, sagt Mama gedehnt und sieht mein Bild.

Endlich.

Grimmig schlägt sie die Tischdecke um, so dass mein Werk jetzt von einem Teil der Decke verhüllt ist. Deute das als Ausdruck künstlerischer Rivalität oder als Weiterführung durch eine Christo-Imitation, doch nun stellt sie die Kaffeekanne auf den Darm und zischt: »Nicht, Mia, wenn das der Opa sieht.«

Opa wäre stolz auf mich. Mama kapiert manchmal gar nichts.

Ich fühle mich verkannt und beginne wütend, den Schrank mit den Plastikschälchen auszuräumen.

Oma fährt fort. »Wie soll das denn gehen? Die müssen doch erst mal Männer finden und dann ihre Frauen-WG auflösen, so was find ich eh nicht gut.« Missbilligend schüttelt sie den Kopf und belegt ihr Brot mit einer Scheibe Bierschinken.

»Mutter, die sind lesbisch.«

Oma fällt das Wurstbrot runter.

»Les ... ähem ... Ist das nicht verboten?«

Opa lacht. »Heute doch nicht mehr, Annie. Tja, wo die Liebe hinfällt.« Mit einem Seitenblick auf Oma sagt er: »Die Wege des Herrn sind unergründlich.«

»Lass den Herrn aus dem Spiel, der hat mit so was nichts zu tun«, sagt Oma.

»Stimmt«, brummt Teddy. »Der ist ja ein Mann.«

Oma überlegt.

»Wie machen die das denn miteinander ...? Nein, ich will das gar nicht wissen ... Die Bettina war schon immer komisch ...«

»Vermutlich nicht geimpft«, sagt Mama.

»Das ist ja ihre Sache, liebe Schwiegermama«, schaltet sich Chris ein. »Aber, Heike, wie wollen die beiden das Kinderkriegen denn angehen?«

»Sie haben überlegt, dass du einspringen sollst«, sagt Mama.

Papa fällt die Kinnlade runter. Eine Hauptrolle in *The Walking Dead* wäre ihm mit diesem Gesichtsausdruck gesichert. Das guckt Sören-Wotan immer mit seinem Vater, wenn er nicht schlafen kann.

Opa und Oma sehen zu Mama, dann zu Papa, dann wieder zu Mama. Fühle mich wie auf dem Tennisplatz.

»Das war ein Scherz«, kichert Mama und streicht sich über den Bauch.

Opa freut sich, dass ich die Leberwurst offensichtlich aufgegessen habe; ich freue mich über den famosen Turm, den ich gebaut habe.

Mama streicht mir liebevoll über den Kopf. Vermutlich soll ich ihrer Meinung nach lieber Architektin statt Künstlerin werden. Ich werde darüber nachdenken.

Kapitel 7

ELKE-CARMEN UND DER ROTZWURM

Sören-Wotan und ich sitzen im Sandkasten und bauen einen Turm. Wir verzieren ihn mit Ästen, und auf die Spitze kommt eine Spritze, die wir im Sandkasten gefunden haben.

Marlon holt Mama einen Latte macchiato vom Café nebenan, und sie lächelt ihn an, als wäre sie ein Model in der Werbung für Bleaching-Cremes.

»Dagegen ist Thomas Hermanns ein ganz kleines Licht«, sagt Sören-Wotan und schnalzt anerkennend. Er versucht sich seinerseits an einer Stefan-Raab-Imitation, scheitert jedoch kläglich, was dem Zustand geschuldet ist, dass er dafür deutlich zu wenige Zähne hat. Als Kleinkind ist man im imitatorischen Bereich aufgrund der noch nicht voll entwickelten Körperlichkeit immer gehandicapt. Ich lache, weil er süß aussieht, und er freut sich über seine vermeintlich gelungene Parodie.

Stelle immer wieder mit Bewunderung und vielleicht sogar einem Hauch von Neid fest, wie viele Männer über solch unbegründetes Selbstbewusstsein verfügen.

»Das ist das Testosteron«, sagt Teddy und räkelt sich zufrieden.

»Das will ich auch haben, wo kriegt man das?«, frage ich ihn begeistert, doch er wiegelt ab und lacht.

»Das wird schwer, Mia.«

Na klar. Offensichtlich wollen die Männer das für sich allein haben, und das finde ich gemein.

Ich wende mich ab und beobachte Mama und Marlon, die die Köpfe zusammenstecken und tuscheln.

Sören-Wotan und ich machen sie nach und flüstern uns Geheimnisse zu – über Türme und Mauern, die gebaut werden könnten. Sören will am liebsten eine zwischen Mexiko und Amerika aufschaufeln, denn er hat gehört, dass das gerade en vogue sei, aber mir ist das zu viel Arbeit und einfach zu weit weg von Mama und Papa.

Das Gespräch der beiden wird unterbrochen, als eine Frau mit blondgefärbten Locken auftaucht und Marlon mit drei Küsschen begrüßt, das letzte auf den Mund.

Teddy schüttelt den Kopf. »Ungewöhnlich.«

Das finde ich auch. Einfach plump, die Anmache. Doch es scheint zu funktionieren, denn Marlon lacht und zieht sie auf seinen Schoß.

Sören-Wotan zuckt mit den Schultern und scheint das normal zu finden. »Französische Begrüßung«, sagt er. »Das macht man so.«

Ach was, da eröffnen sich ja ganz neue Perspektiven. Soll ich, oder soll ich nicht?

»Bonjour, ça va?«, sage ich zu Sören-Wotan und rücke näher an ihn heran.

Überrascht sieht er mich an, und ich werde rot. Die Sache ist mir unangenehm, also verwerfe ich mein Vorhaben und klopfe den Dreckturm noch etwas fester.

Mamas Lächeln ist verschwunden. Sie scheint plötzlich etwas Rätselhaftes auf der Schaukel entdeckt zu haben, denn sie schaut angestrengt dort hin. Offensichtlich versucht sie, es durch intensives Fixieren zu eliminieren, doch das scheint nicht zu funktionieren, denn sie guckt nun noch grimmiger.

Marlon sagt: »Das hier ist Elke-Carmen, meine Freundin.«

Mama klappt die Kinnlade runter. Ich stupse Sören-Wotan an, und er nickt und murmelt: »Papa hört nicht auf mich.«

Mama reißt sich zusammen und begrüßt die Goldlocke.

»Hallo Elke-Carmen, schön, dass wir uns kennenlernen. Marlon hat ja gar nichts ...«

»Ähem«, unterbricht Marlon, »Elke-Carmen ist ... Marketing-Managerin in einem großen Konzern und häufig auf Reisen.«

Die Neue schüttelt lachend ihr Haar nach hinten, zieht ihre Armani-Jacke zurecht und dreht sich suchend um.

»Wo ist denn unser Söri?«

Jetzt reicht es. Unser? Meiner, du Goldschnepfe.

Sören-Wotan zuckt mit den Schultern.

»Die Alte spinnt. Aber sie bringt immer Kekse ohne Dinkel und mit richtigem Zucker mit, das ist okay.«

Mama zeigt auf uns und sagt: »Da hinten ist EUER Söri. Bei UNSERER Mia.« Sie versucht, sich ein Kichern zu verkneifen, was jedoch klingt wie eine depressive Lehrerin für Lach-Yoga.

Marlon errötet.

Der blonde Doppelname guckt irritiert.

»›Unsere‹? Marlon, hast du mir etwas verschwiegen?«

Marlons Gesicht ist dunkelrot.

»Nein, Elke-Schatz, mit ›unsere‹ meint Heike sich und ihren Mann Chris. Heike und ich sind nur ...«, er zögert, »... wir sind nur gute Freunde.«

Mama starrt auf den Boden und zeichnet mit ihrer Fußspitze gezackte Blitze in den Sand.

Nehme mir vor, ihre Harry-Potter-Bücher zu verstecken, anscheinend kann sie Fiktion und Realität nicht gut voneinander unterscheiden.

»Keine Sorge, Lord Voldemort schaukelt grundsätzlich

nicht«, rufe ich ihr zu, doch sie reagiert nur mit einem »Jetzt nicht, Mia«.

»Ach sooo«, erwidert Elke-Schatz. »Du würdest mir nie etwas verschweigen, das weiß ich doch.« Begeistert wiehert sie wie Jolly Jumper auf Marihuana.

Dann entdeckt sie einen kleinen Fleck auf ihrem weißen Jackett, stößt einen spitzen Schrei aus und droht in Ohnmacht zu fallen.

Marlon räuspert sich und fragt schnell, wie ihr Tag war.

Enthusiastisch am Fleck reibend will sie ausholen, da nähert sich Wiebke.

»Hab ich was verpasst?«, sagt sie und stellt atemlos den Buggy mit Levke-Fee ab.

»Allerdings«, murmelt Mama.

Lege die Idee, Sören-Wotan französisch zu begrüßen, endgültig ad acta. Die Goldbratze kann mich mal.

Levke-Fee macht ein Nickerchen.

Der Mops scheint die schlechte Stimmung zu wittern, denn er verrichtet aufgeregt sein Geschäft neben dem Sandkasten.

»Nein, ist das unhygienisch!«, regt sich Goldie auf.

Ungerührt zückt Wiebke eine Hundekottüte und erwidert: »Wieso? Das mache ich sofort weg. Und die Kinder sind ja eh gegen alles Mögliche geimpft, da kann nichts passieren, und ein bisschen Dreck ist gut fürs Immunsystem.«

Marlon sagt: »Ich weiß gar nicht, ob Sören-Wotan geimpft ist.«

Elke-Carmen atmet hörbar ein.

Der Mops furzt.

»Da muss ich mal Bettina fragen.«

»Marlon!« Wiebke ist entsetzt. »Stell dir mal vor, das Kind kriegt Masern oder Mumps, das ist unverantwor ...«

»Genau! Seit ich weiß, dass mein neuer Freund nun mal einen Sohn hat, habe ich mich selbstverständlich sofort über Kinderkrankheiten und Ansteckungsgefahren für Erwachs ... ähm, andere Kinder informiert«, unterbricht Elke-Schnepfe sie barsch. »Siehst du, Marlon-Schatz, ich interessiere mich WIRKLICH für Kinder.« Angewidert betrachtet sie den riesigen Rotzwurm, der sich langsam, aber sicher aus Sören-Wotans Nase schlängelt, und fängt an zu würgen.

Wiebke reicht ihr ein Taschentuch: »Hier, Elke-Carmen, wisch ihm das doch mal weg.«

»Ihr kennt euch?« Mamas Augen weiten sich.

»Wir haben uns letzte Woche kennengelernt, als sie mit Sören-Wotan auf dem Spielplatz war«, flüstert Wiebke ihr zu. »Es war furchtbar, sie hat sich gar nicht um ihn gekümmert und die ganze Zeit telefoniert. Dann hat Sören auf ihre Prada-Tasche gespuckt, und sie ist total ausgerastet.«

Ich lausche höchst interessiert. Der Mops furzt schon wieder. Ich bewerfe ihn mit Sand, und er verzieht sich.

Elke-Carmen gibt Marlon das Taschentuch und sagt: »Du bist der Vater, sicher wirst du dich zuständig fühlen.«

Mittlerweile macht sich Sören-Wotans Rotzwurm auf den Weg Richtung Kinn.

Elke-Carmen übergibt sich fast.

»Wäre ja eigentlich besser für Sören-Wotan, wenn Blondchen auch Kinder hätte«, murmelt Mama.

Elke-Carmen tut ihre Bemerkung mit einer Geste ab. Mit abschätzigem Blick mustert sie Mama.

»Nein, ähm ... wie heißt du noch? Heike? Ich hatte nie Zeit für eigene Kinder, ich bin in meinem Job als Marketing-Managerin UN-AB-KÖMMLICH, da geht gar nichts ohne mich.«

»Un-ab-kömmlich«, überlege ich laut, »ein verrücktes Wort.«

»Wieso?« fragt Sören-Wotan. »Alles, was Elke-Carmen sagt, ist verrückt, aber wieso gerade das?«

»Klingt wie eine doppelte Verneinung, findest du nicht?«

Sören-Wotan schaut mich an. »Elke-Carmen ist also kömmlich!«

Wir lachen, und Mama sagt: »Guckt mal, die Kinder haben sich einen Witz erzählt.«

Eine leichte Brise weht über den Spielplatz und verweht unseren Turm.

Marlon wischt Sören die Rotze weg, Mama schneidet vergnügt Apfelschnitze für uns, und Elke-Carmen ist mit dem Lockern ihres Louis-Vuitton-Schals beschäftigt.

»An apple a day keeps the doctor away«, sagt Marlon zu Mama und schwenkt kichernd sein neues iPhone.

Mama lacht über seinen Scherz, was mich wundert, da er deutlich unter ihrem Niveau liegt.

Elke-Carmen stutzt, wiehert dann zustimmend und belohnt Marlons Entertainment-Qualitäten mit einem feuchten Kuss.

Peinlich.

»Komm, Mia, wir gehen«, sagt Mama.

»Wir auch«, sagt Wiebke, und auch der Mops sucht jaulend das Weite, nicht ohne unserem Dreckturm vorher noch eine eigene individuelle Duftnote zu geben.

Still-Bill, der Mami-Chat:

Kunstabzugshaube: Brauche einen Tipp von euch. Wie sagt man seinem Mann, dass man wieder arbeiten geht und er zu Hause bleiben soll, ohne dass er sich wie ein Weichei vorkommt?

Amaranth-Stute: Auf jeden Fall mit Belohnungen. Versprich ihm, dass er ein Mal pro Woche ein richtig gutes Brot gebacken bekommt.

Kunstabzugshaube: Ein BROT?

Amaranth-Stute: Zur Not ein Bierbrot.

Einlauf-Mutti: Du musst ihn dazu bringen, dass er glaubt, er wäre von allein auf die Idee gekommen, zu Hause bleiben zu wollen.

Thermomix-Fee: Kann er denn kochen?

Eiskunstläuferin: Willst du das denn? Wenn er zu Hause bleibt, ist er doch ein Weichei. Dann verlierst du irgendwann die Lust auf ihn. Hol dir eine Nanny.

Kunstabzugshaube: Ich will meine Kinder halt nicht komplett fremdbetreuen lassen.

Thermomix-Fee: Genau. Arbeiten gehen, nur um die Nanny zu bezahlen, macht doch gar keinen Sinn.

MissKatze7: Doch. Man braucht es für die Selbstverwirklichung und als Ausgleich, damit man sich nicht nur auf die Familie fixiert. Wichtig ist außerdem Sport – Beckenbodenkurse, starke Mitte. Attraktiv bleiben ist harte Arbeit.

Einlauf-Mami: Kauf ihm einen neuen Grill.

MissKatze7: Einlauf-Mami hat recht. Es funktioniert mit Anreizen. Aber du musst subtil vorgehen. Vielleicht so: »Welchen Part willst du übernehmen? Job oder Kinderbetreuung? Hach, ICH würde ja gern die Kinderbetreuung machen, das ist so schön, man kann ständig mit den Kindern Ausflüge machen, dann sitzen die im Sandkasten und man selbst daneben im Biergarten und trinkt ein schönes kühles Weizen und liest stundenlang Zeitung.«

Thermomix-Fee: Das ist doch völlig unrealistisch.

MissKatze7: Natürlich! Aber das weiß er doch nicht. Du musst auf jeden Fall seufzen und fast weinen, weil DU das gern machen würdest, jetzt aber leider diesen Job angeboten bekommen hast, bei dem man viel Geld verdient ...

Und wenn er dann immer noch nicht will, sagst du, ihr könnt euch ja abwechseln, das sei fair.

Kunstabzugshaube: Das will ich aber gar nicht. Ich will auch an der Uni bleiben, wenn das Baby da ist. Da kann man nicht einfach ein ganzes Jahr Pause machen.

MissKatze7: Das ist doch egal. Er fängt mit der Kinderbetreuung an, und dann kannst du halt nicht wechseln, weil du sonst nie mehr Fuß fassen würdest.

Einlauf-Mutti: Mach doch nen Pole-Dance-Kurs. Damit überzeugst du jeden Mann.

Eiskunstläuferin: Polo ist nichts für mich.

Kunstabzugshaube: Ich denke drüber nach.

Kapitel 8

ULTRASCHALL UND AUSTERN – GLIBBER ÜBERALL

Wir sitzen im Wartezimmer einer schicken Praxis. An den Wänden hängen Kunstdrucke von Roy Lichtenstein. Mama schnaubt und murmelt »gepunktetes Rastergedöns, kann doch jeder«.

Eine am Arm bunt bedruckte Sprechstundenhilfe führt uns in ein abgedunkeltes Zimmer und sagt, Mama solle sich schon mal auf die Liege legen.

Mama will sich tätowieren lassen. O Gott. Wo ist er, wenn man ihn mal braucht? Bestimmt ein Bild von Fritz, weil sie es nicht mehr abwarten kann, ihn zu sehen. Eifersucht steigt in mir auf wie Magensäure bei einem Reflux-Patienten, und ich spucke den Möhrenbrei auf Papas Schuh.

Der Tätowierer betritt das Zimmer. Er sieht ganz normal aus, sogar einen weißen Kittel hat er an. Offensichtlich hat er sogar promoviert, denn Papa und Mama begrüßen ihn förmlich mit »Dr. Guttler«.

Heutzutage brauchst du für alles eine gute Ausbildung. Ein Doktor für Tätowierkunst. Irgendwie beruhigt mich das.

Er fragt, wie es Mama gehe und schmiert ihr durchsichtigen Schleim auf den Bauch. Ich kann gar nicht hinsehen und vergrabe mein Gesicht in Teddys Armen.

Teddy sagt: »Aber Mia, jetzt geht es doch erst richtig los, gleich kannst du dein Geschwister sehen.«

»Eben«, sage ich, »das will ich doch gar nicht, reicht doch, wenn der Doofmann irgendwann rauskommt, dann wird er mir schon noch genug – wie sagst du immer? – auf die Eier gehen.«

»Guck mal«, ruft Teddy. »Die sind grad voll im Bild, Mia, Fernsehen!«

»Fernsehen?« Ich hebe den Kopf.

Der Tätowierer tätowiert nicht. Stattdessen schiebt er ein graues Gerät auf Mamas Bauch hin und her. Und er achtet gar nicht darauf, was er auf Mamas Körper veranstaltet, sondern starrt auf einen uralten Schwarzweißfernseher. Man hört Geräusche wie von einem asthmatischen Alien, und ich bekomme Angst.

»Da ist dein Geschwisterchen!«, sagt Papa begeistert und tätschelt mir den Kopf.

Fritz im Fernsehen? In Schwarz-Weiß. Fritz ist ein Retro-Fritz.

Papa scheint meine Irritation zu bemerken und sagt: »Das ist ein Ultraschallbild. Und Dr. Guttler ist Arzt. Wenn er das Gerät auf den Bauch drückt, geht Schall durch den Körper, und man kann sehen, wie Fritz sich im Bauch bewegt und ob es ihm gut geht.«

Das da vorn in Schwarz-Weiß soll tatsächlich ein Teil unserer Familie werden. Damit bin ich nicht einverstanden.

Man sehe alle Organe, sagt der sogenannte Arzt.

Ich sehe nichts.

Mama wird ganz aufgeregt.

»Ist es ein Mädchen oder ein Junge?«

Der Arzt lächelt sie an.

»Was hätten Sie denn gern?«

Er zwinkert ihr zu.

»Ey, was geht ab?«, imitiere ich Sören-Wotan. »Mädchen natürlich! Sie hat aber schon eins! Reicht! Zu dritt ist auch schön!«

Papa sagt: »Siehst du, Mia freut sich auch.«

Mama überlegt und sagt: »Mir egal, Hauptsache gesund.« Aufgeregt knetet sie ihre Hände.

»Hauptsache, der Knirps passt an die Knüpfstühle«, lacht Papa.

Stelle fest: Bei Erwachsenen ist Humor ein probates Mittel, um ihre Nervosität zu überspielen.

Der Arzt schüttelt missbilligend den Kopf.

Er schiebt das Ding wieder und wieder über Mamas Bauch, hin und her, rauf und runter. Nach gefühlt zwei Stunden ruft er fröhlich: »Da! Ganz deutlich! Es ist ein Junge!«

Ich bin sprachlos. Fritz ist ein Bub. Auch das noch, denke ich, Fußball, Star Wars und permanent den Pillermann anfassen, mehr haben die doch nicht drauf. Homo sapiens mit Dödel.

Mama und Papa freuen sich und küssen mich.

Finde das unangemessen und schreie »Bababa, nee, nee, nee«. Was anderes verstehen sie ja nicht.

Mama juchzt: »Siehst du, Mia freut sich auf ihr Brüderchen.«

Ich gebe auf und trete wütend gegen die Tube mit dem Schleim. Ein Schwall Glibber ergießt sich auf die Wildlederschuhe des Doktors.

»Da hast du's«, schreie ich erbost, »und dieser Glibber – ist das Alienkacke, oder was? Hättest du nichts gesagt, könnte es wenigstens noch ein Mädchen werden! Aber du hast es verbockt!«

Papa steckt mir den Leuchteschnulli in den Mund, entschuldigt sich beim Arzt und nimmt mich auf den Arm. Ich versuche, mich freizustrampeln, aber meine mutige Aktion hat mich ausgelaugt, und ich schlafe kurz ein.

Als ich wieder aufwache, bin ich angeschnallt. Kurz durchfährt mich der schreckliche Gedanke, meine Eltern hätten mich falsch verstanden und nun eingesperrt, quasi in einer Neuauflage von *Einer flog über das Kuckucksnest*. Suche den Indianer, doch dann merke ich, dass ich im Auto sitze. Habe mich noch nie so wohl gefühlt in meinem Gunnar. Gunnar heißt mein Kindersitz, und ich bin stolz auf sein Easy-Out-Gurtsystem. Seine mehrstufig verstellbare Sitz- und Ruheposition ist vom Komfort her ein echter Fortschritt gegenüber dem babyhaften Maxi-Cosi.

Ich räkle mich zufrieden und höre, wie Mama zu Papa sagt: »Ein Kind von jeder Sorte, ist das nicht traumhaft, Chris?«

Papa nickt glücklich.

»Und Geld wird auch genug da sein«, sagt Mama. Ihr Tonfall klingt sonderbar, anders als sonst – vermutlich wird gerade der außergewöhnlichen hormonellen Situation Rechnung getragen.

Papa antwortet: »Na ja, es wird schon reichen, wir brauchen ja keinen SUV oder Gucci-Klamotten für Mia.« Er lacht.

Mama nicht.

Ich auch nicht. Gutschi klingt lustig, das will ich haben.

»Chris, es wird auf jeden Fall genug Geld da sein. Wenn du zu Hause bleibst.«

»Klar, Heike, ich bleibe zu Hause, und das Geld backen wir im Thermomix«, feixt Papa.

Mama lacht nicht. Sie holt tief Luft: »Vielleicht gibt es eine ganze einfache Lösung. Ich finde, du solltest ab jetzt zu den wenigen Vätern gehören, die sich glücklich schätzen können, für ihre Kinder mehr als nur eine Stunde am Abend da sein zu dürfen. Zeit zu haben, ihnen Brei zu kochen, mit ihnen in den Zoo zu gehen und sie bei ihren ersten Gehversuchen zu begleiten.«

Papa fährt wieder schneller.

»Hast du im Lotto gewonnen?«

»Nein, Chris. Das heißt – doch, aber das spielt jetzt keine Rolle. 23,99 Euro, die habe ich direkt in ein Waffeleisen investiert. Ich freue mich schon auf die erste Waffel – von dir gebacken! Komm, Chris, das ist so ähnlich wie Grillen, nur ohne Feuer.«

Papa zieht die Augenbrauen hoch.

Sie holt von neuem Luft.

»Diese Ausstellung in der Unibibliothek wird vom Leiter des Verwaltungsrats betreut. Und dieser Herr Klausitz sitzt auch im Beirat der Kölner Kunstakademie. Und jetzt halt dich fest: Die wollen mich als Dozentin einstellen! Mit festem Gehalt! Bombenfestem Gehalt!« Sie hält inne. »Sag doch auch mal was!«

»Blitzer«, sagt Papa.

»Bitte?«

»Mist«, ergänzt er.

Papas Stirnfalte wird tiefer, das sehe ich im Spiegel.

»Ist das alles?« Mama wirkt enttäuscht.

Um sie aufzuheitern, versuche ich, kunstvolle Spuckebläschen in Herzchenform zu machen.

Papa hält auf dem Seitenstreifen an.

Er dreht sich zu Heike.

»Heike, hast du was mit Herrn Klausitz?«

Klar hat sie was mit dem. Eine Ausstellung.

»Wie kannst du so was fragen, Chris?« Mama fängt an zu weinen. »Dass ich Dozentin werde, kannst du dir nur vorstellen, wenn ich mich hochschlafe?«

Wieso denn wieder schlafen? Man kann durch Schlafen

keine Dozentin werden, als ob Papa das nicht wüsste. Bin froh, wenn Fritz raus ist, dieser Zwei-Körper-in-einem-Zustand scheint meine Mutter ernsthaft durcheinanderzubringen.

»Entschuldige, Liebling, aber das ist alles zu viel für mich. Die Nachricht, einen Sohn zu bekommen, dann geblitzt zu werden und unsere familiäre Situation auf den Kopf gestellt zu bekommen, während ich eigentlich längst daran arbeiten müsste, das Blechbläser-Jingle für diese Heilerdekapseln zur Darmsanierung pünktlich fertig zu machen ...«

Er hat angefangen zu schwitzen.

Papa tut mir leid. Ich will ihn unterstützen und flöte eine tolle Melodei.

Leider hört man nur »pfffffft«.

Teddy kichert. »Das passt ja«, sagt er vergnügt, »Jingle fertig.«

Mama starrt aus dem Seitenfenster.

Papa will ihre Hand nehmen, doch sie verweigert sich.

Er seufzt. »Das ist natürlich großartig, mein Schatz, ich wusste immer, dass deine Kunst irgendwann anerkannt wird. Wie viele Stunden wären das denn pro Woche?«

»Dreißig bis vierzig«, sagt Mama mit zusammengepressten Zähnen.

»Oh.«

Papa wirkt schockiert. Überlege, seinen Gesichtsausdruck als Unesco-Kulturerbe anzumelden. Dass Frauen arbeiten können, hat Papa offensichtlich vergessen.

»Und wie soll das mit den Kindern gehen?«

»Ich wusste gar nicht, was du für ein Chauvi bist, Chris. Du bleibst vier Tage die Woche zu Hause, und einen Tag übernimmt Oma. Dann kannst du an dem Tag ins Tonstudio und bekommst obendrein noch Elterngeld. Und ich verdiene den Rest des Geldes für uns.«

Immer geht es um dieses Geld. Geld, Geld, Geld. Der größte Held auf der Welt ist der mit dem meisten Geld. Dabei sind die meisten Menschen mit viel Kohle totale Pfeifen. Trump, Heidi Klum, die Geissens.

Ich wünschte mir, der Tauschhandel käme wieder in Mode. Ich würde meinen Schnuller sofort gegen ein Glas Nutella tauschen. Beides macht beim Lutschen glücklich, aber Nutella schmeckt nach Glück, nach Wonne, nach Nirwana.

Papa lässt den Motor an und seufzt: »Lass uns zu Hause in Ruhe darüber sprechen.«

Mama schweigt.

Papa auch.

Energetisch ist hier nun tote Hose. Alle vorhandenen Schwingungen komplett ausgebremst.

Beginne leise summend mit einer Chakra-Meditation. Habe die Hoffnung, dass Mama und Papa mitmachen, um ihre sieben Chakren zu öffnen, zu aktivieren und zu reinigen. Dann wird alles wieder gut.

Keine Chance. Das spirituelle Ich meiner Eltern ist im Souterrain.

Verzweifelt schwinge ich meine Rassel im Rhythmus von »Can't Stop«.

Keiner reagiert. Schnappe mir das Bilderbuch, zeige auf den Esel und brülle: »Was das?«

Stille.

Zeige auf die Ente. »WAS DAS?«

Versuche es mit dem Frosch. »WAS DAS?«

Vielleicht kommt es ihnen genauso blöd vor wie mir, Unkenntnis über die Tiere der heimischen Fauna vorzutäuschen, insbesondere durch Sätze, in denen das Verb fehlt.

Jedenfalls gehen sie nicht auf mich ein.

Nach einer Weile nimmt Mama den Faden wieder auf.

»Du könntest mit den Kindern in den Biergarten gehen und, während sie im Sandkasten spielen, ein leckeres kühles Weizen trinken und in Ruhe Zeitung lesen. Ich würde das so gern selber machen, das wäre wunderbar, aber die Uni zahlt nun mal so viel, da muss ich wohl ran ...«

Papa schüttelt den Kopf, doch ich sehe, dass er nachdenkt.

Will nicht, dass Mama demnächst nicht mehr dauernd bei mir ist. Ich muss sie davon überzeugen, dass es nichts Schöneres gibt, als Zeit mit mir zu verbringen. Schnappe mir also das angeblich altersgerechte Such- und Findebuch, gucke durch die Löcher und sage, was ich sehe.

»Rot, Mama! Tefunden!«

Keine Reaktion.

Ich trete gegen ihren Rücksitz.

»Tuck ma da! Tahnbürste! Putzen!«

Erwarte Lob, aber Mama sagt nur: »Mia, kannst du mal still sein.«

Irgendwie muss aber doch ihre Begeisterung für die Beschäftigung mit mir geweckt werden können. Überlege, ob ich einen anderen Weg gehe und ihr die asklepiadeische Odenstrophe erkläre, um sie zu beeindrucken, da dreht sie sich wieder um und fährt fort:

»Ich werde wahrscheinlich gar nicht an die Luft kommen, aber ich gönne dir die Zeit. Ein bisschen Freiraum hast du wirklich verdient ... Und diese Muße ... an der frischen Luft in der Sonne zu sitzen ...«

Papa überlegt. »Vielleicht ist das gar nicht so schlecht. Dann könnte ich öfter den Grill anwerfen und mit Mia und Klein-Fuzzi Fußball gucken und mein Panini-Album sortieren.«

Mama guckt ihn an.

»Dein Panini-Album?«

Papa guckt zurück.

»Seins, meine ich natürlich, sein Album. Ich helfe nur.«

Aha. Geht es hier nur um Fritz und Papa, oder was? Wieso kriegt Fritz ein Album und ich nicht? Wütend über so wenig Gleichberechtigung sabbere ich seinen über alles geliebten Lumberjack-Motiv-Hoodie voll, der neben mir auf der Rückbank liegt.

Papa flüstert Mama zu: »Und wenn du nach Hause kommst, erwarte ich dich in der Küche, nur mit einer Schürze bekleidet, und serviere dir Austern mit Petersilien-Salsa-Verde.«

Mama lächelt.

»Und dann lässt du deinen Aktenkoffer fallen, schiebst die Gleitsichtbrille auf die Nase, und der Küchentisch wird zur Spielwiese ...«

»Chris, nicht vor dem Kind!«

Mama lacht und knufft ihn in die Seite.

Wieso nicht? Spielwiese klingt doch toll, und ich finde es bemerkenswert, dass Papa sich so viel Mühe gibt, wenn die Familie abends wieder vollständig ist. Frage mich nur, woher er das ganze Gras kriegen will und wie er es befestigt. Vielleicht mit der Heißklebepistole.

»Im Ernst, vielleicht bist du dann entspannter und immer ...«

»Chris! Also abgemacht?«

»Jawoll, Chefin.« Papa salutiert. »Einen Versuch ist es wert.«

Mama küsst Papa überschwänglich.

Teddy kichert und schüttelt den Kopf. »Diese Heteros ... reden stundenlang um den heißen Brei ...«

Brei. Das ist das Stichwort. Habe Hunger und beiße in die Dinkelstange. Ohne Nutella geschmacklich eine Herausforderung. Doch ich bin großzügig. Für die Harmonie zwischen Mama und Papa nehme ich sogar alternative Ökokost in Kauf.

Love is in the air.

Kapitel 9

MUMPS UND MOTORIKSCHLEIFE

Mama ist unterwegs zur Unibibliothek, und Papa und ich fahren zum Kinderarzt, eine Impfung steht an. Habe Angst. Teddy versucht, mich zu trösten und zu motivieren. Er erzählt mir – für meine Begriffe etwas zu enthusiastisch – von Meningokokken und Tetanus und dass das ganz schlimme Krankheiten sind, die ich doch sicher nicht haben will.

Ich bin nicht überzeugt, doch Teddy packt nun sein ganzes Wissen über Kinderkrankheiten aus. Masern, Röteln, Mumps, das könne ich alles kriegen, wenn ich mich nicht impfen lasse. Er bläst die Wangen auf, und ich bin dankbar für die Ablenkung und warte auf ein amtliches Konzert auf der Lufttrompete, doch er verharrt stoisch aufgedunsen und zischt durch die Zähne: »Das ist MMPs. Mpfff.« Er wird rot, langsam entweicht seinem Mund ein wenig Luft. Teddy scheint porös zu sein. Das macht mir Sorgen. Doch zumindest kann man ihn jetzt verstehen.

»So siehst du aus, wenn du Mumps hast.« Er überlegt. »Oder wenn dir eine Kosmetikerin ohne Ausbildung mit Botox die Falten geglättet hat.«

Mit einem lauten Pupsgeräusch lässt er die restliche Luft raus.

Betaste mein Gesicht. Falten? Ich bin doch erst eins. Teddy sollte wirklich anfangen, weniger Bier zu trinken. Aber er sagt, nachts in der Schwulenkneipe mit einem Glas Wasser in der Hand, das sei nicht gesellschaftsfähig.

Teddy sieht die Skepsis in meinem Gesicht und spielt nun

einen Kampfhund. Er fletscht die Zähne, macht Geräusche wie ein billiger Smoothiemaker und beißt mir in die Hand. Es tut nicht weh, aber er lässt nicht los, und das nervt mich mehr als Lieder von Helene Fischer. Und die kenne ich alle, immerhin habe ich Helene Fischer als Weckton. Den Wecker stelle ich mir, wenn ich das Gefühl habe, nachts mal wieder zu Mama und Papa gehen zu müssen, denn das ist wichtig für den Familienzusammenhalt. Und seit ich mit Helene Fischer geweckt werde, wache ich vor lauter Angst immer eine halbe Stunde früher auf. Dann kann ich den Wecker vorzeitig ausstellen und bin früh genug wach. Ein wunderbarer Trick.

Er schreit: »Bist du gegen Tetanus geimpft? Nein? Dann bist du jetzt tot. Ende, aus, basta. Und Fritz erbt alles. Auch deine Spielsachen.«

Mir bleibt das Lachen im Halse stecken. Das geht nicht. Fritz allein bei Mama und Papa. Ohne mich.

Teddy hat sein Ziel erreicht.

Ich will das alles auf keinen Fall bekommen – weder Falten oder Mumps, noch Tetanus oder Botox. Merkwürdig, wer sich so was ausdenkt. Oma ist überzeugt davon, dass das alles Gottes Erfindung sei.

Der muss ja mächtig einen an der Klatsche haben. Erst die Menschen erschaffen und dann Krankheiten, damit die Menschen wieder verschwinden. Wir müssen dem ja ganz schön auf den Sack gehen, oder er findet uns einfach nicht gut gelungen und will uns wieder vernichten, um bessere Menschen zu töpfern. Zum Teil kann ich das sogar verstehen. Finde meinen ersten Versuch mit Knete meist auch nicht so gelungen.

Papa fragt die Sprechstundenhilfe, ob wir in einem anderen Raum warten können. Da ich noch nicht gegen Masern geimpft sei, habe er Angst, dass ich mich im Wartezimmer bei anderen Patienten anstecken könnte.

Sie zwinkert ihm zu und sagt, sie fände es großartig, dass ER als MANN so umsichtig mit seinem Kind sei. Leider habe sie aber keinen weiteren Warteraum, doch er könne mit mir schon mal in eines der Behandlungszimmer gehen.

Papa dankt es ihr mit einem Lächeln und einem Kompliment über ihre schönen Grübchen. Sie errötet, dreht sich um und stößt fast mit der Yucca-Palme zusammen.

Jetzt wäre Zeit für Mumps, denke ich. Sofern man das als erwachsene Frau noch bekommen kann. Aber sie ist sicher geimpft. Mumps, wo bist du, wenn man dich mal braucht? Versteckt sich mit Godot hinter der Bushaltestelle und lässt alle suchen.

»SIE als MANN«, höre ich eine Stimme, und ich denke schon, ich habe ein Echo im Ohr, da sehe ich Gudrun Rudolf-Steiner-Wiebkötter auf Papa zukommen.

»Gudrun, was machst du denn hier?«, wundert sich Papa. »Ist es schon so weit bei euch? Ich gratuliere!«

Gudrun lacht. »Nein, Chris, ich habe hier beruflich zu tun, für die Kinderplanung fehlt uns noch eine gewisse Substanz, ohne die es leider nicht geht – aber sag mal, wenn DU als MANN so umsichtig bist, könntest du doch aushelfen.«

Papa wird rot.

»War ein Scherz, Chris, entspann dich, ich frage mich nur, warum Männer dafür bewundert werden, wenn sie sich um die Kinder kümmern oder die Spülmaschine ausräumen. Frauen werden dafür nie gelobt. Wenn Frauen dafür Anerkennung bekommen wollen, müssen sie gleichzeitig noch Einrad fahren und mit sich selbst Souvlaki tanzen.«

»Sirtaki, Gudrun«, lacht Papa, »Souvlaki ist ein griechisches Gericht.«

»Na eben«, brummt Gudrun, »Sirtaki tanzen wäre ja einfach.«

Das mit der fehlenden Anerkennung ist mir auch schon aufgefallen. Nehme mir vor, Mama beim nächsten Mal mit eifrigem Klatschen für ihre Hausarbeit zu belohnen. Völlig uneigennützig.

Vielleicht kriege ich dann Nutella auf mein Dinkelbrötchen.

Gudrun sieht ihn erwartungsvoll an, doch Papa zuckt nur mit den Schultern. Gudrun schüttelt den Kopf, hebt meine Rassel auf, gibt sie mir mit einem Lächeln und sagt leise: »Wir denken darüber nach, das Ganze mit Jürgen und Harald anzugehen.«

Papa reagiert erstaunt. »Ich denke, ihr seid lesbisch? Oder seid ihr auf Teilzeit?«

Um die Peinlichkeit seiner Frage zu überspielen, werfe ich mein Spielgerät wieder auf den Boden.

Er zwinkert ihr zu und hebt meine Rassel auf. Doch Gudrun wäre nicht Gudrun, wenn sie sich aus dem Konzept bringen lassen würde.

»Gar keine so schlechte Idee, Chris. Im Prinzip schon. Wir überlegen, ob Co-Parenting etwas für uns wäre.«

Bevor Papa darauf antworten kann, kommt Dr. Liebermann auf uns zu und führt uns in das Bärenzimmer.

Papa ruft Gudrun noch zu, sie solle doch mit Bettina heute Abend auf einen Gin-Tonic vorbeikommen. Sie nickt.

Dr. Liebermann begrüßt Papa, legt in Erinnerung an unsere letzte Begegnung eine bunte Plastikfolie über sein weißes Designersofa und fragt nach Mama.

Ahnungslos erzählt Papa von ihrer Ausstellung, und Dr. Liebermann macht sich eine Notiz. Der Typ hat es immer noch nicht aufgegeben, Mama für sich zu gewinnen. Na warte. Er legt seinen Block an die Seite und kommt auf mich zu. Wo hat er die Spritze versteckt?

Ich schreie.

Dr. Liebermann lacht und sagt: »Fremdeln ist in dem Alter ganz normal und gesund.«

Ich schreie lauter.

Papa nimmt mich auf den Arm.

»So, Mia, Schreien kannst du ja ganz fein, kannst du denn auch schon sprechen?«

Ganz dünnes Eis, Herr Doktor, ganz dünnes Eis.

»Sag mal Ma-Ma.«

»Arschloch.«

Teddy lacht, doch die Erwachsenen hören nur »A-A«.

Immerhin kommt es dem nahe.

»Toll, Mia, Vokale kannst du, sag mal Ma-Ma, du hast ja so eine hübsche Mama ...«

»Papa.«

Das sitzt.

»Fein, Mia, aber ich bin nicht der Papa.«

Ich sammle Spucke in meinem Mund.

Viel Spucke.

»Zeig mir doch, wie gut du inzwischen laufen kannst.« Er nimmt mich von Papas Arm und setzt mich auf den Boden. Dann bückt er sich und stellt in einiger Entfernung eine Motorikschleife auf. Sein weißer Hosenboden leuchtet mir entgegen wie der Vollmond durch mein Fenster in durchwachten Nächten ohne Leuchteschnulli. Motorikschleife. Ein Ding, an dem man bunte Kreise und Vierecke auf Drähten von links nach rechts schieben kann. Zur Förderung der Hand-Auge-Koordination. Wäre Dr. Liebermann ganz nahe bei mir, würde er meine Hand-Auge-Koordination zu spüren bekommen. Aber so muss ich mir was anderes ausdenken.

Das ist mein Auftritt.

Ich ziehe mich an der Schrankwand hoch und laufe. Greife zur Motorikschleife, schmeiße sie gegen die Glasfront seines Bücherregals, ziehe im Vorbeigehen die Plastikfolie vom Sofa und spucke ein Kunstwerk darauf.

»Nicht schon wieder!«, ruft Dr. Liebermann entsetzt.

»Alles, was ein Künstler spuckt, ist Kunst«, sage ich, denn das meinte schon Kurt Schwitters, und ich BIN Künstlerin. Durch und durch.

»Prima, Mia!« Papa ist stolz. »Sehen Sie, sie kann wunderbar laufen. Schon seit einer ganzen Weile.«

Wie erwartet, ist Dr. Liebermann verärgert und wischt mein Sputum-Œuvre weg. Mit zusammengepresstem Kiefer murmelt er etwas von Haftpflichtversicherung und ruft die Sprechstundenhilfe, damit sie die Scherben aufsammelt.

Dann durchschreitet er den Raum bis zur sterilen Ecke und zieht die Spritze auf.

Habe große Angst, und das scheint mir auch sehr berechtigt zu sein.

»Das war ein Original!«, rufe ich, um Zeit zu schinden.

Doch er ist erbarmungslos.

Teddy auch. Er gibt mir einen leichten Schubs, und – zack – landet die Spritze in meinem rechten Oberarm.

»Aua!«, schreie ich.

Ich gebe zu, dass es gar nicht weh getan hat, doch es war Dr. Liebermann, der mich verletzt hat. Und wenn ich »Aua« schreie, kriege ich Gummibärchen, so viel habe ich verstanden. Wenigstens etwas, das in dieser Praxis gut ist.

»Aua!«, setze ich nach.

Die Backentaschen voller bunter Freunde schiele ich auf das Sofa.

Es fehlen eindeutig Farbakzente, doch es steht zu weit weg.

Schlucke die Bärchen runter, nicht jedoch meinen Ärger.

Beim nächsten Mal werde ich besser vorbereitet sein.

Kapitel 10

HETEROSEXUELLE EICHHÖRNCHEN

Bettina lässt sich in die Gartenliege sinken, nippt an ihrem Gin-Tonic und sagt: »Eigentlich ist Co-Parenting das ideale Familienmodell. Und Jürgen und Harald sind wirklich cool.«

»Co-was?«, erwidert Mama und schielt neidisch auf Bettinas Glas. Sie greift zur Karaffe, gießt sich Zitronen-Limetten-Limo auf ihre selbstgemachten Gänseblümchen-Eiswürfel und lässt mich probieren. Das Rezept hat sie von Wiebke, und ich verziehe mein Gesicht. Die Säure ist wirklich fies.

Mama lacht und streichelt mir den Kopf.

Aber die Eiswürfel sehen schön aus: Bin gespannt, ob die Blume spricht, wenn sie aus der Kälte erlöst ist oder ob die Kälte nun einfach zu ihr gehört wie zu Elsa. Ich starre auf das Glas und singe wie die Eiskönigin, weil das mein Lieblingslied ist: »Ich bin frei, endlich frei. Und ich fühl mich wie neugebo-ho-ren.« Man kann das gar nicht oft genug singen, es passt auf so viele Situationen und ist so schön.

In diesem Moment muss ich daran denken, dass Fritz demnächst Mamas Bauch verlassen wird, um sich unserer Familie anzuschließen, und meine Stimmung verdüstert sich. Die Limo schmeckt genau so, wie ich mir ein Leben mit einem Geschwisterkind vorstelle – scheußlich.

»Co-Parenting. Sag bloß, ihr kennt das nicht. Typisch hetero.«

Bettina verdreht die Augen. Die Forsythie neigt sich interessiert in ihre Richtung, und ein lauer Wind streicht über ihre Zweige.

»Nicht zu fassen. Neu-Lesben sind wie ehemalige Raucher: radikal in die andere Richtung«, raunt Mama Papa zu. »Jahrelang rauchen wie ein Schlot und dann zum Nichtraucher-Nazi werden. Thematisch geht es dann nur noch um Lungenkrebs und Raucherbein.«

Papa nickt. »Dabei haben Raucher vorher oftmals gesünder gelebt.«

Mama zieht die Augenbrauen hoch. »Wieso das denn?«

»Sie waren häufiger auf dem Balkon. Mehr frische Luft.«

Mama knufft ihn in die Seite.

»Du hast recht, Bettina, wir Heteros sind ignorant, furchtbar!«, wendet sich Mama ihrer alten Schulfreundin zu und schüttelt den Kopf. »Dann klär uns doch mal auf, was ist denn Co-Parenting? Ein neuer Smoothie? Neue Steuerklasse? Neue Kamasutrastellung?«

Bettina holt aus.

»Wir würden das Kind gemeinsam mit den beiden schwulen Männern ... na ja, im Grunde ... zeugen und es gemeinsam großziehen. Da streitet man sich weniger als in Nullachtfuffzehn-Familien.«

Sie macht eine Pause und wartet auf die Wirkung ihrer Worte. Keiner reagiert. Auf der Tanne vorm Haus streiten sich zwei Eichhörnchen um eine Nuss.

»Die Eichhörnchen sind sicher hetero«, flüstert Mama.

»Nullachtfuffzehn-Eichhörnchen«, ergänzt Papa.

Mama lacht.

Bettina fährt fort. »Also: Man ist gemeinsam Eltern, aber Mann und Frau sind kein Paar. Im Normalfall sind das natürlich eine lesbische Frau und ein schwuler Mann, aber wir können uns das auch zu viert vorstellen.«

Jetzt wird es interessant.

Levke-Fee zieht jedenfalls nicht bei Sören-Wotan und mir ein.

Baue aus großen Legosteinen ein Eigenheim mit zwei – nicht drei! – Legofiguren und abschließbarer Tür.

Mama fängt sich als Erste, und ich kann sehen, was sie denkt: *Bettina war doch immer so konservativ, und jetzt kommt sie mit so einem ungewöhnlichen Lebensmodell daher, und alles nur, um im Mittelpunkt zu stehen …*

Sie gibt mir meinen Schnulli und fragt: »Mit Jürgen und Harald? Wer ist denn dann Papa und wer Mama?«

Bettina und Gudrun schauen sich an.

»Das haben wir noch nicht geklärt«, sagt Gudrun. »Ist ja vielleicht auch gar nicht so wichtig. Wir würden uns alle gemeinsam einbringen.«

Es entsteht eine Pause.

Ich schaue nach draußen.

Das dunkelbraune Eichhörnchen hat den Kampf gewonnen. Ich spritze ein paar Tropfen Zitronen-Limetten-Limo in seine Richtung und sage: »Ich taufe dich auf den Namen ›Klitschko‹.«

»Nicht, Mia«, sagt Papa und nimmt mir Mamas Glas weg. Ob er Atheist ist? Er räuspert sich. »Äh, und wie soll das … ich meine, so … praktisch …?«

Gudrun und Bettina kichern.

Mama lenkt ab: »Vielleicht versteht man sich dann sogar besser.«

Papa sieht sie an.

»Ich meine, weil viele Paare sich ja nach ein paar Jahren auseinanderleben und sexuell nicht mehr so aufeinander abfahren.«

»Wie meinst du das denn?« sagt Papa erschrocken.

Das möchte ich auch wissen. Auseinanderleben? Sie meint doch wohl nicht Papa und sich. Sie leben doch nicht auseinander. Wohnen miteinander in einer Wohnung, essen zusammen und streiten sich sogar gemeinsam. Manchmal fliegt sogar Porzellan. Dafür gibt es nur zwei Wörter: wahre Liebe.

Widme mich wieder meinem Legohaus und baue eine Alarmanlage ein.

Mama erwidert schnell: »Chris und ich, na ja, bei uns ist das zum Glück nicht so. Aber viele Paare erzählen das doch, irgendwann kennt man einander in- und auswendig und weiß schon vorher, was der andere sagen will.«

»Heike hat recht. Wenn der Erzeuger nicht auch der sexuelle Partner ist, gibt es eine bestimmte Art von Konflikten nicht.«

Mama wirft Papa einen Blick zu, den ich nicht deuten kann.

Inzwischen ist er ein Stück von Gudrun abgerückt und streichelt mir verlegen den Kopf.

Bettina überlegt.

»Wir haben uns entschieden, dass der biologische auch der soziale Vater sein soll. Mit Co-Parenting ist zwar das Zusammenleben einer lesbischen Mutter und eines schwulen Vaters gemeint, aber warum nicht zu viert? Die Zweielternschaft ist doch überholt. In Schweden ist man da schon viel weiter.«

»In Schweden?«, fragt Papa erstaunt. »Da wird es bestimmt staatlich gefördert, Kinder zu bekommen. Schon um Absatzschwierigkeiten für Billy-Regale zu vermeiden.«

Mama guckt ihn an und grinst.

»Genau. Und das ist ganz wunderbar, solange man seine Kinder nicht Billy, Hemnes und Finnby nennt.«

»Oder Kötbullar«, pflichtet Papa ihr bei.

Beide lachen so irre wie zwei befreite Laborratten. Das ist merkwürdig, aber auch schön.

Gudrun und Bettina starren Papa und Mama an.

»Wollt ihr uns auf den Arm nehmen?«

»Nein«, erwidert Papa, »auf gar keinen Fall. Und Kinder sind etwas Wunderbares, ihr werdet sehen.«

»EIN Kind, Papa, es müssen gar nicht mehrere sein«, sage ich und lächle ihn an. Er lächelt zurück, ballt vier Finger zu einer Faust, wackelt mit den Daumen und erzählt mir eine Geschichte von Himpelchen und Pimpelchen. Es geht um einen Heinzelmann und einen Zwerg, die in den Berg kriechen und dort schlafen und schnarchen. Megaspannend. Offensichtlich will er mich in Hinblick auf meine spätere Hochzeit sanft darauf vorbereiten, dass alle Männer schnarchen. Mir ist das zu früh. Bis dahin ist die Wissenschaft sicher ein gutes Stück weiter, doch ich lasse Papa gewähren, denn ich muss ihn auf meine Seite ziehen, damit er nach der Geburt von Fritz nicht abtrünnig wird.

Er räuspert sich. »Aber ... ähm ... wie löst ihr das denn ... also ... praktisch?«

Gudrun lacht.

»Du meinst, ob wir Regale aufbauen können?«

Sie gibt Bettina einen Kuss. Bettinas Mundwinkel zucken. Sie lenkt ihren Blick auf den Nussbaum und die Chrysanthemen.

»Also Vittsjö ist eigentlich ganz einfach«, ergänzt Gudrun.

»Lass ihn nicht zappeln, Gudrun«, lacht Bettina. »Gudrun wird sich den Samen eines der Herren einführen.«

»Wieso ich?«, sagt die Hebamme entrüstet. »Du wolltest doch zu Hause bleiben!«

Jetzt lacht Mama.

»Ich sehe schon, bei Lesben läuft das GANZ anders als bei

Heteros.« Sie steht auf und holt Oliven und Chips aus der Küche. Für mich gibt es Gemüsechips. Schmale Scheiben von Rote Beete, Karotten und Süßkartoffeln in kalt gepresstem High-Oleic-Sonnenblumenöl gebacken. Vegan, glutenfrei, lactose- und vor allem geschmacksfrei.

Zum Glück ist meine Mutter ernährungstechnisch herrlich inkonsequent und stellt als Dip eine rote Sauce von einem Hersteller auf den Tisch, der dafür bekannt ist, alle Produkte mit Glutamat und Hefeextrakt zu verfeinern. Allerdings ist die Sauce nur für die Erwachsenen, also werfe ich einen friedlichen anthroposophischen Bauklotz in die andere Ecke des Wohnzimmers auf eine wirklich hässliche Harzkristallvase von Manufaktum, ein Geschenk von Wiebke. Das Konzept geht auf. Alle gucken hin, laufen los und sammeln die Scherben auf, und ich tauche genüsslich meine Süßkartoffelscheibe in das rote Paradies.

Als alle wieder sitzen, greift Mama den Gesprächsfaden wieder auf.

»Wenn man als Frau ein Kind bekommt, heißt das doch nicht, dass man zwangsläufig auch diejenige sein muss, die zu Hause bleibt. Bei uns wird Chris den Haushalt übernehmen, ich habe demnächst eine Stelle an der Kunstakademie.«

Bettina bleibt die Spucke weg. Mir auch. Die rote Sauce ist scharf. Ich kriege keine Luft mehr und röchle heftiger als Wiebkes Mops in seinen besten Zeiten.

Papa schreit: »Heike! Mia reagiert psychosomatisch! Siehst du, sie will nicht, dass du arbeitest!«

Mama ruft: »Das kann doch nicht sein! Hoffentlich ist das kein Pseudokrupp!«

Einzig und allein die Hebamme erkennt die Lage und liest die Aufschrift der Sauce vor: »Chili-Salsa, pikant und feurig.

Drei Peperoni als Zeichen von Schärfe. Das Kind braucht Milch.«

»Aber die ist nicht lactosefrei ...«

Ich bin mittlerweile krebsrot im Gesicht und kriege keinen Ton mehr raus.

»Heike! Hol die Milch!«

Mama spurtet in die Küche und kommt mit einem Glas Milch wieder.

Ich trinke hastig. Der Schmerz lässt langsam nach.

»Keine Angst, Heike, das ist nicht schlimm. Sie wird morgen einen wunden Po haben. Ich lasse dir eine Zinksalbe hier.«

Wunden Po? Das gefällt mir gar nicht.

Nach einem Moment ungewohnter Stille sagt Bettina: »Chris hat recht. Dass das gerade jetzt passiert, zeigt doch, dass Mia ihre Mutter zu Hause braucht.«

Mama starrt sie an und wird dunkelrot.

»Aber natürlich freue ich mich für dich, Heike, diese Anerkennung, das ist toll!«

Bettinas Gesicht spricht eine andere Sprache, und ich reiche ihr meinen Schnulli, damit sie die Nachricht besser verkraften kann. Ich brauche ihn zwar auch, denn mein Hals tut immer noch weh, und die Vorstellung, von Mama getrennt zu sein, scheint mir so ziemlich das Grausamste, was man mir antun könnte. Das gilt natürlich auch irgendwie für Papa. Aber offensichtlich scheint es ja nötig zu sein, dass zumindest einer von ihnen sich um dieses vielbeschworene Geld kümmert.

Bettina ignoriert mein Angebot, als wäre ich ein Vertreter für Staubsauger oder hätte ein seborrhoisches Ekzem. Offensichtlich hat sie die positive Wirkung eines guten Schnullers vergessen und wendet sich Papa zu: »Wie kommst du gendermäßig damit zurecht, Chris? Irgendwelche Konflikte, weil du für die Hausmannrolle kaum role models um dich herum hast?«

Gudrun pufft sie in die Seite.

Mama braust auf. »Wieso sollte er damit nicht zurechtkommen? Besteht Männlichkeit etwa darin, dass er jeden Tag zur Arbeit geht, abends nach Hause kommt und dann Gewichte stemmt? Und zwar vor allem sein eigenes Körpergewicht? Aufs Sofa? Ihr seid ja auch nicht besser als die ganzen Heteromütter. Du hast dich überhaupt nicht verändert, Bettina.«

Nein, Papa soll auch nicht fortgehen. Und als Gewicht würde ich mich zur Verfügung stellen. Ich greife zur Tüte und esse mehr Chips, damit er demnächst ordentlich trainieren kann.

Papa interveniert, und ich erwarte Solidarität mit Mama. Doch sein Interesse gilt einem anderen Thema.

»Aber noch mal zurück zum Praktischen. Ist das nicht umständlich mit … na ja, mit einer Spritze? Ihr könnt euch doch auch alle zusammen einen schönen Abend machen und dann … ein paar Flaschen Wein …«

Gudrun verdreht die Augen.

Bettina sagt: »Ich glaube, dein Mann hat irgendwie Nachholbedarf, Heike. – Komm, Gudrun, wir gehen besser.«

Mama wirft Papa einen bösen Blick zu.

»So war das nicht gemeint«, stottert Papa, »ich denke nur, da sind zwei gesunde Frauen und zwei gesunde Männer, die Kinder haben wollen, warum …«

»Chris«, unterbricht Mama ihn, »hör auf, du klingst, als würdest du noch in der Steinzeit leben.«

Bettina nickt und grinst Mama mitleidig an. Mama scheint das nicht zu passen. Sie wendet sich Papa zu und sagt laut: »Und es kann ja nicht jeder im Bett so gut sein wie du.«

Nun ist Papa sprachlos. Er feixt und streicht sich selbstgefällig durch seinen Hipsterbart.

Mama sieht mich an und kneift ein Auge zu. Nur ich darf wissen, dass das ein Scherz war, und ich fühle mich durch die Komplizenschaft wertgeschätzt. Außer Mama weiß nur ich, dass man Freundinnen im Notfall auch mal eins auswischen und seinen Lovern Komplimente machen muss, selbst wenn es in der Sache ungerechtfertigt sein mag. Letztere fühlen sich dann besser und sind eher bereit, den Tisch abzuräumen und einen zu verwöhnen.

Bettina und Gudrun schütteln den Kopf, trinken den letzten Schluck ihres Gin-Tonics und verlassen unter dem Vorwand, früh aufstehen zu müssen, die konspirative und kulturell für alle Seiten bereichernde Zusammenkunft.

Ich kuschele mich in meine Spieledecke, drücke Teddy ganz fest an mich und bin gespannt, wann Bettina das offene Salsaglas in ihrer Handtasche entdeckt.

In der Nacht wache ich von lauten Geräuschen auf. Außerdem tut mir der Popo weh. Ich klettere aus dem Gitterbettchen und schleiche zur Schlafzimmertür. Mama schreit, das hätten sie doch alles besprochen, das könne er doch jetzt nicht machen, und Papa sagt, er müsse es aber noch mal überdenken, vielleicht habe Bettina ja recht, wenn er nun durch seine Zusage, den Hausmann zu spielen, in seiner Männerrolle falsch wahrgenommen würde, wäre das furchtbar.

Mama schreit weiter, er würde ihr gegenüber doch sowieso keine männliche Energie mehr aufbringen, woraufhin Papa kontert, das sei nur im Augenblick so und liege an der Situation. Mama schimpft weiter, dass sie nicht vorhabe, sich nach der Geburt sofort wieder auf sechsundfünfzig Kilo herunterzuhungern und hundert Sit-ups am Tag zu machen, dass also diese »Situation« noch lange Zeit andauern könne und wie er sich das vorstellen würde, Sexualität gebe einem doch Lebensenergie, aber nur die mit Menschen und nicht die mit Hilfe von Schmuddelzeitschriften oder Internetvideos. Papa erwidert, das tue doch in der Frage des Hausmanns nichts zur Sache, nur müsse ein Mann sich auch beruflich behaupten, um gesellschaftlich akzeptiert zu sein, und als Schlappschwanz wolle er nun wirklich nicht gelten. Und apropos Schlappschwanz – im Bett sei doch sowieso kaum mehr was los, wenn Fritz erst mal da wäre, würden doch eh wieder Jahre mit Stillen draufgehen, das Abstillen habe sie ja schon bei Mia nicht geschafft, da könne sie doch nicht IHM die Schuld an mangelnder körperlicher Zugewandtheit geben.

Mein Popo brennt.

Ich schreie, doch sie hören mich nicht, da sie viel zu laut streiten.

Mama stampft mit dem Fuß auf und sagt, er sei rückwärtsgewandt und engstirnig und ein Schisser, der sich nur darum schere, was andere über ihn denken, aber wenn es nun mal nicht anders ginge, würde sie als Kompromiss vorschlagen, Fritz nur vier Monate zu stillen, aber dafür solle er ein Jahr lang den Hausmann machen. Papa sagt, aber das Männerbild, doch Mama unterbricht ihn und erwidert, er sei männlich genug, das auszuhalten, und die Frauen würden ihn demnächst alle dafür lieben, dass er sich so gut um seine Kinder kümmere, und ihre Stimme umschmeichelt ihn plötzlich genauso wie der Wolf in meinem Hörspiel das Rotkäppchen, und ich erstarre vor Angst, dass sie ihn nun gleich fressen will.

»Meinst du wirklich?«, fragt Papa überrascht, und Mama säuselt: »Natürlich, du wärst der Held des Viertels.« Dann fügt sie leise hinzu: »Vermutlich auch der einzige.« Aber das bekommt er offenbar nicht mit.

»Hm«, sagt Papa und dass ihm das eigentlich alles nicht recht sei, er es sich aber überlegen würde, da er sie als arbeitende Frau unterstützen wolle. Plötzlich hört man nur noch Schmatzen. Dann wird alles still.

Ich glaube nicht an Märchen.

Und Mama ist doch Pazifistin.

Trotzdem.

Schreiend vor Angst stürme ich ins Schlafzimmer und finde die beiden ineinander verknäult, was sich bei näherem Hinsehen als innige Umarmung entpuppt. Erleichtert atme ich aus, wobei sich mein wunder Popo so bemerkbar macht, dass ich noch von neuem zu schreien beginne. Doch Mama nimmt mich hoch, trocknet meine Tränen und behandelt mich mit kühlender Zinksalbe. Den Rest der Nacht darf ich zwischen ihnen liegen, und das ist schöner als alles, was ich mir vorstellen kann.

Außer Nutella.

Kapitel 11

KITA-SPEED-DATING

Wiebke ist zu Besuch.

Der Mops auch.

»Kinder, ihr könnt euch freuen, ich habe was für euch!«

In Papas Gesicht spiegelt sich die Angst vor neuen Buchweizenpfannkuchen.

»Danke, aber ich hab keinen Hunger, tut mir leid, jetzt hast du dir so große Mühe …«

Er tätschelt Wiebke tröstend die Schulter und will in die Garage verschwinden, um an seinem Motorrad zu basteln.

Wiebke schüttelt den Kopf.

»Quatsch, Hunger! Ihr habt einen Platz! Habe ich euch organisiert! In der Waldkita!« Sie verschluckt sich fast vor Aufregung.

Papa und Mama gucken sich an.

Mama fasst sich als Erste.

»In der WALDKITA?«, ruft sie entsetzt. »Wo die Eltern immer MITHELFEN müssen und die Betreuung NUR BIS VIERZEHN UHR DREISSIG geht?«

Jetzt ist Wiebke beleidigt. Sogar der Mops scheint die Stimmung zu spüren und zieht den kurzen Schwanz ein.

»Ich meine, das ist natürlich ganz toll«, schiebt Mama mit geweiteten Augen nach. »Hauptsache, Mia hat einen Platz! Wiebke, du gute Seele, wie hast du das geschafft? Komm, darauf müssen wir anstoßen.« Sie lacht und blickt so irre wie Sören-Wotan, wenn er Joker nachspielt, der Batman gerade wieder mit einem fiesen Schurkentrick eins ausgewischt hat.

»Nein, danke«, antwortet Wiebke, »komm, Rudi.«

Der Mops dreht seinen Kopf von Wiebke zu Mama und wieder zurück und versucht ebenso wie Mama, Luft zu kriegen.

Papa hat offensichtlich erkannt, dass die Vorteile von Wiebkes Angebot die Nachteile überwiegen, schnappt sich die Gitarre und schreit mehr, als er es singen würde: »Wieeeeebke is simply the best!«

Unbeholfen macht er ein paar Tina-Turner-Ausfallschritte in Wiebkes Richtung.

Das sieht zwar aus wie eine schlechte Sat.1-Gold-Kopie von Mr. Bean, und Mama verdreht erwartungsgemäß die Augen, aber Wiebke kann nicht anders und muss lächeln. Papa knufft ihr in die Seite und schenkt Sekt ein.

Wiebke sagt: »*Die frechen Frettchen!*«

»Was?«, fragt Mama irritiert und macht sich eine Saftschorle.

»Die frechen Frettchen. So heißt die Waldkita. Die haben sich wirklich was einfallen lassen.«

Wiebke ist sichtlich stolz und stupst mit ihrem Zeigefinger meine neckische Nase.

Alliterationen haben mich schon immer fasziniert.

Teddy schlägt sich vor Lachen auf den Bauch und schreit auf. Endlich ist das Piercing drin.

Mama sieht Papa an.

Papa zögert und sagt: »Freche Frettchen ... Toll! Jedenfalls besser als fette Frettchen!«

»Ja, man muss positiv denken«, erwidert Mama, und es klingt wie das mutmachende Mantra eines Marders beim Mantelmacher.

Sie stoßen mit ihren Sektgläsern an, der Mops schnappt weiter nach Luft, und ich nun auch.

Waldkita.

Freche Frettchen.

Teddy kichert.

Ich denke an die Heinz-Sielmann-CDs, die Oma immer beim Bügeln hört.

»Das Frettchen (*Mustela putorius furo*), auch Frett genannt (von frz. *furet*, spätlat. *furetus*, zu lat. *fur* »Dieb«)«, will ich sagen, »ist die domestizierte Haustierform der Mustela-Untergattung *Putorius (Iltisse)*. Das Frettchen stammt mit hoher Wahrscheinlichkeit vom Europäischen Iltis (*Mustela putorius*) ab. Zudem wird vermutet, dass auch der Steppeniltis eine Rolle bei der Entwicklung des Frettchens gespielt hat.«

Ein stinkender Dieb.

Ich ziehe an Mamas Rock. »Mama, zu denen soll ich? Das kannst du nicht ernst meinen, oder?«

Mama sagt: »Ja, Mialein, du kriegst gleich deinen Quinoabrei.«

Ich protestiere.

»Sie will die Bauklötze stapeln, das sieht man doch«, sagt Wiebke und schüttelt milde den Kopf über die Ignoranz meiner Mutter.

Sie stellt mir die nicht angemalten und deshalb anthroposophisch wertvollen Bauklötze auf meinen Tripp Trapp.

»Beigegrau ist nicht meine Farbe!«, schreie ich. »Das kannst du mir geben, wenn ich Rentnerin bin, die gleichen Jacken wie mein Mann trage und Mephistosandalen anziehe. VORHER NICHT!«

Ich fege die Klötze runter. Der Mops jault auf.

Ich entschuldige mich bei ihm, doch Mama verkneift sich ein Lachen und zwinkert mir verschwörerisch zu.

»Na, na, na«, sagt Wiebke und bringt den Mops in Sicherheit. »An die Bauklötze ist Mia noch nicht gewöhnt, ihr müsst euch wirklich mehr mit eurem Kind beschäftigen.«

Sie macht eine Pause.

»Die Waldkita wird ihr sicher gut tun, den Platz habe ich über Bekannte gekriegt, deren Kind dort ist. Er ist euch so gut wie sicher. Wenn ihr nichts falsch macht.«

Das klingt wie eine Drohung, und ich beginne einen Plan zu entwickeln.

»Morgen habt ihr dort einen Vorstellungstermin.«

»Morgen schon?« Mamas Stimme ist so schrill wie Elisabeth Volkmann, wenn sie in Klimbim Arien trällert. Opa guckt das immer auf DVD, und dann scheinen die Lebensgeister in ihm einen Flashmob zu veranstalten.

»Sie wollen euch so schnell wie möglich kennenlernen.«

Oh.

Ich bleibe hier.

»Levke-Fee ist auch schon genommen worden, ich hatte sie schon vor fünf Jahren angemeldet, als meine Schwester zum ersten Mal darüber nachgedacht hat, wie es wäre, schwanger zu werden. Einen Platz für einen Jungen haben sie wohl auch noch. Vielleicht mögt ihr ja Sören-Wotan mitnehmen. Obwohl ich seine Mutter nicht mag ... Aber der Kleine ist süß mit seinen roten Locken.«

»Das finde ich auch«, platze ich heraus und schlage mir sofort die Hände vor den Mund. Unnötig, wie ich merke, doch diesmal bin ich froh, dass mich keiner versteht, und nage unauffällig an meiner Lullerkatze. Direkt nach Teddy ist das mein meistgeliebtes Stofftier, das beste Geburtsgeschenk ever, eine Stoffkatze mit spitzen Ohren, an denen ich gern lutsche, manchmal ist das sogar besser als der Schnulli.

»Wieso, was hast du gegen Bettina?«

»Ach, irgendwie nehme ich ihr das ganze Lesbische nicht ab, das ist doch total unnatürlich.«

»Das finde ich auch.« Oma steht in der Tür. »Aber Bettina war ja schon immer komisch.« Sie stellt ihren Strickkorb ab und nimmt mich auf den Arm. Oma hat zu viel 4711 aufgelegt, und ich ziehe meine Nase kraus. Ein bisschen fühle ich mich wie in einer französischen Parfümerie, in der man aus Angst vor einem Besuch Jean-Baptiste Grenouilles zur Abschreckung Fasern von getragenen Polyesterpullis in die Flakons gefüllt hat.

Mama protestiert.

»Wiebke, was ist denn daran unnatürlich? Deine Bauklötze sind auch nicht natürlicher. Oder hast du schon mal eine Erle im Viereck wachsen sehen?« Mama seufzt. »Chris, könntest du schon mal Mia wickeln? Chris bleibt nämlich jetzt zu Hause und ist Hausmann und Vollzeitpapa.«

»Das ist auch unnatürlich«, sagt Oma. Sie sieht Mama scharf an.

Ich mache es ihr nach. Schon allein, damit Mama mich vom 4711 befreit. Mama missversteht mich und stellt mir eine Schüssel Quinoabrei vor die Nase.

»Mutter, du könntest ruhig stolz sein, dass ich mit meiner Kunst so viel Anerkennung bekomme und damit für uns alle Geld verdienen kann.« Trotzig spült Mama die Teekanne aus. So fest, wie sie daran reibt, bekomme ich Angst, dass gleich ein Dschinn herausspringt und mir alle geheimen Wünsche erfüllt, denn wenn ich jetzt schon mit Sören-Wotan zusammenziehen würde, wäre das später, im Nachhinein betrachtet, viel zu früh.

»Das hätte es damals nicht gegeben«, schüttelt Oma den Kopf und widmet sich intensiv ihrer Handarbeit. Ich staune immer wieder darüber, wie unfassbar schnell sie stricken kann. Ihre Stricknadeln heißen Dieter-Thomas und Heck. Das sagt zumindest Opa immer voller Bewunderung, doch diesmal bleibt Opa stumm, und Oma ergänzt: »Mit Kunst kann man doch kein Geld verdienen, und wenn doch, dann wird man unglücklich, sieht man doch an Roy Black und Rex Gildo, zack aus dem Fenster, da war es aus mit HossaHossa.« Sie macht eine Pause und überlegt. »Na ja, bei den Preisen, in München möchte ich auch nicht wohnen.«

»Annie, Heike ist keine Schlagersängerin, sie ist Dozentin«, sagt Opa stolz, doch Oma redet weiter.

»Dozentin für Kunst – was macht man denn da? Was Kunst ist, weiß doch eh kein Mensch. Aber gut, Hauptsache nicht lesbisch.«

Mama wird puterrot im Gesicht, so rot wie Hellboy, und ich warte darauf, dass ihr abgefeilte Hörner wachsen. Sören-Wotan hat nämlich ein Hellboy-T-Shirt, das in Kombination mit seinen roten Haaren ziemlich bedrohlich wirkt und ihn mir als guten Beschützer erscheinen lässt.

Die unterschwelligen Spannungen in der Familie befeuern meine künstlerische Energie, und ich ziehe in Erwägung, Mamas Gesicht zum Anlass für eine rote Serie zu machen, in der Kunstwelt längst überfällig. Yves Klein zum Beispiel konnte ja nur blau. Auch das Format soll variieren. Ich greife zum Ketchup, mische es mit dem Brei und gebe den Bauklötzen Farbe. Doch ich habe keine Chance, mit weiteren Bauklötzen die wechselnden Rottöne originalgetreu nachzumischen, denn Mamas Wangen sehen nun aus wie die von Hellboy nach dem Zirkeltraining. Hektisch mische ich den Ketchupbrei mit Omas Himbeer-Muttersaft, während Mama das Geschirrtuch auf den Boden knallt. Jetzt wird es ein Action-Painting. Begeistert mache ich es ihr nach und schmeiße den Brei und meine Lullerkatze hinterher. Augenblicklich färben sich Geschirrtuch und Katze dunkelrot, und ich fühle mich wie in einem Splatter-Movie. Sören-Wotan wäre begeistert, und ich bin ein bisschen stolz.

Papa hebt beides auf. Ebenso die Bauklötze. Bin gespannt, was er sagt.

»Ich finde das gut.«

Den Westfalen hat er wirklich drauf. Wortkarg, aber zuverlässig und in der Aussage wie immer eindeutig. Meine Kunst gefällt ihm also.

»Dass sie nicht lesbisch ist oder das mit der Kunst?«, fragt Wiebke und reicht Oma das Wollknäuel. Oma lächelt sie an.

»Beides.« Semantisch wird Papa immer besser. Wiebke nimmt ihm die Bauklötze ab und vernichtet meine Kunst mit einem Putzlappen, um mir die Dinger dann erneut in ihrer ursprünglichen Naturfarbe zu reichen. Offensichtlich ist sie der Meinung, dass ich mich noch steigern kann und der erste Entwurf selten der beste ist. Ich mische erneut die Farben.

»Heike hat heute übrigens ihren ersten Kurs gegeben.«

Papa streichelt Mama liebevoll den Arm.

»Sie leitet ein Tutorium. Und darin hat sie mit Lehramtsstudenten über die Kunstfigur Donald Trump diskutiert.«

Oma guckt erstaunt.

»Der ist doch echt.«

Keiner sagt etwas.

»Oder nicht?« Dieter-Thomas und Heck hören auf zu klappern.

»Mutter, es geht nicht darum, dass Donald Trump eine Kunstfigur ist, sondern wie man ihn als Kunstfigur darstellen kann, obwohl er selbst schon wie eine wirkt.«

»Ist das Kunst, oder kann das weg?«, murmelt Wiebke ganz im Sinne nicht nur der mexikanischen Bevölkerung.

»Das kann weg«, brummt Opa und schiebt nach, »Donald Trump, meine ich.«

Mama seufzt. »Natürlich. Aber wie stellt man das künstlerisch dar? Und da haben meine Studenten mit mir eine Idee entwickelt, die wir in den nächsten Wochen umsetzen wollen. Ein Zyklus mit dem Namen *Um ein Haar*.«

Schweigen breitet sich aus.

Papa fragt, ob Opa einen Kabänes will. Bei Alkohol sagt Opa nie nein.

Mama holt aus. »Versteht ihr? Erstens: *Um ein Haar die Wahl verloren*. Zweitens: *Um ein Haar den Atomknopf gedrückt*.«

Oma unterbricht: »Drittens: *Ich hab die Haare schön*.«

Mamas Blick schnellt zu Oma.

»Woher weißt du das?«

Dieter-Thomas und Heck klappern wieder.

»Ich finde das großartig«, sagt Papa und nimmt ebenfalls einen Schluck Kabänes.

Mama sieht ihn dankbar an. Aufgeregt ergänzt sie: »Und dann bauen wir eine Trump-Puppe, die mit Barbie-Puppen um sich wirft, Dollarscheine anzündet und auf einem Maultier unter palmwedelnden Demokraten in Jerusalem einreitet und Atomschutzperücken an die Israelis verteilt.«

Omas Mund steht offen.

Teddy kichert.

Opa sagt: »Und dann?«

»Danach geht es weiter nach Nordkorea, wo er einer Kim-Jong-un-Puppe stundenlang in die Augen guckt.«

Omas Gesicht spricht Bände.

»Warum das denn?«

Mamas Augen leuchten.

»Ist doch ganz einfach. Wer zuerst zwinkert, hat verloren und muss vierzig Mittelstreckenraketen abgeben.«

Papa fasst sich als Erster.

»Trink, Heike, ein Schluck wird dir gut tun.«

Er reicht Mama die Flasche.

»Du willst feiern«, freut sich Mama, »aber Fritz verträgt das nicht.« Sie gibt ihm einen Kuss.

Ich denke nach. Vielleicht sind die frechen Frettchen als Co-Edukationsmaßnahme doch nicht ganz verkehrt für meine weitere Entwicklung.

Kapitel 12

DIE VÖGLEIN ZWITSCHERN IM WALDE

Bin nun ein freches Frettchen.

Sören-Wotan auch.

Zwei freche Frettchen.

Werden später in einem Frettchenbau wohnen mit vielen kleinen frechen Frettchen in vielen kleinen Frettchenbettchen.

Zukunft, du kannst mich mal kreuzweise.

Aber von Anfang an:

Mama und Papa sind mit Bettina, Gudrun, Marlon, Sören-Wotan und mir heute zum Vorstellungsgespräch in den Wald gefahren. Es sind ungefähr fünfzehn Kinder in Matschhosen anwesend, die mit grünen Blättern und Pfützenwasser etwas zusammenmatschen, das an den armen grünen Hulk erinnert, nachdem ihn sein Erzfeind Abomination zusammengeschlagen hat.

»Diese Hingabe zum Detail, herrlich oder? Wir machen gerade ein Mandala aus Blättern, Bucheckern und Steinchen«, begrüßt uns eine dicke rothaarige Frau in bunten Gummistiefeln und einem durchsichtigen Duschvorhang, den sie als Regencape benutzt.

»Recycling finde ich gut«, sage ich leise zu meinem Frettchen-Freund.

Sören-Wotan nickt zustimmend und bestaunt die lustigen Fische, mit denen kreative Duschvorhangdesigner den Duschenden wohl das Gefühl eines exklusiven Tauchgangs in der Karibik vermitteln wollten. Allerdings ist der Duschvorhang mit braunem Matsch bespritzt, wodurch er eindeutig an Eleganz verliert.

»Mein Name ist Annegret Gümpel-Hörnchen, ich bin die Leiterin der Waldkita, aber die Kinder nennen mich nur Eichi, wegen Hörnchen, verstehen Sie?« Sie lacht wie ein Specht, der festgestellt hat, dass er den ganzen Tag am falschen Baum rumgehämmert hat, sich aber vor den anderen Spechten keine Blöße geben will.

»Tümpel wäre passender«, sage ich zu Sören-Wotan. Er kichert und steckt sich ein Steinchen in den Mund.

Sie fährt fort: »Schön, dass Sie sich für das Aufwachsen von Kindern in der Natur interessieren, eine gute Entscheidung. Wir haben eigentlich nur EINEN Platz frei, aber je nachdem ... ein Junge und ein Mädchen, hm ... Jedenfalls, die Kinder spielen nur mit Materialien, die sie im Wald oder auf dem Feld vorfinden, das hat hier oberste Priorität.«

Erwartungsvoll sieht sie mich an.

Ich hebe eine Glasscherbe auf.

»Auch das gehört leider zu unserer Umwelt«, sagt sie hastig und nimmt mir die Scherbe aus der Hand, »wenn die Jugendlichen hier Partys feiern und im Sommer gegrillt wird, liegt hier immer zersplittertes Glas herum.«

Das kann ja heiter werden. Hier will ich nicht bleiben, denn die Frau hat keine Ahnung. Scherben sind doch aus Glas, und Glas ist aus Sand, und das gehört zu den Naturmaterialien. Ich sehe schon, wenn das hier was werden soll, muss ich den Laden übernehmen.

Ergreife die Gelegenheit, nehme eine Scherbe in die Hand und halte sie vor die grünen Blätter eines Baumes. Die Welt durch eine Scherbe zu betrachten öffnet eine ganz neue Perspektive auf das eigene Umfeld.

Frau Gümpel-Hörnchen blickt mich anerkennend an.

Mama ergreift die Gegelegenheit: »Auch das Scherbensammeln weckt die Kreativität, einfach wunderbar, Mia wäre hier goldrichtig.«

Bettina setzt schnell nach: »Wenn unser Sören hier einen Platz bekäme, dann könnte mein Exmann gern mit seinen Kumpels das ganze Gebiet regelmäßig von Müll und Scherben säubern, nicht Marlon, du hast doch diese langen Müllpiekser ...«

Marlon: »Was habe ich?«

»Er ist immer so bescheiden«, lacht Bettina. »Er tut so viel für die Umwelt und will nie Lob dafür, haha, dafür hat er dabei sogar schon mal einen richtig guten Grill im Müll gefunden, der steht jetzt ...«

Frau Gümpel schaut Bettina begeistert an.

»Du hast deinen Weber-Grill mit fünf Klimazonen im MÜLL gefunden?«, sagt Papa erstaunt, und Marlon will widersprechen, doch Frau Gümpel redet bereits weiter.

»Wenn das so ist ...« hebt sie an, doch Mama unterbricht: »Wir haben ihr pädagogisches Konzept eingehend studiert und finden es wundervoll und Sie als Leiterin äußerst kompetent.«

Kompetent? Im Wiederverwerten von Duschvorhängen vielleicht.

Papa guckt erstaunt.

Mama fährt fort. »Besonders Ihre Position zu den Gegebenheiten des Waldes als natürlicher Lernsituation, zum Erleben der Pflanzen und Tiere in ihren ursprünglichen Lebensräumen als Grundlage für die spätere Einstellung zum Universum ...«

Na großartig. Dass Mühsal auf Sören-Wotan und mich zukommt, lese ich in den Eingeweiden des überfahrenen Eichhörnchens, das am Wegesrand liegt.

Sören-Wotan lacht wie Didi Hallervorden, nachdem er eine Flasche Fritten bestellt hat, und wirft sich plötzlich auf den Boden.

Frage mich, ob er sich an einer morbiden Imitation einer typischen Eichhörnchen-Gefahrenlage versucht, jedenfalls sind alle überrascht von seinem Verhalten. Gudrun erkennt als Einzige den Ernst der Lage, reißt ihn hoch und haut ihm auf den Rücken.

Daraufhin fliegt ein Steinchen in hohem Bogen in Richtung Regenpellerine, Sören röchelt und fängt an zu schreien.

»O Gott, wo sind die Globuli?«, schreit Bettina panisch. »Marlon, Arnika!«

»Hast du neuerdings einen Zweitnamen?«, fragt Papa Marlon.

»Schatz, ganz ruhig, er hatte sich nur verschluckt«, sagt Gudrun. »Da ist Arnika ...«

»... genau richtig!«, unterbricht Bettina sie. »Sein Knie ist aufgeschürft!«

Tatsächlich. Ein winziger Tropfen Blut quillt so langsam wie WLAN in ländlichen Gebieten aus seiner Haut.

Das Blut ist kaum zu sehen, aber Sören-Wotan schreit wie am Spieß.

Das kann ja heiter werden. Für den Fall, dass er sich später bei Laubsägearbeiten in den Finger säbelt oder womöglich sogar eine Erkältung auskurieren muss, sollte ich vorsorglich Ohrenstöpsel bei mir tragen.

Bettina kramt hektisch in ihrer Tasche, holt eine kleine braune Flasche raus und schüttet sich drei kleine weiße Kügelchen in die Hand. »So, mein armer Wotan-Schatz, nimm das, dann geht es dir gleich ...«

»O Gott, nein!«, schreit nun wiederum Frau Gümpel-Hörnchen entsetzt.

Bettina hält inne.

Frau Gümpel-Hörnchen windet sich, als habe sie Schmerzen.

»Globuli darf man doch nicht in die eigene Hand schütten!«

»Wohin denn sonst?«, fragt Mama leise. »Auf ein Ahornblatt?«

»Nein, die Dinger werden von einem Regenwurm transportiert«, flüstert Papa, »einem frisch geteilten.«

»Auf einem Plastiklöffel!« Die Erzieherin schnappt nach Luft wie ein Guppy nach dem Wasserwechsel. Offensichtlich hat auch sie ein Steinchen verschluckt.

»Löffel aus Plastik?« Mama ist erstaunt. »Ich denke, wir sind hier in einem Waldkindergarten, weil wir die Natur dem Künstlichen vorziehen.« Sie macht eine Pause. Frau Gümpel sieht sie streng an.

»Obwohl, wenn man es so betrachtet ...«, lenkt Mama ein und guckt in die Runde: »Erdöl ist ja auch ein Naturprodukt.«

»Und bei ganz schlechtem Wetter haben wir hier unseren Bauwagen«, sagt nun Frau Gümpel-Hörnchen.

Sören-Wotan und ich gucken uns an und nicken, haben wir es doch die ganze Zeit gewusst. In der Waldkita geht es um nichts anderes als Kinderarbeit. In der Nähe wird die A4 ausgebaut, und offensichtlich sollen wir unseren Teil dazu beitragen und Steine kloppen.

Mama und Papa durchschauen das nicht, denn Mama lächelt mich an und flüstert Papa zu: »Gleich steigt Peter Lustig vom Himmel und erklärt uns Strom.« Dann sagt sie so laut, dass es alle hören können: »Sieh doch nur, Chris, der Wagen könnte einen neuen Anstrich gebrauchen, oder?« Papa nickt eifrig.

Mama fährt fort: »Chris ist ja Handwerker, ein Profi, was

Tünchen und Lackieren angeht. Er könnte den Wagen grundieren, und die Kinder könnten ihn dann bemalen. Ich würde ihnen selbstverständlich künstlerisch gern zur Seite stehen.«

Als ob ein angemalter Bauwagen uns Kindern bei der Arbeit helfen könnte.

Marlon zieht die Augenbrauen hoch und sagt schnell: »Aber viel wichtiger ist doch, dass die Homepage auf dem neuesten Stand ist und das Bild der alternativen Erziehung der Waldkita in der Öffentlichkeit stimmt. Als Social Media Manager und Senior Art Director kann ich das fachgemäß in die Hand nehmen und dem Ganzen einen ...«

»... neuen Anstrich verleihen«, ergänzt Bettina und nickt ihm mit einem Seitenblick auf Mama aufmunternd zu.

»Genau«, stimmt Marlon zu, »ich wäre dann der Head of Creation, und dass da internetmäßig was passieren muss, ist ja offensichtlich ein must.«

»Ein Mast?« fragt die Erzieherin irritiert.

»Er segelt gern«, sagt Bettina und lächelt.

Frau Gümpel-Hörnchen ruft: »Sehen Sie nur, da ist ein Kleiber!«

Dann macht sie mit uns allen ein Kennenlernspiel, bei dem ein Wollknäuel unter der Nennung des jeweiligen Namens hin und her geworfen wird, wobei als Sinnbild für die beginnende Gemeinschaft ein Spinnennetz entsteht. Habe Angst vor einer riesigen faulen Spinne, die sich das Netz untertan machen will, doch alles, was passiert, ist, dass Frau Gümpel-Hörnchen ihre Wahl verkündet. Das Ergebnis ist schrecklich.

Wir bekommen den Platz. Ich soll von Mama und Papa in den kalten Wald fortgerissen werden. Sören-Wotan ist auch dabei und denkt das Gleiche.

Versuche es mit positivem Denken. Sören-Wotan und ich,

für immer vereint. Zwar den ganzen Tag Stein auf Stein, aber das härtet ab, und wir werden gestählt in die Zukunft und schließlich in die Ehe gehen.

Trotzdem. Will bei Mama und Papa bleiben. Bin ihr Kind und kein fusseliges Frettchen.

Auf dem Rückweg zum Auto kommen wir an einer Feuerstelle vorbei und machen Rast.

»Darauf müssen wir anstoßen«, sagt Papa und holt alle Zutaten für Gin-Tonic und einen alkoholfreien Sekt aus seinem Rucksack. Mama staunt und freut sich, dass er seine neue Rolle als Versorger bereits angenommen hat. Behände schneidet er Zitronenscheiben, mixt die Longdrinks und verteilt kleine Plastikbecher.

»Erdölgläser«, kichert Mama, und Marlon zwinkert ihr zu.

Gudrun greift nach einem alkoholfreien Mixgetränk, doch Papa tauscht es kurzerhand mit einem Gin-Tonic.

»Gudrun«, lacht er. »Das muss doch gefeiert werden, wir haben für unsere Knilche einen Platz bei den Frechen Frettchen.«

»Ich dachte zuerst, das sei ein Karnevalsverein«, sagt Marlon.

»Ich nehme trotzdem lieber alkoholfrei«, sagt Gudrun.

»So schlimm ist das doch nicht, Gudrun. Klar, es ist ein Waldkindergarten, und man muss wahrscheinlich permanent Tipis reparieren, Wasserkästen schleppen und Kastanienmännchen bauen, aber trotzdem kann man doch ordentlich darauf anstoßen.«

Gudrun blickt zu Boden, vermutlich auf der Suche nach geteilten Regenwürmern, und ich helfe ihr, indem ich meinen Trinkbecher auf einen Wurm haue. Der verschwindet sofort wieder in der Erde.

Weichei.

Bettina nimmt Gudrun nun in den Arm und sagt: »Wir sind schwanger.«

Marlon reißt die Augen auf.

»So lange sind wir doch noch gar nicht getrennt, bekommen wir noch eins, warum hast du denn nichts gesagt ...?«

Mama guckt ihn an und schüttelt den Kopf.

Papa erfasst die Lage als Erster.

»Das ist ja großartig, und wer bekommt das Kind?«

»Glaubst du, ich verzichte freiwillig auf Gin-Tonic?«

Gudrun scharrt nervös mit den Füßen.

»Ach so, Gudrun ist schwanger. Bettina, jetzt hast du mir aber einen Schrecken eingejagt«, lacht Marlon, »erst werdet ihr lesbisch – wobei ich das eher als kurzzeitig bi bezeichnen würde –, und dann ist eine auf einmal schwanger, also ehrlich ...« Er haut sich auf die Schenkel und schüttelt süffisant den Kopf. »Bist du jetzt also wieder hetero, Gudrun, Gratulation!«

Peinliches Schweigen im Walde. Warte nur! Balde ruhest du auch, Marlon.

Er verstummt.

»Bettina und ich bekommen das Kind zusammen.«

Marlon reißt die Augen auf. »Klar, und ich kriege Kinder mit Superman«, lacht er und geht in Superheldenpose, eine Hand in die Höhe gereckt, »zehn Kinder und alle in Blau-Rot.«

»Superman ist doch viel zu jung für dich«, sagt Bettina trocken. »Der würde nur was mit dir anfangen, wenn er vom Kryptonit geschwächt wäre.«

Zehn Kinder in Blau-Rot. Eins mehr, dann wäre es eine

Fußballmannschaft. Ein ganz neuer Verein, eine Mischung aus Schalke 04 und dem 1. FC Köln. Eine mögliche Infiltrierung meines Vereins durch die blau-weißen Schalker, das klingt wie ein Horrorfilm. Ich wende mich meiner Trinkflasche zu.

Papa lenkt ab. »Habt ihr also doch einen Spender gefunden?«

»Wunderbar!«, pflichtet Mama ihm bei.

»Hm, also, nicht direkt ...«, murmelt Gudrun, aber Bettina sagt: »Doch, sogar sehr direkt.«

Spannung baut sich auf.

Die Vöglein schweigen im Walde.

»Du bist natürlich perfekt, Heike, hast den perfekten Mann und jetzt auch noch eine Dozentur ...«

Marlon sieht Mama an. Sie lächelt, er hingegen rückt ein wenig ab von ihr. Steinzeit-Feeling macht sich breit. Mir ist das sehr recht. Allzu intellektuelle Frauen passen nicht in Marlons Beuteschema. Zöge Mama jetzt ein Krankenschwesterkostüm an, würde er ihr umgehend einen Heiratsantrag machen. Zum Glück hat Mama schon meinen Papa und Marlon seine Elke-Carmen. Die hat zwar irgendeinen wichtigen Posten inne, scheint aber ansonsten intellektuell auf dem Stand eines AfD-Wählers zu sein.

»... aber wir als lesbisches Paar«, fährt Bettina fort, »haben so manche Hürde zu nehmen ...«

»Habe ich irgendwas gesagt?« Mama ist entrüstet.

Ich habe nichts gehört, war aber auch gerade von dem Lichtspiel in Sören-Wotans roten Locken abgelenkt.

»Und bevor wir hier lange herumschwafeln: Jürgen, Harald und wir haben doch jetzt diese schöne große Altbauwohnung, und bei unserer kleinen Einweihungsfeier zu viert ...«

Gudrun unterbricht trotzig: »... haben wir nicht nur viele Cocktails getrunken, sondern auch das neue Gesetz der Bundesregierung in Bezug auf die Legalisierung von Cannabis einem Praxistest unterzogen ...«

»Das gilt nur für Schwerkranke«, wendet Mama ein.

»Egal, wir haben die Wirkung getestet, bevor sich jetzt sämtliche Schwerkranke darauf einlassen, irgendjemand muss doch Verantwortung übernehmen ...«

»... und nicht nur das, sondern wir haben auch alle kleine bunten Pillen eingeworfen, die wir noch hatten, weil wir mit Beginn der Familiengründung so etwas nicht mehr im Hause haben wollen ...«

»... und weil wir nicht zur Wegwerfgeneration gehören ...«

»... zumal man gar nicht wüsste, ob das Restmüll oder Sondermüll ist ...«

»... und uns schon mal an die Rolle der Mutter als Reste-Esserin gewöhnen wollten ...«

Bettina holt Luft: »... jedenfalls haben wir uns treiben lassen, und die Standhaftigkeit von Jürgen und Harald, auch um das ganze Prozedere der externen und kostspieligen Insemination zu umgehen, am eigenen Leibe überprüft ...«

»... zumal die Versuche mit Heiminsemination per Menstruationstasse nicht gefruchtet haben ...«

»... nicht gefruchtet im wahrsten Sinne des Wortes ...«

»... sage ich ja ...«

»... vielleicht war das Sperma nicht frisch genug ...«

»... oder die Jungs zu dem Zeitpunkt zu gestresst ...«

»... jedenfalls hat es nicht funktioniert ...«

»... und jetzt bin ich schwanger.« Gudrun macht eine Pause. »Schön, oder?«, sagt sie und schlürft hektisch an ihrem alkoholfreien Sekt.

Marlon fallen fast die Augen raus.

Die Vöglein zwitschern wieder.

Bettina grinst ihn an.

»Guck nicht so, Marlon, du bist doch sonst so liberal.«

Mama verkneift sich ein Lächeln und malt mit ihrer Fußspitze Vater, Vater, Mutter, Mutter, Kind in den Schotter, wobei die Väter eine ungewöhnlich geknickte Handstellung haben.

Sören-Wotan flüstert mir zu: »Zum Glück ist nur die Wiebkötter schwanger. Dann bleibe ich wenigstens Einzelkind und kann meine Bob-der-Baumeister-Tapete allein mit Mamas mittelscharfem Dijon-Senf vollschmieren.«

Ich bewerfe ihn wütend mit Stöckchen, die ich vorher mit meinen Zähnen angespitzt hatte, um gegen im Friedwald begrabene Vampire gewappnet zu sein, und er sagt erschrocken: »Entschuldige, Mia, ich habe nicht daran gedacht, in welcher Situation du bist.« Treu guckt er mir in die Augen und ergänzt: »Ihr habt ja sowieso keinen Dijon-Senf.«

Nein, aber eines Tages wird Fritz da sein, und es wird der furchtbarste Tag in meinem Leben. Schrecklicher noch als meine eigene Geburt in einem rosettenfarben gestrichenen Kreissaal, schrecklicher als mein erstes Karnevalskostüm »Ente« und schrecklicher als der gesamte Pekip-Kurs.

Nein. Letzteres nehme ich zurück. Schrecklicher als der Pekip-Kurs kann wirklich NICHTS sein.

Sören-Wotan spürt meine emotionale Verfassung, sammelt die Stöckchen auf und versucht, mir daraus ein Herz zu legen.

Ich werde so rot wie seine Haare, und ich stelle fest, dass wir sogar im Streit noch zusammenpassen wie Detox und Quinoa. Die Bemerkung war unangebracht und unsensibel. Aber Humor hat er.

Die Hebamme ist also schwanger. So schnell kann das gehen, einfach so.

Ich werde keine Smarties mehr essen, wenn Sören-Wotan im Raum ist.

Mama versucht, die Situation zu entschärfen, indem sie sagt, dass Gudrun jetzt die Möglichkeit genießen dürfe, die ganze Situation von Schwangerschaft und Geburt aus erster Erfahrung und nicht »nur« als Begleitperson zu erleben.

Offensichtlich spielen bei Gudrun die Hormone aber nun eine übergeordnete Rolle. Sie fragt Mama, was das denn heiße, »nur« als »Begleitperson«, sie habe mehr Wissen über Geburten als alle Schwangeren zusammen. Außerdem hätte sie in ihrem Leben schon hunderte von Nabelschnüren als plastikfreies Anschauungsmaterial gestricklieselt, um den werdenden Müttern ihr unfassbares UNwissen über die bevorstehende Geburt zu nehmen.

»Man kann aber auch wirklich ALLES falsch verstehen«, sagt Mama genervt, »da kann man tolerant sein, diplomatisch und mitfühlend, man wird immer missverstanden. Wir dreieinhalb freche Frettchen machen uns jetzt besser vom Acker.«

Papa akzeptiert und packt die leeren Gläser und Flaschen ein.

Probiere ein wenig von der Zitrone, verziehe das Gesicht und schreie.

»Seht ihr, jetzt habt ihr sogar Mia vergrault«, seufzt Mama, »sie ist so sensibel.«

Ermunternd winke ich Gudrun zu. »Auf keinen Fall zu früh den Schnulli geben, das führt zu Stillverwirrung«, rufe ich hämisch in Erinnerung an meine ersten Wochen in ihrer Welt, doch sie tanzt zur Beruhigung ihrer Nerven ihren Namen.

Kapitel 13

TROCKENPFLAUMEN VS. WOLLE-MAULBEERSEIDE-BODYS

Zu Hause angekommen sagt Mama: »Ich wüsste ja schon gern, wer der Vater ist. Was meinst du, Jürgen oder Harald?«

»Bettina«, sagt Papa.

»Nein, wirklich.« Mama lässt nicht locker. »Vielleicht wissen sie es auch gar nicht, ich finde, es ist eine aufregende Vorstellung, dass sie zu viert ...«

Papa hebt den Kopf.

Mama bekommt ganz rote Wangen und sagt: »Chris, das wäre mal was ganz Besonderes ... zu viert ... Das könnte mir wirklich gefallen.«

Mir nicht.

Zu viert sein, bäh. Von mir aus kann Fritz bleiben, wo der Pfeffer wächst. Oder besser, wo der Mutterkuchen wächst.

Vermische meine Bananenreste mit dem, was aus einer offenen Tube Remoulade rauskommt, die ich in der Küche gefunden habe, und male damit auf Papas Schuh eine glückliche Familie mit drei Personen.

Papa bückt sich und wischt mein Kunstwerk weg. Mama setzt mich derweil vor den Fernseher. Ich bin erstaunt und frage mich, wie es zu dieser glücklichen Fügung kommt. Zum ersten Mal Kika. Ich sehe ein blaues Kaninchen, das unentwegt Dibedibedab sagt. Faszinierend. Erwachsene sind offensichtlich der Meinung, dass gute Unterhaltung für Kinder am besten durch grenzdebile Protagonisten erfolgen sollte, so wie dieses lächerliche Kuscheltier einer ist, der aus der

Verbindung zwischen Osterhase und Schlumpf entstanden sein muss und den Wortschatz eines Nassrasierers hat.

Während Mama zurück zu Papa geht, zieht sie ihr Oberteil aus. Ich höre Papa gedämpft sagen: »Heike, aber wir sind doch nur zu zweit ... oder hast du noch jemanden versteckt?«

Klar hat sie das. Als ob man das nicht sähe.

»Chris, stell dir doch einfach vor, wir wären zu viert, auch wenn wir nur zwei sind ...«

Das finde ich jetzt unverschämt.

Bin kurz davor, mich mit Fritz zu verbünden. Bald hat sie mich so weit, wenn sie so weitermacht. Doch kann ich nicht zu ihm, und er nicht zu mir, und eigentlich will ich das auch gar nicht.

Wende mich vom blauen Rammler ab und gehe leise zur Wohnzimmertür.

»Heike, ich kann so nicht«, sagt Papa leise und wehrt ihre Versuche, ihn zu küssen, sanft ab.

»Bitte?«, erwidert Mama überrascht. »Warum?«

»Es liegt nicht an dir«, sagt Papa.

»An wem dann?« Mamas Gesichtsfarbe wird weiß. Sie schnappt nach Luft.

»Stehst du neuerdings auf Hausfrauen mit fair gehandelten Feuchttüchern in der Handtasche? Oder hast du dich etwa noch mal mit Aloe-Vera getroffen?«

Wütend knallt sie ihr Oberteil auf den Tisch. Da braut sich was zusammen.

Aloe-Vera. Ich dachte, ich müsse nie mehr etwas mit dieser unerträglich selbstverliebten Pekip-Lehrerin in ihrem durchsichtigen Top und der bunt gebatikten Pluderhose zu tun haben. Frustriert, dass sie ihre Freizeit offensichtlich ausschließlich mit dem Basteln von motorikfördernden

Recycling-Gegenständen verbringt, indem sie Deckel von Babygläschen auf eine Schnur aufreiht, deren Geschepper wir uns stundenlang anhören mussten, während sie sich Papa ganz und gar nicht subtil genähert hat.

Schnappe mir Teddy, setzte ihm einen Hut auf und tippe daran. Pan Tau vermag mit dieser Geste zu zaubern, und ich wünsche mir, dass Teddy wächst, sich mit einer Gitarre vor meine Eltern stellt und *Ich hab drei Haare auf der Brust Ich bin ein Bär* singt, ein dämliches Lied zwar, aber zur Ablenkung sicher gut geeignet.

Vermutlich würde Papa dann sagen, »zu dritt sind wir schon mal«. Für einen Westfalen eine angemessene Reaktion.

Doch der Zauber wirkt nicht, vermutlich, weil der Hut keine Melone ist.

Stattdessen streiten sie weiter.

»Du hast doch gesagt, ich soll mich von den Frauen bewundern lassen.«

»Aber doch nicht mit ihnen ins Bett gehen«, erwidert Mama entsetzt.

Im Bett war noch keine von denen, das hätte ich gemerkt.

»Tu ich doch auch nicht«, beruhigt Papa sie. »Nein, Heike, aber wenn wir jetzt ... Stell dir mal vor, das ist das Erste, was Fritz von mir zu sehen kriegt ...«

Mama hört auf zu atmen.

Plötzlich fängt sie schallend an zu lachen, und das klingt wie eine Lachmöwe auf Ecstasy.

»Aber, Chris, Fritz ist doch in seiner Fruchtblase. Außerdem kann sich das doch sehen lassen.«

»Jedenfalls muss ich jetzt mit Mia noch mal los, wir haben keine Butter mehr, und ich habe ihr noch einen Besuch auf dem Spielplatz versprochen.«

»Chris, du lenkst ab!«

»Nein, wirklich, komm, Mia, wir müssen.«

Schnell nimmt er mich auf den Arm, gibt Mama einen Kuss auf die Wange und will los.

Mama drückt ihm meine Trinkflasche in die Hand und sagt: »Du musst noch Apfelschnitze mitnehmen!«

Papa lacht verächtlich. »Du bist ein Kontrollfreak, Heike, wir sind doch nur kurz weg! Und vergiss nicht, ich bin jetzt zuständig.«

Siegessicher setzt er mich in den Buggy.

Um dem Konfliktpotential nicht weiter Futter zu geben, schnalle ich mich heimlich selbst an.

Mama ruft uns hinterher: »Chris, du hast die Wickeltasche vergessen.«

»Brauche ich nicht, Heike. Habe gerade erst eine frische Windel gemacht. Halt dich einfach mal raus.«

Bevor Mama noch etwas sagen kann, sind wir schon weg.

Wir kaufen Butter, und Papa lässt sich von der Verkäuferin Trockenobst andrehen, das sei gut für Kinder, sagt sie, doch ich sehe die Dollarzeichen in ihren Augen.

Papa nimmt den Tipp dankbar an und gibt mir einen Mix aus Feigen, Datteln und Trockenpflaumen. Es schmeckt erstaunlich gut, und ich esse, so viel ich kriegen kann.

Vergnügt gehen wir zum Spielplatz, wo sich im Handumdrehen diverse Mütter um Papa versammeln und ungläubig seiner Geschichte von der selbstlosen Zurücknahme seiner Person als Ernährer hin zum Kinderflüsterer lauschen.

Mama hatte recht.

Frauen lieben das.

Dass da die anderen Männer noch nicht drauf gekommen sind. Teddy hat mir erzählt, dass sie sich nächtelange Disco-Besuche oder wochenlanges Online-Dating um die Ohren schlagen, um an Frauen ranzukommen. Denke an Sören-

Wotan. Selbst für Mini-Discos sind wir zum Glück noch zu jung.

Zwei der Frauen haben ein Leuchten in den Augen, das mich beunruhigt, mehr sogar, sie wirken geradezu verzückt, und das passt mir nicht. Vor lauter Ärger, wie konsequent all diese Frauen ignorieren, dass zu diesem Kind, um das er sich so rührend kümmert, ja auch eine Mutter gehören muss, krampft sich mein Bauch zusammen. Und diese Mutter kümmert sich genauso rührend – wenn nicht noch rührender. Die Krämpfe werden stärker. Die Pflaumen müssen raus. Mein Gesicht wird krebsrot, und mit einem lauten Geräusch poltert etwas durch mein Gedärm. Geschafft. Die Frauen schauen nun auf mich. Ich würde sie lieber mit einem Witz ablenken, aber meine Möglichkeiten sind aufgrund dieser dämlichen Sprachbarriere zwischen Erwachsenen und Kleinkindern begrenzt. Mit einem Pffffff entleert sich mein Darm. An den Seiten der Windel quillt eine übelriechende Substanz heraus, der rote Buggy bekommt ein paar dunkle Flecken, und diesmal ist meine Intention nicht künstlerisch.

Die Frauen verziehen ihr Gesicht, und ich kann es ihnen nicht verdenken, stinkt es doch schlimmer als faule Eier. Papa eilt zu mir und ruft, was er denn nun bloß machen solle, er habe keine Ersatzwindel dabei.

Mein beigefarbener Wolle-Seide-Body färbt sich braun, und ich schreie, weil ich mich unwohl fühle und Angst habe, dass die Frauen hämisch zu lachen beginnen, wie sie das schon mal in einer ähnlichen Situation bei Mama gemacht haben. Doch weit gefehlt. Hektisch kramen die Frauen in ihren Wickeltaschen, es scheint geradezu ein Wettbewerb darüber zu entfachen, wer als Erste eine Ersatzwindel findet und sich vor Papa als Retterin aufspielen kann. Eine Rothaarige siegt, und Papa lächelt sie dankbar an.

Auch Feuchttücher hat er natürlich nicht dabei, doch die bekommt er von der schlanken Blonden und die Popocreme von der mit den kurzen braunen Haaren. Jetzt reicht es.

Zähneknirschend muss ich mich vor aller Augen von Papa wickeln lassen, und ich halte den Mund, damit es schnell geht. Die Frauen sind so voller Bewunderung für seine Wickelkompetenz, dass es mir nun wirklich reicht. Ich schreie derart los, dass sämtliche Megaphone der Welt vor Neid erblassen. Endlich versteht Papa, entschuldigt sich bei den Frauen mit einem smarten Lächeln und verlässt fluchtartig den Spielplatz mit mir.

Die Frauen wirken verzückt, und ich höre sie erst rufen: »Adieu und auf bald!«, und dann untereinander wispern, das sei ja auch nicht einfach für einen Mann, und dann sei das noch so ein netter.

Zu Hause angekommen ist Papa schweißgebadet, er drückt mich in Mamas Arme und springt unter die Dusche, nicht ohne sich vorher ein Bier mit den Worten »Das brauche ich jetzt« aufzumachen.

»Was ist denn passiert?«, fragt Mama erschrocken, doch nun riecht sie es schon, das fiese Zeug hängt noch in dem Body, den Papa mir ausgezogen und zusammengeknüllt in das untere Fach des Buggys gelegt hat.

»Ich glaub's nicht«, ruft Mama, und es schwingt Genugtuung in ihrer Stimme mit. »Warum hat Mia auf einmal Durchfall? Und wo hast du die Windel her, das ist doch gar nicht ihre Größe?«

Papa ruft aus der Dusche, dass ihm die Mütter ausgeholfen hätten, und Mama verdreht die Augen.

»Alles muss man selber machen«, murmelt sie und sieht nun unter dem stinkenden Body die leere Packung mit dem Dörrobst.

»Chris, hast du Mia Trockenfrüchte gegeben?«, ruft sie entsetzt. »Sie hat doch sowieso immer weichen Stuhl!«

Mama spinnt. Mein Tripp Trapp ist hart. Hart wie Granit, unkaputtbar. Ein Tripp Trapp ist kein Sitzsack, Mama.

Papa kommt aus der Dusche und schnappt sich sein Bier. »Die Frau im Laden hat aber gesagt ...«

»Chris!« Mama kreischt wie Florence Foster Jenkins. »Beim nächsten Mal packe ICH die Tasche! Und du gibst ihr nichts Unabgesprochenes zu essen, das ist ein Kleinkind! Es ist noch zu früh für kulinarische Experimente! Der Body ist aus dem Bioladen, echte Merino-Wolle mit Maulbeer-Seide, der hat dreißig Euro gekostet, völlig versaut!«

Ich stimme ihr zu. Der Preis ist wirklich versaut.

Papa seufzt.

»Ich sage doch, ich bin zuständig.« Energisch geht er mit dem Body ins Badezimmer, nicht ohne triumphierend zu sagen: »Ich habe Gallseife gekauft, damit geht alles raus.«

Mamas Mund steht offen wie das Brandenburger Tor.

Ich mache keinen Mucks und warte.

Wir hören Papa im Badezimmer rumschrubben, sein fröhliches Pfeifen wird erst intensiver, dann verstummt es, und nach einer halben Stunde kommt er erschöpft, aber glücklich heraus.

Mama nimmt mich auf dem Arm und geht mit mir hinein.

Der wollbeige Body ist nun doppelt so lang und hat farblich undefinierbare Flecken.

»CHRIS!«, kreischt Mama.

Florence Foster Jenkins erblasste vor Neid, wäre sie hier.

Papa kommt rein.

»Was ist das?«, schreit Mama und zeigt auf die Wollskulptur.

»Der Body«, strahlt Papa. »Toll, oder?«

»Der ist so was von hin.« Schockiert sucht Mama Halt am Badewannenrand.

»Aber er stinkt nicht mehr!«, sagt Papa stolz. »Und Tarnfarben sind jetzt in.«

Trotz meiner Angst davor, dass die Streitereien meiner Eltern irgendwann unüberbrückbar werden, muss ich lachen. Der Body ist so lang, dass man Borat daraus einen schönen Mankini schneidern könnte. Dafür wären dreißig Euro immerhin billig.

Es kommt immer auf die Perspektive an.

Vor Lachen wird mein Gesicht puterrot und mein Gedärm stimuliert, es poltert erneut im Bauchraum, und Papa flüchtet mit einem »O nein, nicht schon wieder« aus dem Badezimmer.

Mama hält mich über die Badewanne, zwinkert mir zu und gibt mir einen Kuss.

Still-Bill, der Mami-Chat:

Kunstabzugshaube: Eine Frage in die Runde. Sind eure Männer auch so blockiert, was Körperliches angeht, seit ihr schwanger seid?

Eiskunstläuferin: Meinst du die Körperpflege? Meiner lässt sich total gehen, hat schon drei Kilo zugenommen! Er sagt, das sei aus Solidarität mit mir. Was aber Quatsch ist. He makes no effort, weil er denkt, dass ich ihn jetzt in dem Zustand nicht verlassen kann. Oh dear, hat der eine Ahnung.

Einlauf-Mutter: Du willst deinen Mann verlassen? Wegen ner Plautze?

Eiskunstläuferin: Nein, aber ich könnte. Also finanziell.

Amaranth-Stute: Aber ein Kind braucht doch nicht nur seine Mutter, sondern auch seinen Vater. Isst er denn Vollkornprodukte?

Kunstabzugshaube: Ich muss wohl deutlicher werden. Ich meinte, ob eure Männer auch nicht mehr scharf auf euch sind, seit ihr schwanger seid?

Einlauf-Mutter: Ich bremse auch für Vollkorn.

Thermomixfee: Meiner hat auch eine Wampe. Er trinkt einfach zu viel Bier. Und dann auch noch nur Weizenbier. Aber seit wir das im Thermomix selber brauen, wissen wir wenigstens, was drin ist.

Amaranth-Stute: Vollkornweizen?

MissKatze7: Wenn er parallel dazu ins Fitness-Studio gehen würde, könnte er sich von der Figur her eins am Abend leisten. Ach übrigens, ich habe gefragt, Faszien-Yoga gibt es bei uns nicht.

Amaranth-Stute: Schade. Wie kriege ich denn jetzt mein verklebtes Bindegewebe wieder in Schuss?

MissKatze7: Aber wir haben jetzt Myofibrillen-Workout.

Einlauf-Mutter: Gibt's dagegen keinen Impfstoff?

MissKatze7: Hä?

Einlauf-Mutter: Gegen die Krankheit. Myodingsda.

Kunstabzugshaube: Also noch einfacher: Habt ihr SEX?

Eiskunstläuferin: Konstantin-Levan macht ja Snowkiten.

Amaranth-Stute: Mit zwei Jahren?

Thermomixfee: Im Sommer?

Einlauf-Mutter: Klar doch. Auf Vollkorn-Schnee.

Eiskunstläuferin: Skihalle Neuss. Er ist halt frühentwickelt.

Amaranth-Stute: Kunstabzugshaube, Schabernack hat übrigens keinen Platz mehr frei, sorry!

Kunstabzugshaube: Kein Problem, wir haben einen Platz in einer Waldkita bekommen.

Eiskunstläuferin: Oh.

Thermomixfee: Aha.

Amaranth-Stute: Toll! Da können die Kinder selber die Früchte des Waldes suchen und … kochen …

Kunstabzugshaube: Aber was ist denn jetzt mit … ach egal.

Kapitel 14

BRUSTWARZEN IN HERZCHENFORM

Ein herrlicher Herbsttag, den man gut mit dem Basteln von Eichelmännchen verbringen könnte, doch zu Hause herrscht dicke Luft. Das ayurvedische Teebeutelmobilé mit Klangschalen spielenden Eichelmännchen werde ich nicht rechtzeitig fertig kriegen. Das betrübt mich sehr, denn eigentlich sollte das Baby der Hebamme eine ebenso scheußlich-beunruhigende Dekoration wie ich seinerzeit bei der Rückbildungsgymnastik genießen dürfen.*

Aber Rache nehmen ist kein Ponyhof.

Mama atmet schwer, und ihr schickes, in bunten Farbtönen changierendes Kostüm platzt aus allen Nähten. Wäre es schwarz, würde ich es in Kombination mit ihrem Röcheln als schlechteste Darth-Vader-Imitation aller Zeiten verbuchen.

Keuchend wirft sie Papa vor, dass er nicht mehr scharf auf sie ist. Papa tut das offensichtlich leid.

Ich bin schockiert.

Es stimmt also. Scharf ist etwas Gutes. Bin nach der Erfahrung mit der Salsa ganz anderer Meinung. Aber vielleicht ist »scharf« ein Teekesselchen-Wort.

Krampfhaft sucht Papa nach einer Erklärung. Ich hätte ihm eher zum Schweigen geraten, aber mich fragt ja keiner. Mich fragt nie einer etwas, höchstens, ob ich noch ein glu-

---

* Siehe »Fuck the Möhrchen. Ein Baby packt aus«

tenfreies Hirsebällchen haben möchte. Oder wo meine Füße sind. Eines dieser rhetorischen Kleinkindspiele, die Erwachsenen viel Spaß bereiten.

»Heike, ich kann nichts dafür, aber du siehst mittlerweile aus ...«

»Ja?«

»... wie eine dieser Nanas.«

Mama holt tief Luft. Es ist ganz still, doch plötzlich hört man ein kleines Geräusch.

Der Knopf ist ab.

Er kullert auf den Küchenboden, und eine der Fliesen sieht nun aus wie ein einäugiger Pirat. Ich werfe eine knusprig gebräunte Vollkorndinkelstange dazu. Jetzt hat er wenigstens ein Holzbein.

»Na und? In mir wohnt ja auch ein Kind! Dein Kind!«

Sie hält inne.

Papa sieht zu Boden.

Mama überlegt.

»Und du zahlst noch nicht mal die Miete.«

Sie macht eine Pause.

Genau, Mama. Ein guter Grund, es vor die Tür zu setzen.

An ihrer Miene sehe ich jedoch, dass sie sich lediglich an einem Scherz versucht hat.

Papa geht nicht darauf ein und schüttelt stattdessen entschuldigend den Kopf.

»Sorry, Heike, aber diese Nanas haben mir noch nie so richtig gefallen ... Da komm ich einfach nicht in Fahrt ...«

»Die sind ja auch nicht dafür gemacht, um ›in Fahrt‹ zu kommen! Weiblichkeit, Lebensfreude, freie Entfaltung ohne Hemmungen – darum ging es Niki de Saint Phalle! Du meine Güte, Chris, alles muss man dir erklären.«

Sie überlegt.

»Und du bist ja selbst auch nicht gerade in Topform.«
Papa hebt die Augenbrauen.
»Das habe ich auch nicht behauptet.«
»Eben. Ich habe auch nicht behauptet, ich sei eine Mischung aus Barbie und Michaela Schäfer.«

Barbie, igitt. Die hat eine derart schmale Taille, kein Wunder, dass die Wespen im Winter sterben. Von wegen Frost! Neid ist der Grund für das Sterben nach nur einem Sommer. Aber warum fangen Papas Augen an zu leuchten?

»O nein, Chris, jetzt sag nicht, dass du dir heimlich mit Bildern von Michaela Schäfer ein paar schöne Minuten machst?«

Nein, die habe ich hier noch nie gesehen.

Papa druckst herum.

»Chris! Die hat sich den Brustwarzenhof in Herzform tätowieren lassen!«

Ach je.

»Das finde ich auch, äähhh, geschmacklos. Aber die hat immerhin einen Sixpack.«

Mama fängt an zu lachen. Sie schüttelt sich, als stünde sie auf einem PowerPlate. Ein Gerät, dessen Sinn sich mir noch nie erschlossen hat. Wozu braucht man elektrische Vibrationsplatten zur Lockerung der Muskulatur, wenn man genauso gut mit dem Fahrrad über Kopfsteinpflaster fahren kann?

Mama kann nicht aufhören zu lachen, und ihr ganzer Körper bebt.

Der zweite Knopf springt ab.

»Michaela Schäfer hat sich einen Sixpack implantieren lassen!«

Das ist ja widerlich. Sechs Dosen Bier im Bauch. Vermutlich gluckert sie bei jedem Schritt wie ein vielbeschäftigtes Klärwerk. Nein, die war nicht hier, das wäre mir aufgefallen.

Papa sackt in sich zusammen.

Ich versuche, seine Gedanken zu lesen. Ich bin mir sicher. Er denkt: *Schade um das schöne Bier.*

»Echt? Aber du musst doch zugeben, dass die eine bessere Figur hat als ...«

Plötzlich hat er ein Geschirrhandtuch im Gesicht. Ein ziemlich dreckiges.

Mama ist so sauer wie eine Gewürzgurke mit Aszendent Zitrone.

»Als du, wolltest du sagen?!«

Sie keucht und sammelt die Knöpfe auf.

Ich nehme sie ihr aus den Händen und beginne mit der Arbeit an einem Knopfsteinpflaster.

Mama holt Luft. »Du bist auch um einiges dicker geworden. Und jetzt komm mir nicht mit Solidarität mit der schwangeren Frau. Wenn du so weitermachst, kannst du bald in Mutterschutz gehen.«

Das ist doch Quatsch. Papa ist nicht dick. Er hat nur eine Wampe.

Er lenkt ein. »Ich krieg das schon wieder runter, genau wie du irgendwann in ein paar Jahren auch.«

»In ein paar Jahren?«, ereifert sich Mama. »Und so lange willst du weiter Mascarpone essen und erotisch auf einen virtuellen implantierten Sixpack ausweichen?«

Papa seufzt.

»Wo du es gerade ansprichst, in diesem Monat beginnt ja dein Mutterschutz, wann denn genau?«

Zerstreut kramt er nach seinem Kalender.

Mama zerstört mein Fragment, greift sich das Nähzeug und näht sich die Knöpfe wieder an.

»Wo ist das Ding bloß wieder? Sag doch mal, Heike, ich habe dich was gefragt.«

»Mmh, weiß ich nicht«, nuschelt Mama verstohlen.

»Du weißt nicht, wann du aufhörst zu arbeiten?«, bohrt Papa nach.

Mama blickt auf. »Ich fühle mich fit, ich brauche keine Schonzeit.«

»Heike, das meinst du nicht ernst!«

»Wieso nicht?«

»Das wäre unverantwortlich ...«

»Unverantwortlich wäre es, meine Studenten hängen zu lassen.«

Oha, da braut sich was zusammen.

Diesmal bin ich auf Papas Seite. Mama sollte meine künstlerischen Ambitionen fördern, statt sich um erwachsene Menschen zu kümmern, die genauso gut eine Banklehre machen könnten. Alternativ käme auch Maschinenbau in Frage. Beispielsweise fehlt dringend eine Maschine, die Babysprache in Erwachsenensprache übersetzt. Und da reicht nicht einer dieser albernen Langenscheidt-Ratgeber Baby-Deutsch/Deutsch-Baby. Das ist was für hirnamputierte Rosamunde-Pilcher-Gucker und Mario-Barth-affine Tupperdosen-Verkäuferinnen. Jedes Baby drückt sich anders aus, und ein intelligenter Maschinenbaustudent könnte damit ein wahres Meisterwerk schaffen.

»Die Studenten sind dir wichtiger als Fritz?«

Aufgeregt halte ich den Atem an.

Auf DIE Antwort bin ich gespannt.

Mama bekommt einen weichen Gesichtsausdruck.

»Nein, Fritz geht mir über alles.« Sie macht eine Pause und nimmt mich auf den Arm.

Ich kotze auf ihr Kostüm.

»Mia, nein!«, schreit Mama und springt auf.

Die Knöpfe rufen: »Hättet ihr mich bloß unten liegen gelassen! Wir sind Knopfsteinpflasterknöpfe! Hergottverdammichnochmal!«

Teddy belehrt mich, dass Knöpfe nicht sprechen können.

Ich belehre ihn, dass man mit Phantasie besser durchs Leben kommt.

Ich betrachte die Knöpfe.

Sie sind nun stumm und machen einen unsicheren Eindruck.

Phantasie oder Halluzination vor Ärger, ich bin mir nicht sicher.

Papa sagt: »Das Kind braucht Liebe.«

Mama guckt erschrocken.

»O Gott! Mia-Schatz, dich habe ich natürlich genauso lieb. Aber dieses Speien, das musst du dir dringend mal abgewöhnen.«

Nö.

»Das schöne Kostüm.«

Das finde ich auch, aber jetzt erst, und sie sollte mir dankbar sein, denn die Farben changieren jetzt wie verrückt.

»Weißt du, Chris, die Studenten brauchen mich dringend, wir beschäftigen uns momentan mit der Expressivität von Künstlern im Alter, zum Beispiel hat Grandma Moses erst mit fünfundsiebzig Jahren mit dem Malen begonnen und ein großartiges Œuvre geschaffen.«

»Wir brauchen dich auch«, sagt Papa.

»Offensichtlich aber nur für Kinder und Haushalt.« Sie sieht ihn an. »Wie soll ich das sagen – vor dem Kind – also deine, äh, Flöte spielst du ja lieber solo.«

O Gott. Das ist es, was sie stört. Papa spielt Blockflöte. Das kann ich verstehen. Eigentlich ist das Mamas Hobby und das zum Glück nur an Weihnachten. Armer Papa. Von Luftgitarre zu Blockflöte, ein Abstieg, wie ihn sonst nur der SC Paderborn hinlegen kann.

Die Diskussion wird von Geräuschen an der Wohnungstür unterbrochen. Jemand versucht, sich Zutritt zu verschaffen. Aufgeregt schnappe ich mir die Packung mit den harten Dinkelstangen, um sie dem Einbrecher an den Kopf zu werfen, quasi zwei Fliegen mit einer Klappe zu schlagen, ein Knockout durch kulinarisch zweifelhaftes Spelzgetreide.

Doch es ist nur Oma, die mit dem neuen Schlüssel nicht zurechtkommt. Papa öffnet ihr, und Oma kommt fluchend in die Küche.

»Wie soll ich auf Mia aufpassen, wenn der Schlüssel nicht passt?«

Papa holt das Ölkännchen.

»Hallo Mama, ich freue mich auch, dich zu sehen«, erwidert Mama. Leise krächzt sie in Richtung Papa: »Wieso hat meine Mutter einen Schlüssel?«

Opa schnauft wie Emma, die Lokomotive, wenn Lukas und Jim Knopf zu wenig Kohle im Tender haben. Er wischt sich den Schweiß mit seinem großen Stofftaschentuch ab, tätschelt mir den Kopf und trinkt das bereitgestellte Glas Wasser in einem Zug aus.

Dann lächelt er.

»Na, was macht ihr gerade Schönes, Mia?«

Ich fasse zusammen.

»Papa spielt Flötensolos und mag Frauen mit Bier im Bauch, und Mama sieht aus wie ein Kunstwerk, das Papa nicht gefällt.«

Opa antwortet: »Genau, Mia, kluges Mädchen dadada, ja, DA ist die Oma!«

Es ist so sinnlos.

Wütend bewerfe ich ihn mit hart gewordenen Reiswaffeln, doch er lacht nur freundlich und wirft sie zurück wie ein Frisbee.

Mama steht auf, zieht ihr Kostüm glatt und will gehen.

»Wo willst du hin, Heike? Wir sind doch gerade erst gekommen.«

»Ich muss in die Akademie.«

Oma schüttelt missbilligend den Kopf.

»Bist du nicht längst im Mutterschutz?«

»Jetzt fängst du auch noch damit an.«

»Die Studenten brauchen sie«, sagt Papa und verdreht die Augen. »Wegen irgendeines Œuvres.«

Oma: »So was gab's früher nicht.«

Mama: »Studenten?«

Oma: »Dass Frauen mit Kindern Vollzeit arbeiten.«

Sie presst die Lippen aufeinander.

Mama: »Mutter, einer von uns muss Geld verdienen. Was Chris verdient reicht auf Dauer nicht für die ganze Familie. Und warum sollte nur der Mann die Gelegenheit bekommen, mal etwas anderes als Haushalt und Familie erleben zu dürfen? Du hast doch auch damals …«

»Das war was anderes!« Omas Stimme wird schrill, und ich rechne fast damit, dass sie hinschmeißt, doch nun verstummt sie einfach.

Opa guckt sie an.

»Was hast du damals?«

»Mama hat doch diesem Rechtsanwalt bei der Buchhaltung geholfen und sich damit ein paar Mark dazuverdient. Und das war doch damals ein wichtiger Ausgleich für dich, oder – Mama?«

Oma schweigt.

Opa ist sprachlos. Das Zwitschern der Vögel wirkt plötzlich so laut wie zwanzig frisierte Quads.

Opa fängt sich und poltert: »Du hast – was?«

»Wie siehst du überhaupt aus, Heike? So kannst du doch nicht aus dem Haus gehen! Mit schief angenähten Knöpfen! Gib mal her.«

Oma nötigt Mama, das Jackett auszuziehen, und näht hektisch die Knöpfe neu an.

»Annie?«

Oma wirkt so trotzig wie der Aufstampfschlumpf.

»Was glaubst du denn, wovon ich die Couchgarnitur bezahlt habe? Und den Schwarzweißfernseher mit Radio? Und den Cello-Unterricht für Heike? Von den spärlichen Einnahmen deiner Metzgerei?«

Opa sackt in sich zusammen. Ich tröste ihn mit den unbenutzten Dinkelstangen, die ich vorsorglich ein bisschen einspeichele, da Opa nicht mehr so gut beißen kann.

»Gibt es noch mehr, was ich nicht weiß?«

»Ja! Habe ich euch schon erzählt, dass Gudrun und Bettina ein Kind bekommen?«, sagt Papa. Mama stößt ihm den Ellenbogen in die Seite, und Papa flüstert: »Ich will doch nur ablenken.«

Oma sieht ihn dankbar an und sagt: »Das freut mich aber, dann sind sie ja jetzt wieder normal. Toll, dass sie beide zur gleichen Zeit schwanger sind!«

Papa und Mama gucken sich an.

Teddy seufzt.

»Mama, Gudrun und Bettina bekommen das Kind zusammen. Nur Gudrun ist schwanger.«

»Ach so! Die arme Gudrun, hat ihr Freund sie verlassen.« Oma schüttelt erstaunt den Kopf. »Hätte gar nicht gedacht, dass Bettina so hilfsbereit ist.«

Opa gießt sich den dritten Schnaps ein.

Vorsichtig probiere ich und übergebe mich erneut.

»Liebe Schwiegermama«, greift Papa das Thema auf, »Gudrun und Bettina haben im Prinzip ... ja, also ... eine Samenspende erhalten und ...«

»Eine Samenspende hätte ich auch gern mal wieder«, raunt Mama ihm zu, doch Papa geht nicht darauf ein.

»Also eine Spende, und nun ist Gudrun schwanger, und sie werden das Kind zusammen mit ihren schwulen Freunden Jürgen und Harald aufziehen.«

»Mia scheint einen Virus zu haben«, kommentiert Oma nach Sichtung meines Erbrochenen.

»Hast du mitbekommen, was Chris gesagt hat, Mutter?«, fragt Mama.

»Natürlich«, sagt Oma und kramt nach dem Fieberthermometer.

Ich bekomme Angst. Oma steckt mir das Fieberthermometer immer an eine Stelle, in der ich kein Fieberthermometer haben will.

»Mund, Achsel und Ohr sind ernstzunehmende Alternativen«, schreie ich, doch Oma fühlt sich durch meine Schreierei nur bekräftigt, die Untersuchung schnell zu beginnen.

»Chris, du findest die richtigen Worte für Dinge, über die man eigentlich nicht spricht.« Sie nickt ihm anerkennend zu und ergänzt: »Seht ihr. Kommunen finde ich entsetzlich, aber zumindest sind es zwei Paare. Wer gehört denn zu Bettina – Jürgen oder Harald?«

»Es ist zwecklos, Chris.« Mama schüttelt den Kopf über so viel Ignoranz. »Ich muss jetzt gehen«, sagt sie, »und ich bin froh darüber.«

Sie rauscht aus der Wohnung, und ich rufe den Knöpfen ein leises »Ihr schafft das« zu. Dann lenke ich Oma ab und verstecke das Fieberthermometer.

Es liegt nun unter dem schlafenden Teddy, der durch sein

Fell nichts davon merkt und sowieso am liebsten auf hartem Untergrund schläft.

Oma ist sich sicher: »Ja, ja, Heike war schon immer ein Wildfang. Sie wäre besser ein Junge geworden. Dass du das aushältst, Chris ... Hier, ein kleiner Trost.« Sie reicht ihm einen Hunderteuroschein.

Papa wehrt ab.

»Wir sind doch eine Familie. Mach dir einen schönen Tag mit deinen Kumpels, und denk noch mal drüber nach, ob ein Mann nicht doch arbeiten muss, um ein Mann zu sein. Wo ist denn nur dieses ... ist ja auch egal.«

Papa seufzt und gießt ihr einen Schnaps ein. Oma gibt mir eine zerquetschte Banane gegen die Übelkeit.

Sie überlegt: »Bestimmt ist es Harald, der ist ja auch so ordentlich.«

Teddy macht sich Vorwürfe, bei Oma seinerzeit versagt zu haben.

Kapitel 15

MÄNNERFREUNDSCHAFT

Jürgen und Harald wollen sich auf das vorbereiten, was auf sie als Regenbogenväter zukommt, und gehen mit Papa und mir in ein Eltern-Kind-Café.

Sie bestellen sich drei Café Cortado mit paradontosefreier Milch, und Harald hockt sich zu mir auf den Spielteppich. Das finde ich nett und gebe ihm als Belohnung einen der angesabberten Plastikwürfel in die Hand.

Haralds Augen weiten sich, und er zuckt zurück. Suche nach einem schöneren Würfel, doch es gibt keinen. Erneut biete ich ihm den Würfel an, doch die Feuchtigkeit auf dem Spielzeug scheint ihn unangenehm zu triggern. Vermutlich hat er einen Waschzwang, und ich beschließe, ihn davon zu heilen. Entscheide mich für die Schocktherapie. Liebevoll, aber mit Nachdruck drücke ich Harald meine feuchte Lullerkatze ins Gesicht. Ich bemerke seinen Impuls, aufspringen zu wollen, doch sein Blick fällt auf Jürgen, der ihn anlächelt, woraufhin Harald die Zähne zusammenbeißt und sagt: »Die, äh, Katze ist aber süß, Mia.«

Geht doch.

Jürgen strahlt ihn verliebt an, und Papa sagt: »Siehst du, Harald, Mia mag dich.«

Noch besser, Papa, ich heile ihn.

Jürgen sagt begeistert: »Kinder sind ein Segen.«

Harald wischt sich verstohlen den Sabber aus dem Gesicht und bestätigt Jürgens Aussage.

Es ist ziemlich laut in dem Café, immerhin wuseln dreizehn Kleinkinder auf dem Teppich herum und versuchen genau wie ich, auf ihre Betreuer in unterschiedlichster Weise einzuwirken.

Trotz der Lautstärke flüstern Papa und Jürgen miteinander, und ich muss mich anstrengen, ihr Gespräch verfolgen zu können.

Keine Chance.

Ich schnappe mir eine Packung Smarties aus Papas Rucksack – in letzter Zeit hat er mich damit öfter mal erfolgreich bestochen – und werfe sie beherzt in die Teppichmitte. Augenblicklich ist außer dem Schmatzen dreizehn kleiner Mäuler und der sanften Loungemusik nichts mehr zu hören.

Jürgen erzählt Papa leise, er fühle sich irgendwie seit der Einweihungsnacht ein wenig benutzt. Papa nickt und sagt, das könne er verstehen.

Ach ja?, fragt Jürgen, ihm ginge es also auch manchmal so?

Papa druckst ein bisschen herum, aber Jürgen lässt nicht locker.

Er bestellt zwei Craft Beer mit der Bemerkung, dass sie ja schließlich nicht schwanger seien und man sich doch mal austauschen müsse, von Mann zu Mann.

Papa versucht abzulenken, indem er Jürgen fragt, ob er derjenige war, der mit Gudrun ... Jürgen lacht.

»Ihr Heteros seid so eindimensional«, sagt er, »ein bisschen Flexibilität würde euch auch mal gut tun.«

Er zwinkert Papa zu, der rot wird.

Indes geht Harald auf die Toilette, um sich die Hände zu waschen. Ich spucke in die Hände und reibe seinen Cashmere-Pullover ein, der sorgfältig gefaltet neben dem Teppich liegt.

Wie das denn mit Heike sei, will Jürgen nun wissen, ob er immer könne, wenn sie wolle?

Papa wird schon wieder rot.

Na ja, normalerweise schon, antwortet er und beugt sich zu Jürgen, und wenn nicht, würde er dabei an eine andere Frau denken, und schon gehe es wieder.

Aha. Wenn Papa mit Mama zusammen ist, denkt er an Frau Merkel.

Das verstehe ich. Denkt er an Frau Merkel, ist er sicher froh, so eine tolle Frau wie Mama zu haben. Dann braucht er auch keine mit Bier im Bauch.

Jürgen sagt, das kenne er, er würde auch manchmal dabei an Til Schweiger denken. Ich frage mich, was dieser nuschelnde Tatort-Kommissar mit der ganzen Sache zu tun hat, den ich mal heimlich durch die Wohnzimmertür im Fernsehen beobachtet habe, als ich nicht schlafen konnte.

Papa lacht.

Dann wird er wieder ernst und murmelt, in letzter Zeit fühle er sich allerdings tatsächlich manchmal eher benutzt. Heike sei durch die Hormone geradezu süchtig nach Sex, und in dem Wissen, dass sein Kind im Bauch doch womöglich alles mitbekommt, könne er einfach nicht. Was denn das Kind dann für einen Eindruck von ihm bekommen solle, wenn es als Erstes seinen ... Das kriege er einfach nicht aus dem Kopf.

Jürgen nickt verständnisvoll, zwinkert ihm zu und flüstert, er habe also auch eher einen nicht ganz so ... äh ... großen ... Dann höre ich nichts mehr.

Die Loungemusik ist durch Rolf Zuckowski ersetzt worden. Dem Konzept des Cafés entsprechend scheint die Musik zwischen Erwachsenenmusik und sogenannter »Kindermusik« zu wechseln, Musik, die Kinder demütig machen soll. Ein paar der Erwachsenen singen sogar motivierend mit.

»*Stups, der kleine Osterhase, fällt andauernd auf die Nase ...*«

O Mann. Dieser Hase mit dem fürchterlichen Sehvermögen. Legt die Eier in den Schuh von Fräulein Meier und solche Sachen. Vermutlich ein Lied, das in Zusammenarbeit mit engagierten Optikern erfunden wurde, um Kindern die Angst vorm Brillentragen zu nehmen, aber es ist trotzdem nicht mein Ding.

Ich sehe nur, wie beide lachen und sich noch zwei Craft Beer bestellen.

Harald ist mittlerweile zurück, und ich teile mit ihm die angesabberten Bauklötze. Widerwillig nimmt er einen in seine Hand, und ich mache ihm vor, wie man ihn professionell ableckt.

Doch er ist noch nicht so weit. Hektisch steht er auf und gibt vor, an die frische Luft zu müssen.

Seufzend übernehme ich die ganze Arbeit und baue mit den sauberen Bauklötzen die Pyramiden von Gizeh nach.

Still-Bill, der Mami-Chat

Kunstabzugshaube: Machen euch die Hormone auch so verrückt? Ich bin erotisch wie elektrisiert, aber mein Mann verweigert sich meistens, wie ist das bei euch?

Einlauf-Mutter: Läuft.

Thermomix-Fee: Vielleicht mal ein gutes Essen vorbereiten? Ich habe da ein neues Rezept für den Thermomix — mit Artischocke. Das reinste Aphrodisiakum.

Amaranth-Stute: Da fehlen aber Ballaststoffe.

MissKatze7: Wenn es an der Figur liegt, trag doch mal schwarz.

Kapitel 16

BLACK IS THE NEW ORANGE

Mama trägt nun täglich schwarz. Erst dachte ich, es sei jemand aus der Familie gestorben. Da sie jedoch ganz entspannt wirkt, vermute ich, dass alle anderen Sachen in der Reinigung sind. Und irgendwie sieht sie jetzt immer ein bisschen schicker aus als noch vor kurzem, als sie mit mir die ganze Zeit zu Hause oder auf dem Spielplatz war. Obenrum trägt sie eine dunkle weite Bluse, die am Kragen glitzert. Unter ihrem dicken Bauch beginnt eine schwarze Skinny Jeans. Untenrum sieht Mama also aus wie Wurst mit Pelle. Oder anders ausgedrückt: Mama steht auf zwei Mal Flönz, wie man die in Köln und auch von Opa so heißgeliebte Blutwurst nennt.

Ich huste. Mama ruft aus dem Arbeitszimmer: »Mia hat sich bestimmt gestern in dem Café einen Virus eingefangen, du musst wirklich besser aufpassen, Chris.« Sie seufzt: »Wenn man nicht alles selber macht.« Dann hört man sie eifrig tippen.

Gerade sitzt sie an einer Hausarbeit eines ihrer Studenten über die Auswirkungen von Snapchat auf die klassische Fotografie und versucht, sich in die Thematik einzuarbeiten.

Papa zuckt mit den Schultern, macht die Musik lauter – Oasis – und spült das Frühstücksgeschirr ab. Ich sitze auf meinem Hochstuhl, wippe mit den Füßen und helfe Mama, indem ich mit Papas Handy ein Selfie mache und mir einen lustigen Katzenschnurrbart male.

Sieht scheiße aus. Versuche es mit dem Look der Freiheitsstatue, worauf Papa mir das Handy wegnimmt.

Man wird hier wirklich seiner Zukunftsmöglichkeiten beraubt. Vielleicht möchte ich später mal Snapchatterin werden. So wie Michael Platco, der van Gogh unter den Snapchattern.

Mama kommt in die Küche und beschwert sich über den Lärm. Papa dreht die Musik leiser und bückt sich, um die Spülmaschine auszuräumen. Mama pfeift wie ein Bauarbeiter, der mit selbstbewusstem Maurerdekolletée auf seinem Gerüst sitzt und versetzt Papa einen leichten Klaps.

»Heike! Lass das!«

Papa hat kein Verständnis für Popohaue, was ich verstehe.

Mama lacht und zieht ihn an sich heran. »Jetzt wird es interessant«, raunt Teddy mir zu und setzt sich aufrecht hin, um nichts zu verpassen.

Mama nimmt Papa in die Arme, Papa beugt sich jedoch nach hinten. Ich vermute, er will sie mit Limbotanzen ablenken, doch Mamas Gesicht verfinstert sich. Offensichtlich kann sie mit karibischen Partyspielen nichts anfangen. Das müsste Papa nach all den gemeinsamen Jahren eigentlich wissen.

Mama schüttelt den Kopf und haucht Papa zu: »Chris, was ist los? Du bist doch sonst bei Oasis immer bereit für …«

»Heike, ich habe zu tun.«

»Das kannst du doch auch später noch machen.«

Abermals versucht sie, ihn an sich zu ziehen, doch er wehrt ab.

»Noch nicht einmal an unserem Hochzeitstag?«

Papa wird blass.

Mama ernst.

»Du hast es vergessen.«

Doch Papa wäre nicht Papa, wenn er seinen Fauxpas nicht auszubügeln wüsste. Hektisch guckt er sich um.

Mama seufzt.

»Nein, nein!«, sagt er resolut. »Du magst doch diese einheitlich gebundenen Sträuße nicht, da dachte ich, dass ich dir lieber selbst etwas zusammenstelle.«

Behände bindet er einen Blumenstrauß aus Basilikum, Minze und dem blühenden Schnittlauch, die auf unserer Fensterbank die essbare Deko bilden, und überreicht ihn Mama, die etwas irritiert aussieht.

Aber er gibt nicht auf und formt einen Klumpen aus dem Wachs, der die kleinen leckeren Babybel-Käserollen ummantelt, sticht mit einer Keksform ein Herz aus, steckt es auf ein chinesisches Essstäbchen und dekoriert damit den Strauß.

Mamas Mundwinkel zucken. Sie lächelt.

1:0 für Papa.

»Süß!«, sagt Teddy, und eine Träne der Rührung tröpfelt auf sein Fell.

Sie gibt ihm einen Kuss auf die Wange und schmiegt sich an ihn, aber er sagt: »Doch nicht vor dem Kind.«

»Mia ist ja auch mal mit Oma weg, dann könnten wir doch ...«

»Mia meine ich nicht.«

Ist ja noch schöner.

Die wollen nicht mal mich ausschließen, sondern nur das Ungeborene. Immer kriegt der Blödmann mehr Aufmerksamkeit als ich. Mir reicht es. Mit den Babybel-Resten forme ich Buchstaben und schreibe auf den Tisch: *Ungeborene sind ein Arschloch.*

Papa sagt: »Guck mal, Mia macht Kalligraphie.«

»Lenk nicht ab«, sagt Mama, und ich finde das keine angemessene Reaktion, ist sie doch die Einzige in der Familie, die meine Kunst zu würdigen wüsste.

Auf Mamas Stirn ziehen dunkle Wolken auf.

Um sie nun wirklich abzulenken, zappele ich auf meinem Stuhl hin und her, schmeiße die restlichen roten Babybels an die Wand und krähe »Mamamamamama«.

Es funktioniert.

Mama nimmt mich auf den Arm. Ich drücke mein Gesicht an ihren mittlerweile recht stattlichen Busen und seufze selig. Dieser Busen. Wenigstens etwas, das an Fritzens Existenz positiv zu bewerten ist.

»Chris, wenn du dich schon nicht mehr um meine Belange kümmern willst, dann kümmere dich wenigstens um Mia.«

Papa hebt die Augenbrauen.

»Wie meinst du das denn?«

»Wieso hat Mia noch einen Bügel an ihrem Tripp Trapp? Sie ist längst alt genug, um ohne zu sitzen. Du musst deiner Tochter auch mal etwas zutrauen.«

»Ach.«

Ich finde das ungerecht. Papa tut nämlich sehr viel für mich. Erst neulich hat er mir einen Brauselolli gekauft. Und außerdem hat er mir einen Adventskalender geschenkt. Zuerst war ich erstaunt. Ein schmaler Karton mit einem schlecht gemalten Bild, auf dem man hauptsächlich Schnee sieht, in dem kleine Lebkuchenmännchen tanzen.

»Vermutlich von einem Künstler mit Existenzängsten auf die Schnelle zurechtgepinselt«, sagte ich zu Teddy.

»Eindeutig Kokser«, murmelte er und dann laut: »Das sind sicher Erinnerungen an Schneelandschaften, damit man sie trotz des Klimawandels nicht vergisst.«

Auch Mama war ganz begeistert. Schrecklich, was Schwangerschaftshormone aus einem Menschen machen. Doch es machte mich glücklich, sie so zu sehen, und so kommentierte ich die ganze Sache standesgemäß mit »sssöööön ... Snee« und erntete Begeisterung. Das Ding wurde mit einem

Bohrhammer neben meinen Tripp Trapp in der Küche an die Wand gedübelt.

Meine Eltern meinten es also wirklich ernst.

Dort hing der Kalender seitdem, und ich bemühte mich, nicht allzu oft in seine Richtung zu schauen. Doch dann kam der Tag, an dem sich alles fügte und ich verstand. Es war die Entdeckung einer ganz neuen Welt.

Es war der erste Dezember. Ich saß nichts ahnend auf meinem geliebten Tripp Trapp und speichelte eine Reiswaffel ein, die ich unbemerkt in das Honigglas getaucht hatte. Papa und Mama hatten leuchtende Augen, und ich dachte zuerst, sie hätten diesmal schon morgens mit dem Trinken alkoholischer Getränke angefangen. Das lässt sie nämlich meistens sehr fröhlich werden und alte Fips-Asmussen-Witze erzählen, furchtbar.

Doch diesmal blieben Mama und Papa sitzen und zwinkerten mir zu. Ich sah mich um und erwartete Opa hinter mir, der mir seine Finger wie zwei Hasenohren an den Kopf hält, doch wir waren allein.

Meine Eltern wurden immer aufgeregter, und ihre Blicke gingen zwischen mir und dem Adventskalender hin und her wie das Foucaultsche Pendel.

Plötzlich hielt Papa die Spannung nicht mehr aus, sprang auf, nahm meine Hand und drückte sie gegen das Bild. Während ich mich fragte, ob Minderjährige wohl befugt sind, ihre Erziehungsberechtigten in die Psychiatrie einweisen zu lassen, fiel plötzlich ein Stück Schokolade in Form eines Stiefels in meine Hand.

Papa juchzte, Mama war ein wenig verhaltener.

Schokolade.

Einfach so.

Im Bild versteckt.

Mama zischte Papa zu: »Ich hatte dir doch gesagt, du sollst

im Bioladen den Kalender mit Amaranth-Agavendicksaft-Keksen kaufen.«

Papa lachte leise und flüsterte zurück: »Wer ist für Haushalt und Kinder zuständig, du oder ich?«

2:0 für Papa, dachte ich und ließ das feine Schokostück auf meiner Zunge zergehen.

»Das ist ein Adventskalender, Mia«, fing Papa an, mir die Sache zu erklären. »Jeden Tag darfst du nun ein Türchen öffnen, immer den Zahlen nach.«

Jetzt sah ich es auch.

Malen nach Zahlen, das wird ja immer schlimmer.

Überall waren Zahlen auf dem Bild, an denen sich der verzweifelte Künstler in seiner Schaffensphase orientiert hat.

»Die Zahlen und die Schokolade versüßen dir die Wartezeit bis Weihnachten!« Papas Blick sprach Bände. Begeistert klatschte er in die Hände.

Weihnachten, da ging es um die Ankunft Gottes, das hatte Oma mir erklärt.

Ich verstand gar nichts mehr.

Sollte ich jetzt religiös werden, weil meine Eltern es nicht geschafft haben?

Und wieso Schokolade? War Schokolade noch nötig, wenn man doch Gott in sich trug?

Teddy sah meinen hilflosen Blick und sagte: »Ich sage ja, Atheisten picken sich immer die Rosinen aus dem Kuchen. Hauptsache, Feiertage.«

Schlimmer noch, meine Eltern fieberten offensichtlich der Geburt Jesu entgegen wie Lemminge einem richtig tiefem Abgrund. Oder wie ich einem Treffen mit Sören-Wotan.

Also runter mit dem Schokoladenstiefel.

Am nächsten Tag freute ich mich auf die tägliche Portion Religionsschokolade, doch es kam anders. Bei oberflächlicher Betrachtung konnte man nichts Ungewöhnliches feststellen, aber mein geschultes Auge hatte es gemerkt. Die Perforation war an einigen der Türchen aufgebrochen.

Vorsichtig tippte ich gegen den Kalender.

Statt brauner Glückseligkeit fiel mir ein beigefarbener Dinkel-Quinoa-Klumpen entgegen.

In Form eines ...

Nein, komplett ohne Form.

Mama hatte die Schokolade an einigen Stellen durch irgendein Bio-Food ersetzt.

Darauf konnte es nur eine einzige Reaktion geben.

Ich schrie wie am Spieß.

Der Rest ist schnell erzählt. Mama und Papa stritten sich, bis sich Papa mit seiner Meinung durchsetzte, dass derjenige, der im Haushalt der Verantwortliche sei, auch über den Inhalt des göttlichen Ankunftserwartungskartons bestimmen dürfe.

Zumindest im nächsten Jahr.

Still-Bill, der Mami-Chat

Kunstabzugshaube: Schwarz hat nichts gebracht.

Thermomix-Fee: Oh, das tut mir leid. Vielleicht solltest du es doch mal mit meinem Rezept probieren.

Amaranth-Stute: Ich finde Schlaf sowieso viel wichtiger als körperliches Verausgaben. Außerdem könnte doch jederzeit euer erstes Kind reinkommen, und dann bekommt es womöglich einen Schaden fürs Leben.

MissKatze7: Ist aber gut für die Durchblutung.

Einlauf-Mutter: Für das Kind?

MissKatze7: Für die Eltern natürlich.

Kunstabzugshaube: Vielleicht kann ich es mir auch von der Krankenkasse verschreiben lassen. Als Präventivmaßnahme gegen Wasser in den Beinen.

Einlauf-Mutter: Präservativmaßnahme meinst du.

Kunstabzugshaube: Jedenfalls bin ich froh, wenn der Knirps bald mal kommt.

Einlauf-Mutter: Ist er so klein? Du Arme.

Kunstabzugshaube: Das Kind, meinte ich.

Einlauf-Mutter: Ach so.

Kunstabzugshaube: Wenn Fritz geboren ist und ich wieder meine alte Figur habe, wird das hoffentlich besser mit uns.

Einlauf-Mutter: Alte Figur? Alt im Sinne von alt stimmt.

Kunstabzugshaube: Wie meinst du das?

Einlauf-Mutter: Bauch und Busen haben sich doch nach der Schwangerschaft radikal verändert. Machen wir uns nichts vor: Nichts wird mehr so wie vorher.

MissKatze7: Das kann man alles trainieren.

Thermomix-Fee: Oder mit gesunder Ernährung in den Griff bekommen. Ich habe da ein ganz tolles Rezept mit Chia-Samen.

Einlauf-Mutter: Ich bin raus.

Kapitel 17

HEMMUNGSLOSE BÜGELLOSIGKEIT

Sitze nun ohne Bügel.

Klettere den ganzen Tag auf meinen Tripp Trapp rauf und wieder runter.

Papa sagt, ihm sei schon schwindelig vom Zugucken, doch ich finde, dass er übertreibt. Ein Tripp Trapp ist ja nicht der Mount Everest. Dass er sich immer sofort sorgen muss. Gleich kommt er noch mit einer Atemmaske um die Ecke, dabei ist die Luft da oben ganz normal.

Und Spaß macht es. Zum Glück hat Mama meine motorische Entwicklung im Blick, obwohl sie arbeiten geht. Papa kann schließlich nicht an alles denken. Familie ist Teamwork.

Motiviert knibbele ich am Türchen meines Adventskalenders herum.

Oma hat in einem unbeobachteten Moment Mamas Quinoa-Klumpen herausgeholt und durch Milchschokolade ersetzt.

So profitiere ich zumindest kulinarisch von dem tief verwurzelten Zwist zwischen den Frauengenerationen in meiner Familie und finde beim Öffnen der Türchen keine vergessenen Getreidesorten mehr.

Ich liebe Oma.

Mama liebe ich auch, aber nicht, was das Essen angeht. Da könnte sie ruhig etwas lockerer werden. Wenn ich mit Papa unterwegs bin, darf ich so viele Pommes essen, wie ich will, während er sich seinen Hipster-Burger reinzieht. Und hat mir das bisher etwa geschadet? Pommes sind immerhin vegan.

Nun entert Mama die Küche und fragt: »Chris, wo ist denn der Tannenbaum? Hast du noch keinen besorgt?« Verwundert schüttelt sie den Kopf. »Auf nichts kann man sich verlassen. Ich hätte das Zepter nie aus der Hand geben sollen.«

»Hast du doch auch nicht«, sagt Papa und gibt ihr den Wischmopp in die Hand. »Da ist es. Kannst gern mit anpacken.«

»Sehr komisch. Wie siehst du eigentlich aus?« Sie seufzt und lächelt ihn halbherzig an.

»Der Tannenbaum liegt auf dem Balkon.«

»Oh.« Mama schweigt. Sie sieht sich um und holt tief Luft. »Das ist gut. Aber wo sind die Krippe und die Deko?«

Ihre Rhabarberschorle war heute vergoren, anders kann ich mir das nicht erklären.

Sie stellt den Wischmopp an die Seite und nimmt ihre Blockflöte in die Hand.

»Ich habe mich jedenfalls schon vorbereitet«, sagt sie stolz und führt die Flöte zum Mund.

Ich wünsche mir den sofortigen Verlust meiner Hörfähigkeit.

Papa befürchtet das Gleiche und fragt schnell: »Wo kommst du überhaupt her, warst du schon wieder in der Uni?«

»Lenk nicht ab, Chris. Sieh mal, ich bereite mich hier auf Weihnachten vor, während du dich zugegebenermaßen durchaus ... äh, wie soll ich sagen, na ja ... ganz schön gehen lässt, seit du nur noch ein paar Stunden in der Woche arbeitest. Was sind denn das für Klamotten, ehrlich, das sieht ... ich weiß auch nicht ...« Sie sucht nach den richtigen Worten.

»Ja?« Papa streicht sich selbstgefällig durch den Bart.

»Nimm es mir nicht übel, aber das sieht doch einfach nur schlampig aus, findest du nicht?«

»Das ist nicht schlampig, das ist casual.«

Das sitzt.

»Und du warst wieder in der Uni«, stellt Papa fest. »Der Mutterschutz ist dir offensichtlich so egal wie einem Meerschweinchen die Mautgebühr.«

Mama schweigt eisig, was zum Glück durch energisches Klingeln an der Tür unterbrochen wird.

Papa hat Marlon und Sören-Wotan zu Kaffee und Keksen eingeladen, was ein absolutes Novum ist. Eigentlich sind Männer, soviel habe ich schon mitbekommen, vermutlich aus genetischen Gründen nicht in der Lage, Sozialkontakte zu pflegen und Verabredungen zu treffen. Aber Papa nimmt die Rolle des Kinderbetreuers nun auch in Bezug auf dieses Thema voll an. Mama scheint das nicht in den Kram zu passen, aber ich bin glücklich – mein Liebster kommt genau im richtigen Moment. Nur leider ist Marlons Neue dabei.

Hektisch reiße ich Mama die Blockflöte aus den Händen, um sie zu verstecken oder noch besser: unschädlich zu machen, aber Mama sagt: »Sieh mal, Mia will auch Flöte spielen.«

Sören-Wotan lacht, und ich werde so rot, wie es seine Haare sind.

Papa erzählt unserem Besuch lachend von der letzten Vorsorgeuntersuchung, bei der das Vokabular des Kindes abgefragt werden sollte und er und ich uns seiner Auffassung nach ziemlich blamiert hätten. Ich weiß nicht, was er meint. Er hatte die ganze Seite mit den Begriffen angekreuzt, die ich natürlich längst alle beherrsche. Insofern schien es mir überflüssig, sie auch dem Kinderarzt gegenüber noch einmal zu wiederholen, und schwieg, worauf dieser etwas von das müsse man im Auge behalten und das müsse behandelt werden redete.

Nun haut auch Elke-Carmen in diese Kerbe: »Das Kind muss dringend zum Logopäden, das merkt man gleich.«

Das sitzt.

Ich beweise ihr das Gegenteil, indem ich ihr ausführlich den Unterschied zwischen Bruttoinlandsprodukt und Nettoinlandsprodukt erkläre.

Sie sagt: »Hört ihr? Außer ›Mama‹ und ›da‹ ist bei Mia nicht viel zu holen.« Sie verstummt und zieht an ihrer E-Zigarette.

Sören-Wotan sagt: »Leider raucht sie jetzt anders. Als sie noch Zigaretten dabei hatte, durfte ich immer die leeren Packungen haben. Ich muss dir dringend meine Sammlung zeigen. Herrliche Bildchen über Lungenkrebs, Raucherbeine und schwarze Karzinome.«

»Bitte?«

»Andere sammeln Panini-Bildchen. Das ist doch langweilig.«

»Also unser Sören-Wotan kann schon ...«

»Unser?« Mama hebt die Augenbrauen. »Hast du ihn adoptiert?«

Marlon rutscht unruhig auf seinem Stuhl hin und her, doch Elke-Carmen lacht.

»Natürlich nicht«, antwortet sie, »aber da wir schon so gut wie zusammen wohnen, sind wir ja so was wie eine Familie. Wir werden aber selbstverständlich auch oft ohne Sören verreisen, immer mit Kind im Schlepptau, das ist ja kein Leben, n'est-ce pas? Aber ...«

Mama fällt fast vom Stuhl.

»Zusammen wohnen? Marlon, du wolltest doch nie mehr ...«

»Wahrscheinlich heiraten wir sogar.« Elke-Carmen blickt triumphierend in die Runde.

»Wir machen – was?« Marlon wirkt entsetzt.

Mama wird bleich.

Bevor die Situation eskalieren kann, lenke ich ab und haue Sören-Wotan meinen Bauklotz auf den Kopf.

»Aua«, ruft er, doch er hat das Spiel kapiert und haut mir auch einen auf den Schädel.

»Uähhh«, beginne ich zu brüllen und zwinkere ihm zu.

Elke-Carmen nimmt Sören-Wotan hoch und sagt: »Eure Tochter ist ein Aggressor!«

»Und die Mutter ein Professor«, ergänzt Papa.

Einen Sinn für Reime hatte er schon immer, aber kein Gefühl für gutes Timing.

Das mit dem Hochnehmen war so nicht geplant, und Sören-Wotan guckt mich hilfesuchend an.

Ich mache ihm ein Zeichen, und er versteht.

Kräftig zieht er an ihrem Ohrring. Sie schreit und lässt ihn fallen.

»Pass doch auf!«, ruft Marlon und beugt sich zu Sören herunter.

Der zwinkert mir zu und schreit.

»Soso, heiraten, dann macht ihr sicher eine große Party, da könnte ich ja auflegen.« Papa freut sich als Einziger.

»Keiner heiratet hier«, sagt Marlon.

»Marlon-Schatz, aber du hast mir doch neulich einen Ring geschenkt, das heißt doch ...«

»... dass ich noch Schwarzgeld hatte, das ich sinnvoll anlegen wollte. Und bei einer Trennung würdest du ihn mir sowieso wieder ...«

Er verstummt.

Elke-Carmens Augen weiten sich. Mama unterdrückt mühsam ein Kichern. Ihre Gesichtsfarbe ist jetzt wieder weniger weiß.

Elke-Carmen wirft einen misstrauischen Blick auf meine fröhliche Mutter, fasst sich jedoch erstaunlich schnell.

»Ich finde es auch ein bisschen früh, erst mal muss man ja sehen, ob man überhaupt zusammen wohnen kann, Schatz.«

Sie macht eine Pause und gibt ihm einen verkrampften Kuss.

»Auf jeden Fall muss Mia zum Logopäden, am besten gleich zweimal die Woche. Das dauernde ›Dada‹ kann man sich ja nicht anhören…«

Sören-Wotan guckt mich an und zuckt mit den Schultern.

»Es ist zwecklos«, raunt er mir zu. »Ich werde mir Ohropax besorgen müssen.«

Ich stimme ihm zu, tröste ihn, gucke Elke-Carmen an und sage laut »Dodo«.

Mama lacht. »Mit Vögeln kennt sie sich immerhin gut aus, das ist schon mal was.« Liebevoll legt sie den Arm um mich, kurz vorher kann ich Sören-Wotan noch zuflüstern:

»Vielleicht wirst du ein großer Künstler. Denn die besten unserer Sorte schöpfen ihre Kreativität aus großem Leid.«

»Vielleicht«, antwortet er und drückt meine Hand.

Es ist schön, einen Freund zu haben.

Kapitel 18

DIE REISWAFFEL IST BLOND

Bin mit Papa unterwegs. Er schiebt mich in der Hoffnung, dass ich einschlafe, im Buggy durch den Wald. Den Gefallen würde ich ihm gern tun, aber ich kann nicht, weil ich zu großen Hunger habe. Doch Papa hat mein Mittagessen vergessen. Ich schreie. Papa stopft mir den Schnulli in den Mund. Ich spucke ihn aus. Hektisch kramt er in der Tasche, aber er hat schon wieder kein Essen dabei, keinen Brei, kein Obst, noch nicht einmal eine Dinkelstange.

Langsam scheint mir an Mamas Theorie doch etwas dran zu sein. Väter sind im Familienalltag keine Organisationstalente.

Es ist kalt, und ich habe Hunger. Ich schreie weiter. Ein vorbeilaufender Hund jault und zieht den Schwanz ein.

Papa sucht zwischen den Bäumen nach den Früchten des Waldes, doch es ist Dezember, und alles ist kahl.

Papa ist verzweifelt, doch diesmal hat er Glück. Die blonde Spielplatzmutti von neulich ist auch mit ihrem Kind im Wald unterwegs und hilft ihm mit einer Vollkornreiswaffel aus.

»Das ist ja auch alles nicht so einfach für einen Mann«, sagt sie verständnisvoll. »Ist Ihre Frau krank?«

Papa schaut auf. »Nein, warum?«

»Na, ich dachte, weil Sie immer so allein ... Ich meine ...«

»Meine Frau arbeitet.«

Die Blonde wird blass.

»Ach so, dann haben Sie also doch eine ...« Jetzt wird sie

rot, und der Wechsel von Weiß zu Rot erinnert mich irgendwie an Pommes Schranke. Ich spucke die Waffel aus, was keiner bemerkt. Vollkorn ist einfach nicht mein Ding.

Erwarte, dass Papa von Mamas Job berichtet und dass er als moderner Mann nun für eine längere Zeit die Kinderbetreuung übernommen hat, so wie er das sonst immer erzählt, und dass das ganz wunderbar sei und er jetzt mit mir zum Babyschwimmen oder was auch immer an diesem Tag anstehen mag, gehen müsse.

Doch diesmal ist es anders.

»Ich bin übrigens Chris«, sagt er lächelnd und gibt ihr die Hand.

»Ah … ach so … Chris«, stottert sie. »Ich bin Julia, freut mich.«

Nun ist es still. Was hat das denn zu bedeuten?

Ich werde misstrauisch, schnappe mir wieder die Reiswaffel, beiße beherzt hinein und schlinge ein großes Stück hinunter, mehr noch, ich nehme mir vor, ihre ganzen Vorräte aufzuessen, damit sie aus unserem Sichtfeld in Richtung Bioladen verschwindet.

»Ich finde es ganz toll, dass Sie mit Ihrer Kleinen so oft unterwegs sind, Sie scheinen wirklich ein so guter Vater zu sein. Sieht man sich demnächst mal wieder auf dem Spielplatz? Freitagnachmittag? Dann können mein Charleston-Hinnerk und Ihre – wie heißt sie doch gleich?«

»Mia.«

» … Ihre Mia zusammen spielen.«

Sie lächelt und zwinkert ihm zu.

Nein, rufe ich. Spielplatz ist doof. Ein Hort der Konflikte, Aggressivität mit der Schippe, Ansteckung durch Rotze. Und nicht auszudenken, wenn Sören-Wotan mich mit einem anderen Jungen sieht.

»Ja, gern«, sagt Papa, woraufhin sich die Blonde sichtlich freut, ihm noch eine Reiswaffel gibt und sich mit einem Blick auf mich verabschiedet.

Ich bin sprachlos. Selbst die Vöglein schweigen im Walde. Schon wieder.

Warte nur balde, Schlampe, ruhest du auch.

Goethe beruhigt mich irgendwie.

Als wir nach Hause kommen, steht Mama in der Tür. Verzweifelt hält sie Dinkelstangen, Gläschen und Löffel in der Hand und sagt: »Du hast vergessen, Mias Essen mitzunehmen. Die Arme, so konnte sie doch bestimmt nicht einschlafen.«

Auf meine Mama ist eben Verlass, die weiß, was ich zu meinem Glück brauche.

»Kein Problem«, behauptet Papa. »Mia hat eine Reiswaffel bekommen.«

Wenn der wüsste, wie es in mir drin aussieht.

»Ich denke, ihr wart im Wald?«, wundert Mama sich.

»Ja, aber da war eine Mutter mit ihrem Kind, die ...«

Mama bleibt die Spucke weg. »So läuft das also.« Sie wirkt frustriert, und ich verstecke den Rest der Reiswaffel unter meinem Popo.

»Typisch Mann. Erst versorgt einen die Mama, dann die anderen Frauen. Verantwortung übernimmt ihr einfach nie.«

Papa zuckt mit den Schultern. »Hauptsache, Mia geht es gut, oder?«

Er zieht mir die dicke Jacke aus und will mich auf den Arm nehmen, aber so leicht trenne ich mich nicht von der blöden Reiswaffel.

»Während du dich mit Mia und anscheinend auch anderen Frauen vergnügst, habe ich schon mal den Baum geschmückt.«

Ich habe das Gefühl, dass sie mindestens Bewunderung und Lob, wenn nicht sogar Ausrufe der Begeisterung wie »Oh!«, »Ah!« oder, in Karla-Kolumna-Manier, »Sensationell!« erwartet, doch vergebens.

Papa zieht die Augenbrauen hoch.

»Heike, es ist doch erst Mitte Dezember, das ist doch viel zu früh.«

Das finde ich nicht. Deko kann man immer gebrauchen.

Möchte Mama loben und sehe mich nach einem Geschenk um, doch ich finde nur die zerdrückte Reiswaffel.

Zögernd gebe ich sie ihr und lächele.

Sie lächelt zurück, und ich sehe eine Mischung aus Liebe und Traurigkeit in ihren Augen.

Sie räuspert sich und sagt dann entschlossen: »Wir wissen doch nicht, wann es mit Fritz losgeht, vielleicht sind wir dann eine Weile im Krankenhaus, und Mia soll ja was von dem Baum haben.«

Ich soll mit dem Baum allein bleiben, während Fritz mit Mama und Papa in der Klinik ist? Der Tannenbaum, die Supernanny?

Papa seufzt. »Wenn du dich mehr schonst und nicht auch noch dieses Seminar an der Akademie gibst, kommt Fritz bestimmt nicht zu früh.«

»Du meckerst nur noch an mir rum«, sagt Mama.

»Du doch auch an mir«, antwortet Papa.

Ich blicke von einem zum anderen und weiß nicht, was ich machen soll.

Nehme Mama die Reiswaffel wieder aus der Hand und trete sie mit einem lauten Schrei kaputt.

»Siehst du, was du anrichtest, jetzt wird Mia auch noch aggressiv!«, ruft Mama.

»Ach, ich kann doch machen, was ich will – immer ist alles falsch.«

Er dreht sich um und geht in die Garage, um an seinem Motorrad zu basteln. Er nennt es Rüdiger, und manchmal behauptet er, es sei sein einziger Freund.

Nun sieht Mama mein erschrockenes Gesicht und nimmt mich auf den Arm. Traurig, aber auch liebevoll, lächelt sie mich an, und ich nehme mir vor, beim nächsten Spielplatzbesuch ein paar spitze Steine auf die Blonden unserer Welt zu werfen.

Kapitel 19

DAS GRAUEN HAT EINEN NAMEN: FRITZ

Es ist Januar. Weihnachten ist vorbei. Ohne Schnee, dafür aber mit einem betrunkenen Großvater, der unentwegt Witze erzählt hat, einer Großmutter, die mich mit Sahnekuchen vollgestopft hat, bis mir übel war, Eltern, die Weihnachtslieder mit lustigen Texten wie *Leise pieselt das Reh – In den Starnberger See* gesungen haben, und vielen Geschenken. Darunter war auch ein Waldwichtelrucksack für die Kita, die im Sommer anfängt.

»Damit du dich schon mal dran gewöhnst«, freute sich Mama. »Im großen Fach sind eine Becherlupe und eine neue Trinkflasche.«

Vorsichtig nahm ich die Becherlupe in die Hand. Eine durchsichtige Dose auf der oben eine Lupe befestigt ist.

»Ich habe eine Spinne reingesetzt«, sagte Mama begeistert. »Die kannst du dir jetzt ansehen, dein erstes Insekt!«

Mit einem Schrei ließ ich das Ding fallen.

Eine Spinne! Meine Eltern wollen mich wirklich loswerden.

Der Becher zersprang in tausend Teile, und Oma saß plötzlich auf dem Tisch. Dass Oma vor irgendetwas Angst haben könnte, war mir neu, seitdem mag ich sie noch lieber als vorher.

Die Spinne krabbelte irgendwohin, weshalb ich seitdem nicht mehr auf dem Boden spiele.

Was ist der Sinn einer Becherlupe? Wieso sollte ich eine

fiese Spinne noch größer sehen wollen? Um noch genauer zu wissen, was für Haare das Tier an den ekligen Beinen hat? Ab sofort nenne ich das Teil »Angstmachding«.

Jedenfalls tanzen jetzt endlich Schneeflocken vorm Fenster, doch ich kann mich nicht darüber freuen, denn Mama stöhnt die ganze Zeit.

Erst dachte ich, dass sie schon wieder mit Papa streitet, aber Wiebke ist dabei und hat selbstgemachte Vollkornpizza mitgebracht.

Mama krümmt sich und ächzt: »Das sind die Wehen.«

Papa winkt ab. »Der Termin ist doch erst in zwei Wochen. Du kannst es wohl nicht erwarten.« Er lacht. »An dem Bauchziehen ist die Thunfischpizza schuld. Zu viel Vollkorn.«

Wiebke unterbricht: »O ja, da waren Zwiebeln drauf, ich hab gar nicht drauf geachtet. Sorry.«

»Aaaaaah!«

Mama hat eine Haltung wie eine Banane, die die Norm erfüllen will, und reißt die Augen auf.

»Chris, fahr mich ins Krankenhaus, die Wehen – aaaah! –, ich will eine PDA!«

»Ist doch viel zu früh«, meint Papa und winkt ab. »Die Hebamme hat gesagt, man soll nicht gleich losfahren, wenn die erste Wehe kommt.« Er nimmt sich ein weiteres Stück Pizza. »Die isst du nicht mehr, oder? Dabei sind Zwiebeln gesund.«

Wiebke und Mama und ich starren ihn an.

Er hört auf zu kauen.

Der Mops schielt auf die Pizza.

»Chris, hol die Tasche«, schreit Mama. »Bei Mia waren wir auch zu spät dran für eine PDA!«

Papa lässt die Pizza fallen. »Du meinst es ernst! Und o Gott, ja, das hatte ich völlig vergessen, das war schlimm«, sagt er, steht auf und rennt mit der Tasche los.

»Chris, warte!«, ruft Mama. »Aaaah!« Sie müht sich, Papa zu folgen, doch er ist zu schnell. Ich verfolge die beiden bis zur Haustür und sehe mir das Spektakel neugierig an.

Papa springt ins Auto und will losfahren, als Mama von außen an die Scheibe klopft. Er guckt sie erschrocken an, springt aus dem Auto und öffnet ihr die Tür.

»Bist du jetzt völlig durchgeknallt?«, faucht Mama ihn an. »AAAAAAH!«

»Ich bin so aufgeregt«, ruft Papa. »Entschuldige bitte. Ich habe Angst.«

Zu Recht.

Schlimm war es damals bei meiner Geburt, das fand ich auch. Wie ich da rauskam und als Erstes das rosettenrosafarbene Geburtszimmer erblickte, und dann Gudrun Rudolf-Steiner-Wiebkötters donnernde Stimme und die ganze Helligkeit und den Verlust des Mutterkuchens, nicht zum Aushalten.

Und jetzt wollen die das alles noch einmal erleben. Ohne mich.

Ich schreie, doch keiner kriegt es mit.

Es geht also los. Meine Eltern lassen mich allein, um sich um Fritz zu kümmern.

Ich klettere auf einen Stuhl und lasse mich runterfallen, doch keiner bemerkt es. Nur der Mops nutzt seine Chance und schleckt mir übers Gesicht.

Tiere halten zu einem, die sind nicht so unzuverlässig wie Erwachsene. Trotzdem ist es eklig.

Ich schreie, als hätte man mich mit Kaltwachsstreifen enthaart. Wiebke kommt sofort und hilft. Meine Mama wirft mir aufgeregt eine Kusshand zu und fährt mit Papa los.

Sie sind weg.

Nur Wiebke ist noch da.

Und der Mops.

Wiebke ist sehr fürsorglich und nimmt den Mops auf den Arm.

Dann wendet sie sich mir zu.

»Mia, deine Mama muss jetzt ganz tapfer sein, und dann hast du bald einen Bruder.«

Also muss ich ganz tapfer sein, denn ich fühle mich verlassen. Was ist schon ein schnaufender Mops gegen meine Eltern?

Schnappe mir Teddy und drücke ihn an mich, bis er fast keine Luft mehr kriegt.

Wäre Sören-Wotan doch da. Oder wenigstens Spartacus. Eine starke Schulter könnte ich jetzt gebrauchen.

Am nächsten Tag kommen meine Eltern endlich zurück. Ich will auf sie zulaufen, damit sie mich hochheben, küssen und sich entschuldigen, dass sie mich so lange allein gelassen haben. Doch sie sagen nur: »Mia, lass uns erst mal reinkommen, wir haben jetzt schließlich NOCH jemanden, um den wir uns kümmern müssen!«

Jetzt sehe ich es auch. Mit einem seligen Lächeln trägt Mama einen kleinen dicken Schneeanzug auf dem Arm. Aus dem Anzug lugt ein hässlicher zerknautschter Kahlkopf.

O Gott.

Das muss mein Bruder sein.

Ich schlucke, und mein Hals ist plötzlich so eng wie ein Gründerzeitkorsett. Sie tun so, als wäre es das Normalste der Welt, dieses bizarre Würmchen mit der Frisur eines vermeintlich hippen Mittvierzigers zu einem Haushaltsmitglied zu erklären.

»Guck mal, Mia-Schatz, das ist dein Brüderchen!«

Mama kniet sich vor mich, streckt mir das Bündel entgegen und blickt mich so erwartungsvoll an wie die Frau in der Werbung, der das Zalando-Paket gebracht wird, nur dass sie nicht so kreischt.

Gucke Mama an.

Sie sieht müde aus. Versuche, sie aufzuheitern, indem ich in Windeseile aus zehn Tupperdosen eine ansehnliche Pyramide baue.

Ramses wäre stolz auf mich, doch Mama hält mir das Bündel weiter vor die Nase und sagt: »Willst du ihn gar nicht begrüßen?«

Ich sehe, dass ihre Augen feucht werden, und gebe nach.

Vorsichtig gucke ich mir den Glatzkopf an und weiche vor Abscheu zurück.

Das Ding da drin ist verschrumpelt wie Meister Yoda. Sogar die Ohren stehen ab.

Mama schaut immer noch erwartungsvoll.

So klein und schon so faltige Haut. Wie ist das möglich?

Mama platzt fast vor Spannung. Sie lächelt mich an.

Überwinde meine Abneigung und versuche es mit einem von Yodas Sprüchen:

»Bis neunhundert Jahre, wirst aussehen du nicht gut.«

Fritz reagiert nicht.

Glücklich sagt Mama zu Papa: »Guck mal, Mia spricht mit ihm!«

Ach.

Sofern Papa bei dem Geburtsvorgang nicht seine Hörfähigkeit verloren hat, müsste er das längst selbst bemerkt haben.

Mama könnte den neugeborenen Eindringling ja auch mal weglegen, aber sie klammert sich daran, als wäre es das letzte Manna in der Wüste.

Versuche es noch einmal.

»Vernichten die Sith wir müssen.«

Er reagiert nicht, doch Mama freut sich und wiegt ihn sanft hin und her.

Ihr scheint ausgesprochen viel an dem kleinen Hosenscheißer zu liegen. Verständlich, wann kann man schon mal einen Außerirdischen sein eigen nennen?

Und mit dem soll ich jetzt alles teilen.

»Hässlich, aber offensichtlich etwas Besonderes«, sage ich zu Teddy.

»Mia, du brauchst deine eigene Unsicherheit nicht zu überspielen«, antwortet Teddy. »An ein neues Geschwisterchen muss man sich gewöhnen. Das braucht Zeit.«

Er tätschelt mir die Knie.

Pah. Unsicherheit? Was soll man mit so einem schon anfangen? Der kann nicht laufen, keine anthroposophischen Bauklötze für mich stapeln und nicht den Broccoli von meinem Teller essen. Außerdem ist der Knirps total zerknittert.

Schiele auf das Bügeleisen.

»Mia, nein!«, ruft Teddy tadelnd, und ich verwerfe den Gedanken.

Schlimm sieht der Schrumpelwicht aus. Langsam verstehe ich, was Oma meint, wenn sie davon redet, dass die Schöpfung des Herrn unergründlich sei.

Mama sagt, er brauche jetzt Ruhe und Papa solle mit mir spazieren gehen, damit sie sich mit Fritz hinlegen könne.

Das ist ja wohl das Letzte.

Ich protestiere.

»Was? Der Knirps darf in Mamas Bett schlafen?«

Teddy sagt: »Hast du doch auch früher, Mia.«

»Das ist doch was ganz anderes! Ich bin ich, und das ist Fritz!«

Ich schreie und lasse mich nicht anziehen.

Papa sagt müde: »Komm, Mia, es schneit sicher gleich noch stärker, und das willst du doch sehen, oder?«

Jetzt wird mir alles klar. Es schneit. Ich soll raus. Ich soll erfrieren.

Sie wollen mich durch ein vorzeitig alterndes Wesen mit dem Intellekt eines Windeleimers ersetzen.

Ich weine und trete gegen den Schirmständer, der mit lautem Getöse umfällt.

»Pst, Mia, du weckst den kleinen Fritz!«, zischt Papa mir zu und will mir die Jacke anziehen.

»Das wird nicht das letzte Mal sein!«, rufe ich erbost. »Oder vielleicht doch, weil ich nämlich jetzt erfriere, weil ihr mich in die Kälte jagt! Aber dann werde ich wiedergeboren, als Bulldogge, mit fletschenden Zähnen und triefendem Blick, und dann wohne ich nebenan, und ihr könnt Martin Rütter holen so oft ihr wollt, ich werde nicht aufgeben, bis ich nicht ...«

»Die lassen dich nicht erfrieren«, unterbricht mich Teddy.

»Du hast doch keine Ahnung«, gebe ich zurück.

»Doch.« Teddy bleibt ruhig. »Eltern machen so was Schlimmes nicht mit ihren Kindern. Kautschukschnuller, Baby-Pilates, Pekip-Kurse – das ja. Aber bei Erfrierenlassen ist die Grenze. Deine Mutter braucht nur ein bisschen Ruhe und du frische Luft.«

»So ein Quatsch!«, brülle ich, doch irgendetwas in mir sagt mir, er könne recht haben.

»Was ist denn das für ein Gezeter?« Mama kommt aus dem Schlafzimmer und schimpft mit Papa, weil er die Situation nicht im Griff hat.

»Kümmere du dich um Fritz und lass mich das hier machen!«, faucht Papa zurück. »Ich bin auch müde!«

Mama ist fassungslos.

»ICH HABE EINE GEBURT HINTER MIR!«, schreit sie.

»ICH AUCH!«, schreit Papa.

Komme mir vor wie ein Zuschauer beim Tennisturnier. Nur die Ploppgeräusche fehlen.

»Aber ICH habe das Kind GEBOREN!«, schreit Mama. »NICHT DU!«

Dann fängt sie an zu weinen.

Vor lauter Stress weine ich mit, und plötzlich bekommt sie einen weichen Gesichtsausdruck, zieht mich an sich und drückt mir einen Kuss auf den Kopf.

Glücklich sage ich: »Mama, lieb!«, und sie sagt: »Ich dich auch, Schatz.« Einen Augenblick wähne ich mich im siebten Himmel, ich fühle mich geborgen und glücklich, doch im Hintergrund höre ich Fritz schreien, und schon stößt sie mich von sich, drückt mich Papa mit den Worten in den Arm, dass sie Fritz stillen müsse und er sich verdammt noch mal um mich kümmern solle.

Papa sieht bleich aus, und weil ich nicht will, dass sie sich trennen, lasse ich Gnade vor Recht ergehen und mich von ihm anziehen.

Kurze Zeit später verlassen ein Michelinmännchen und ein Vampir in Funktionskleidung gemeinsam die Keimzelle des Konfliktpotentials und stellen sich den Widrigkeiten eines kalten Januartags.

Kapitel 20

VIER GEWINNT

Fritz ist jetzt schon fünf Tage alt und immer noch verschrumpelt.

Eigentlich hieß es doch, Kinder können sich untereinander verständigen, aber außer Protestschreien habe ich von ihm noch nichts semantisch Brauchbares gehört.

»Du redest ja auch nicht mit ihm«, sagt Teddy. »Wie soll er da wissen, dass du ihn verstündest, wenn er etwas sagte?«

Trotz perfekter Verwendung des Konjunktivs II schüttelt Teddy missmutig den Kopf. Seine Laune ist auf dem Tiefpunkt, denn sein Fell ist nicht in Form. Heute Morgen hat er Mamas Glättungsspray als Fellpflege benutzt, und jetzt glänzt es wie eine alte Speckschwarte. Bad-Fell-Day.

Fritz päpt weiter Unverständliches.

»Wie kann man sein Kind nach einer Cola benennen?«, frage ich mich laut.

Fritz dreht den Kopf.

»Wieso Cola?«, antwortet er.

Ich falle vom Stuhl.

Fritz kann sprechen!

Will mir keine Blöße geben und tue, als sei es das Normalste der Welt, mit einem Neugeborenen zu kommunizieren, das aussieht wie ein Anti-Botox-Opfer und nach einem koffeinhaltigen Brausegetränk benannt wurde.

»Na, Cola, Fritz-Cola.«

»Kenn ich nicht.«

»Hm.«

»Ist sicher nicht der Grund für meinen Namen.«

»Dann der Router.«

»Hä?«

»Na, die Fritz!Box. Passt doch. Macht auch nie das, was man will.«

»So ein Quatsch.« Er holt tief Luft.

»Den Namen Fritz gibt es schon seit fünfhundert Jahren, bekannt geworden aber erst durch den Preußenkönig Friedrich den Großen, den Alten Fritz.«

»Ach deshalb siehst du so aus«, kichere ich.

»Bitte?«

Ich zögere. »Na ja, du bist ziemlich faltig, siehst irgendwie alt aus. Könntest eine Karriere als Faltboot machen.«

Fritz starrt mich an.

Mir wird unbehaglich zumute.

Er starrt weiter. Offensichtlich wartet er auf eine Entschuldigung, doch da kann er lange warten. Dass man alt aussieht, will in unserer Anti-Aging-Gesellschaft niemand hören, ich jedoch bringe die Fakten auf den Tisch.

Er starrt weiter.

Ich zucke mit den Schultern.

Er lässt seinen Blick auf mir, holt tief Luft und – schreit.

»Nicht doch«, sage ich hastig. »Das gibt nur wieder Ärger!« Und schon kommt Mama herbei und faucht mich an.

»Mia! Was hast du mit dem kleinen Fritz gemacht?«

Fritz schreit lauter.

Nun kommt auch noch Papa und meckert Mama an.

»Jetzt nimm ihn doch endlich hoch, er will gestillt werden.«

Fritz schreit weiter.

Mamas Gesicht läuft rot an.

»Ach, du willst wissen, wann Fritz Milch braucht? Wer stillt denn hier rund um die Uhr? Du oder ich?«

»Ich würde es dir ja gern abnehmen, aber hier kommt nichts raus!«, schreit Papa und drückt seine Brustwarzen zusammen, bis sie fast blau anlaufen.

Teddy guckt ihn an und brummt: »Eindeutig maso.«

Dann schrubbt er weiter an seinem Fell herum.

»Dann halte dich raus!«, schreit Mama.

»Ich SOLL mich doch um das Kind kümmern, DU wolltest das doch so!«, schreit Papa zurück.

»Um MIA sollst du dich kümmern, um Fritz erst später!« Mamas Stimme überschlägt sich fast. »Solange ich noch stille, muss ich ...«

Fritz fixiert mich mit seinen Augen und schreit weiter.

»Ich bin müde!«, bricht es aus Papa raus.

»Meinst du, ICH NICHT?«, gibt Mama zurück. »Wer wird denn hier Tag und Nacht ausgesaugt?«

»Aber du musst mich doch nicht dauernd daran teilhaben lassen«, murrt Papa. »Jede Nacht das Geschrei und Fritz in unserem Bett, das halte ich nicht mehr lange aus.«

»Dann schlaf doch im Wohnzimmer!«

Fritz interessiert das alles nicht, er konzentriert sich einzig und allein auf seine Stimme, und sein Kopf ist mittlerweile krebsrot.

Plötzlich ahne ich, dass es zwischen seiner Schreierei und dem Streit meiner Eltern einen Zusammenhang gibt. Das Phänomen kenne ich doch selbst: Wenn man nicht schläft, wird man dünnhäutig, und laute Geräusche provozieren dazu noch das in jedem Menschen von Natur aus schlummernde Aggressionspotential. Am Ende wirft man mit Möhren, Breischälchen oder gedrechselten und stauchzapfengeleimten Holzrasseln um sich.

Ich muss handeln.

Eilfertig beuge ich mich zu Fritz hinunter.

»Deine Falten sind okay, Fritzchen, du siehst ganz normal aus«, sage ich hastig.

Er wird leiser, ist aber immer noch laut genug.

Ich setze nach.

»Euch lebend zu sehen mein Herz aufs Wärmste erfreut«, zitiere ich noch einmal den kleinen grünen Meister Yoda.

Schlagartig hört das Geschrei auf.

Sicher ist: Könnte er schon grinsen, würde er das jetzt tun.

»Sieh nur, Mia hat ihn beruhigt«, sagt Papa begeistert, doch Mama ist immer noch gekränkt und verlässt mit einem verächtlichen Schnauben die Küche.

»Eins zu null für dich, kleiner Hosenscheißer«, raune ich ihm zu.

Ungern gebe ich zu, dass meine Achtung vor ihm gestiegen ist.

»Da kommt noch was auf mich zu«, sage ich zu Teddy.

Teddy schrubbt weiter und grinst.

Kapitel 21

NÜSSE UND KÜSSE

Papa will mit Fritz und mir nach draußen. Nichts kann man mehr ohne den immobilen Knirps unternehmen, und ich befürchte, das nicht mehr lange auszuhalten.

Papa hat sich mit Marlon und Sören-Wotan verabredet und will ihnen stolz das neue Baby präsentieren.

Gut gelaunt packt er die Wickeltasche. Mama bügelt ihr Business-Kostüm und schaut zu. Wasserfläschchen, Milchfläschchen im Thermobehälter, Brei, Löffel, Nuckis, Windeln, Feuchttücher, Wickelunterlage, Matschhose – alles verschwindet in der Tasche. Triumphierend sieht Papa sie an.

»Und jetzt noch zwei Craft Beer für Marlon und mich, und fertig ist die Laube«, freut er sich. »Na, wie war ich, Schatz?« Er reckt die Tasche in die Höhe wie den Pokal der WM 2014 und geht in Siegerpose.

Männer. Gut, dass er mittlerweile organisatorische Teilkompetenz erlangt hat, aber sich selbst für das Packen einer Tasche zu loben ist irgendwie merkwürdig. Mama beglückwünscht sich nie, wenn sie unsere Sachen packt. Sie tut es einfach.

»Sag doch mal was!« Papa lässt nicht locker, und ich kann mir das nicht erklären. Bestimmt hat er in der Kindheit zu wenig Zuwendung bekommen. Oma sagt immer, dass früher ganz andere Zeiten waren. Armer Papa. Seine Eltern kann ich nicht fragen, denn die leben auf Teneriffa, weil das gut für die Knochen ist.

Mama stellt ihr Bügeleisen ab.

»Du hast die Wechselstrumpfhose vergessen.«

Papas Arm sinkt herab.

»Wir gehen doch gar nicht auf den Spielplatz.«

Mama guckt ihn an.

»Denk an Durchfall.«

Papa reagiert nicht.

»Breiigen Stuhl.«

»Mia hatte aber heute Morgen ganz fest … und Fritz …«

»Das kann sich schnell ändern. Das wissen wir doch.«

»Aber doch nicht …«

»Nimm sie einfach mit. Und eine Plastiktüte.«

»Aber, Heike, Plastik …«

»Wie willst du denn sonst unterwegs eine nasse Strumpfhose transportieren? In einer spontan geklöppelten Makrameewindel aus Tannennadeln?« Sie seufzt. »Du kannst sie natürlich auch direkt in einer Pfütze auswaschen, nimm doch das Waschbrett mit.«

Oha. Mama klingt genervt, was ich verstehen kann. Bin schließlich schon länger als ein Jahr auf der Welt, und da sollte Papa langsam wissen, was seine Kinder brauchen.

Papa seufzt und holt Tüte und Strumpfhose.

Um sie im unteren Fach der Tasche zu verstauen, holt er kurz ein paar der eingepackten Dinge heraus und legt sie auf den Boden.

Plötzlich hört man einen spitzen Schrei.

Papa lässt die Tasche fallen.

»Heike, hast du dich verbrannt?« Er eilt zu ihr und sucht die Stelle, die auf sein Pusten wartet. »Brauchst du ein Kühl-Pack?«

»Nein!«, sagt Mama, doch es liegt etwas Bedrohliches in ihrer Stimme.

»Wo ist denn die Stelle?« Papa ist wirklich besorgt.

»In der Wickeltasche«, sagt Mama.

Papa sieht mich an. Ich sehe Papa an.

Keiner sagt etwas.

Nur Fritz kann seine Klappe nicht halten und brabbelt vor sich hin.

»Wickeltasche?« Papa kratzt sich am Kopf.

»Schau doch mal nach, was da drin ist.« Mama klingt so hart wie ein Oberlehrer aus wilhelminischer Zeit, kurz bevor der Rohrstock zum Einsatz kommt.

Hektisch kippt er die ganze Tasche aus und wühlt ratlos in den Sachen.

Mama stellt sich vor ihn.

Papa guckt sie an.

Mama holt aus und zeigt auf den Boden.

»NÜSSE!«

Papa fährt sich unschlüssig durch den Bart.

»Ach so«, sagt er. »Keine Sorge, die sind bio und Fairtrade, keine Pestizide, keine Aflatoxine …«

»NÜSSE!« Mamas rechte Augenbraue ist nun derart hochgezogen, dass sie mich an den Umriss von Calimeros Hut aus Eierschale erinnert.

Papa versteht nicht, was sie meint.

Fritz guckt zerknittert aus seinem Kinderwageneinsatz.

Plötzlich schießt mir der Gedanke durch den Kopf, der Knilch sei womöglich eine Art Benjamin Button und eigentlich schon ein Greis, der sich von Jahr zu Jahr verjüngt, statt zu altern.

Moment, aber warum ist er dann so winzig?

Verwerfe den Gedanken.

»Nüsse sind scheiße«, bestätigt Fritz Mamas Einwand.

Mama beugt sich über den Maxi-Cosi, lächelt und sagt: »Dududu, hast du aber gute Laune!«

Gute Laune, aber hässlich.

Vielleicht war er in seinem vorherigen Leben eine Rosine, und bei der Wiedergeburt ist etwas schiefgegangen.

Nach diesem kurzen Moment völlig unangebrachter mütterlicher Zuneigung wird Mama wieder ernst und wendet sich erneut Papa zu:

»Du kannst doch dem Kind keine NÜSSE geben!«

Papa lacht.

»Ach so, ich verstehe, ich weiß doch auch, dass Fritz noch keine ...«

»Nicht Fritz«, sagt Mama und seufzt, »Fritz kriegt doch sowieso noch keine feste Nahrung, es geht um MIA!«

Es geht um mich! Nicht um Fritz! Gute Mama, super Mama, beste Mama! Wäre mir nur lieber, wenn der Zusammenhang ein anderer wäre. Schalenfrüchte, wen interessiert denn so was!

»Aber Mia kann doch schon kauen, sie isst doch sogar schon Bockwurst und Vollkorn-Blinis ...«

»Chris, bist du so ignorant, oder tust du nur so?« Sie holt tief Luft. »Mia darf noch keine Nüsse essen, in ihrem Alter ist die Gefahr, sich zu verschlucken noch viel zu groß.«

Papa lässt die Arme sinken.

»Oh«, sagt er. »Das wusste ich nicht.«

»Weil du keine Bücher darüber liest, weil du dich nicht mit dem Thema beschäftigst.« Sie legt ihm die Hand auf den Arm, lächelt ihn traurig an und sagt bedrückt: »Du verlässt dich voll und ganz darauf, dass ich das tue. Chris, so entlastest du mich überhaupt nicht. Ich muss mich auf dich verlassen können, darauf, dass du wirklich Verantwortung für die Kinder übernimmst, wenn ich nicht da bin. Und dazu gehören auch diese Dinge.«

Papa überlegt.

»Darf sie auch keine Cashew-Kerne? Die sind doch so groß ...«

«NEIN!«

»Macadamia ...«

»Chris. Jeder zweite Erstickungsanfall bei Kleinkindern unter vier Jahren wird von einer Nuss verursacht.«

Nun schaut Papa betroffen aus der Wäsche.

Ich betrachte die Nüsse. Diese kleinen Biester. Wieder ein Grund, nicht an die Erschaffungskompetenz eines angeblich kinderlieben Gottes zu glauben.

»Lass die Nüsse einfach hier, und macht euch auf den Weg«, sagt Mama.

»Das klingt ja, als wolltest du uns loswerden«, sagt Papa.

»Ich bin eben müde«, erwidert Mama, doch ich sehe, dass sie in Richtung ihres Zimmers schielt. Sie wird doch nicht etwa an den Schreibtisch wollen?

Ich halte mich bedeckt, aber auch Papa entgeht das nicht.

»Heike, du willst doch wohl nicht arbeiten, du bist doch noch im Wochenbett«, sagt er streng. »Leg dich hin, und ruh dich aus!«

Mama wird blass.

»Nur ein bisschen«, murmelt sie leise und schiebt uns aus der Tür.

»Entspann dich doch mal, deine Studenten laufen dir schon nicht weg!«

»Aber ich kann nicht nach dem Mutterschutz wieder als Dozentin anfangen, ohne mich vorbereitet zu haben«, sagt Mama trotzig. »Nun geht endlich! Mit dem Kinderwagen kannst du ruhig auch mal joggen gehen. Ein bisschen Sport würde dir gut tun, ähm, deinem Bauch übrigens auch ...«

Papa blickt an sich herunter.

»Was ist mit meinen Bauch?«, fragt er.

»Na ja, nimm es mir nicht übel, aber ich sag es mal so: Bräuchte man ein Buddha-Double, wüsste ich, wo man es suchen soll.« Sie lacht und knufft ihn in den Bauch.

Bevor Papa antworten kann, klingelt es, und Oma kommt herein.

Sie schnappt sich Fritz und gibt ihm so viele Küsse, dass ich zum ersten Mal froh bin, nicht die Erste zu sein, der sie ihre Zuneigung zeigt.

Fritz schreit »Iiiih!«, doch Oma sagt: »Jaa, mein Kleiner, so gut kennst du mich noch nicht, das verstehe ich, aber jetzt merk dir mal: ICH bin deine OMI! Sag mal OM-I! Jajajaja!«

Mama sagt: »Das kann er doch noch nicht«, aber Oma ignoriert den Einwand und sagt: »Ich meine aber, er hätte es neulich schon mal gesagt.«

Enthusiastisch knutscht sie Fritz weiter ab: »Gell, mein Schatz, du hast doch schon mal Omi gesagt, da waren wir zwei allein, dududu, hach, bist du süß.«

Man sieht, dass Fritz das Geschlabber eklig findet, doch er genießt die Aufmerksamkeit und grinst mich überlegen an.

Blödmann.

»Sag Omi, jajaja!«

Opa sagt: »Omi.«

Sie sieht ihn an.

Er ergänzt: »Wollte dir nur was Gutes tun.«

Jetzt erst bemerkt Oma unsere Jack-Wolfskin-Winterjacken und fragt: »Wollt ihr weg? Nein, jetzt sind wir doch extra ...«

Mama unterbricht.

»Die Kinder müssen dringend an die Luft, und ich muss mich hinlegen, jetzt geht es leider nicht.«

Omas Gesicht versteinert abrupt.

»Hinlegen, aha, sie wollte arbeiten!«, petzt Papa.

Unfassbar. Papa fällt Mama in den Rücken.

»Am besten bleibt ihr da und passt auf, dass sie sich ausruht!«

»Arbeiten?« Oma ringt um Fassung. »Dein Kind ist erst fünf Wochen alt, und du willst schon wieder ...«

»Zwanzig Monate, Oma, zwanzig Monate bin ich! ICH bin das HAUPTKIND!«

Doch keiner reagiert.

Ich werde ignoriert.

Das geht gar nicht.

Drücke Fritz mit einem Lächeln meine Wasserflasche an den Mund, und er saugt fleißig daran.

Es funktioniert.

Das ungewohnte Wasser richtet irgendetwas Fatales in seinem Bauch an, und er schreit.

Verstecke die Flasche und warte ab.

Mama nimmt ihn auf den Arm und schreit Papa an: »Was hast du ihm gegeben? Er darf nur Muttermilch!«

»Ich habe gar nichts ...«, ruft Papa. »Und langsam habe ich die Schnauze voll!«

Oma und Opa gucken ihn an.

»Entschuldigt bitte, aber dieser Schlafmangel die ganze Zeit, und dann mache ich in Heikes Augen alles falsch.«

»Alles nicht«, sagt Mama, »aber so einiges, da wird man doch wohl mal einen Rat geben dürfen.«

Oma legt Papa die Hand auf den Arm.

»Das ist aber wirklich auch viel für einen Mann, das liegt doch gar nicht in eurer Natur, also dass Heike dir DAS abverlangt!«

Mama wird rot im Gesicht.

Fritz schreit weiter.

So hatte ich mir das nicht vorgestellt.

Ich mache lustige Grimassen hinter Mamas Rücken, um ihn aufzuheitern.

Er kneift die Augen zusammen und schreit lauter.

Doch Mama ist noch lauter.

»Er sollte doch nach dem Stillen sein Bäuerchen machen, hast du das wieder vergessen? Jetzt hat er Blähungen! Wenn man nicht ALLES selber macht!«

Papa zieht sich hektisch Jacke und Schuhe aus, was Opa glücklicherweise zum Anlass nimmt, mich auch aus meiner Wolfskin-Pellerine zu befreien.

»Heike! Er will sicher nur nicht ohne seine Mutter sein«, ruft Oma empört. »So ein kleines Würmchen einfach mit dem Vater in die Kälte schicken, so was hat es früher nicht gegeben.«

Mama will kontern, doch Papa ist schneller.

»Fliegergriff!«, übertönt er alle.

Oma wird panisch. »Was? Wo? Jetzt? Habt ihr einen Luftschutzkeller?«

»Fliegergriff, Schwiegermama, nicht Fliegerangriff«, sagt Papa, und zu Mama: »Gib ihn mir mal.«

Er legt Fritz bäuchlings auf seinen angewinkelten Arm und klopft ihm mit der Hand sanft auf den Rücken.

»Hab ich bei Youtube gelernt«, sagt er stolz. »Das hilft bei Blähungen.«

Oma starrt ihn an.

»Das hat er öfter. Könnte auch eine Dreimonatskolik sein«, sagt Papa stolz.

Warum er auf eine Kolik stolz ist, erschließt sich mir nicht.

»Und du? Du bist doch die Mutter!«, wendet sich Oma Mama zu.

»Ich habe die ganze Nacht im Zwei-Stunden-Rhythmus gestillt. Und das ist ein Vater in Elternzeit. Noch Fragen?«

Oma bleibt die Spucke weg.

»Allerdings. Elternzeit, so was gab's ja ...«

»... früher nicht«, ergänzt Mama. »Früher gab es auch keine Fertigwindeln, da musste man alles waschen ...«

»Genau, das war harte Arbeit.«

»Deshalb hast du auch nie Zeit gehabt, mit mir zu spielen.«

»Was?« Oma lässt ihren Gehstock fallen. »Tag und Nacht war ich zu Hause ...«

»... aber immer nur mit Putzen und Kochen beschäftigt.«

»Mein Mann hat ja auch gearbeitet und sich nicht für den Haushalt einspannen lassen.«

»Also hast du mich vier Stunden im Kinderzimmer im Bettchen schreien lassen, bis wieder Zeit für Flasche und Windelwechseln war.«

»So hat man das damals gemacht! Und der Haushalt erledigt sich nicht von allein.«

Arme Mama. Aber ich schaue bewundernd zu ihr auf. Vier Stunden am Stück schreien – das habe ich noch nie geschafft.

Oma lässt sich auf einen Stuhl fallen.

Fritz hat aufgehört zu brüllen und schläft auf Papas Arm. Wenigstens einer, der zufrieden ist.

»Ich auch«, sagt Teddy. »Mein Fell ist wieder sauber.«

Mama setzt an, um Oma etwas zu entgegnen, doch Papa will die Wogen glätten und sagt zu Oma: »Heike macht ja auch zwei Monate Elternzeit.«

Mama hebt den Kopf.

Ihr bleibt die Spucke weg.

»Ich? Elternzeit?«

»Klar«, sagt Papa vergnügt, »machen doch alle. Einer macht zwölf Monate und der andere dann noch zwei. Meistens sind das die Männer, aber bei uns ist es ja umgekehrt.«

Er lacht und tätschelt mir den Kopf.

»Umgekehrt?« Mama fällt die Kinnlade runter.

»Dann kann ich mit dem Bulli durch Portugal, endlich wieder ungestört surfen.« Papa lacht, legt Fritz in seine Wippe, nimmt mich hoch und wirft mich in die Luft. »Ich muss ja schließlich belohnt werden.«

Ich will mit.

Mama schnappt nach Luft. »Belohnt? Wofür?«

»Ein Mann muss auch mal raus«, stimmt Oma ihm zu.

Opa sieht sie an. »Ach?«, sagt er. »Wenn ich nur ein Mal sonntagmorgens nach der Kirche zum Frühschoppen wollte, hast du mir die Hölle heißgemacht. Aber er darf zwei Monate weg?«

»Das ist doch bei den jungen Leuten heute ganz anders.« Sie schielt auf den Eierlikör, und Papa holt ihr ein Glas aus dem Schrank.

Mama knallt die Faust auf den Tisch.

»Jetzt reicht es. Hier fährt niemand allein irgendwohin.« Hastig trinkt sie ihr ganzes Wasserglas aus.

»Das heißt also, wenn MANN Elternzeit macht, soll die Frau gefälligst in der Nähe sein und die Kinder gleichwertig betreuen, und wenn FRAU Elternzeit macht, geht der Mann auf Reisen?«

»Ach komm, Heike, ich kriege nun einmal nur zwölf Monate Elterngeld, wenn wir das vierzehn Monate bekommen wollen, musst du auch zwei Monate ran.« Vergnügt fährt er sich durch seinen Bart. »Und als Ausgleich für die harten zwölf Monate gibst du mir frei, das ist doch wohl das Mindeste.«

»Jawoll«, sagt Oma und prostet Papa zu.

Mit dem Glas in der Hand raunt sie Mama zu: »Männer brauchen so was. Die sind danach viel zufriedener, wenn sie mal rausdürfen.«

»Rausdürfen? Du kannst sofort raus! Und zwar für immer!«

Schrecklich. Mama ist stinksauer, was ich verstehe. Sie fährt ja auch nicht weg, sobald Papa sich mit uns beschäftigt.

»Heike!«, sagt Papa erschrocken. »Habe ich was Falsches gesagt?«

»Während du hier Elternzeit machst, verdiene ICH das Geld für uns! Schon vergessen? Wie willst du das machen in Portugal? Schmuck am Strand verkaufen? In der Fußgängerzone jonglieren? Als Vasco-da-Gama-Pantomime Touristen auf den Sack gehen? Und überhaupt, Surfen, mit deinem Körpergewicht, das möchte ich sehen.« Sie macht eine Pause und sagt leise: »Oder auch nicht. Ich hab's doch immer gewusst. Gut, dass ich finanziell auf eigenen Beinen stehe.«

Sie dreht sich auf dem Absatz um und verschwindet im Arbeitszimmer. Aufmerksam höre ich, wie sie die Plastikverpackung einer neuen Leinwand aufreißt und kurz darauf Farbe aufklatscht.

Das wird bestimmt ein ausdrucksstarkes Bild. Männer aus Papas Generation haben oft so eine verengte Perspektive, also auf ihre Bedürfnisse beschränkt. Ich hoffe, dass sich das bei Sören-Wotan anders verhält. Brauche dringend mein eigenes Geld, um unabhängig zu sein, sobald das nötig wird.

Papa nimmt sich die Eierlikörflasche und setzt sie an den Mund.

Opa sagt: »Nanana, nicht so viel, Chris!«, und nimmt sie ihm so sanft wie möglich aus der Hand. Papa wischt sich mit dem Handrücken den Mund ab und geht entschlossen in Mamas Arbeitszimmer.

Ich schnappe mir die Flasche und kippe sie auf das weiße Geschirrtuch. Male zwei Personen mit zehn Flaschen des gelben Dotter-Getränks, die reihernd auf der Parkbank liegen und von hundert Hühnern in Legebatteriekäfigen angestarrt werden.

Aus dem Arbeitszimmer tönen nun weitere Schreie, es geht hin und her, hohe Stimme gegen tiefe Stimme, Yin und Yang ist anders. Mir tut das in der Seele weh, doch dann ist endlich Stille. Kurze Zeit später kommen beide aus dem Zimmer. Papa sieht aus wie ein Papagei nach der Konfetti-Orgie. Hose, Pullover, alles bunt gesprenkelt.

Mama sieht nicht viel besser aus, und beide Gesichter sind in wilder Wischtechnik getüncht.

Sie sehen uns an, sehen sich an und brechen in Lachen aus. Dann küssen sie sich, und ich erkenne deutlich, dass die Wischtechnik keine Wischtechnik ist.

Oma und Opa sagen »Was für eine Sauerei!« und verlassen kopfschüttelnd das Haus.

Fritz wacht auf und muss sofort gestillt werden. Das geht fast jede Stunde so. Wenn das so weitergeht, kann er bald zu den Anonymen-Muttermilch-Abhängigen gehen.

Behutsam verstecke ich mein Likörbild hinter der Heizung. Dort kann es trocknen und ist sicher.

Still-Bill, der Mami-Chat

Kunstabzugshaube: Wie macht ihr das eigentlich mit der Aufteilung der Elternzeit?

Eiskunstläuferin: Wir haben ja eine Nanny. Mein Mann und ich sind in unseren Firmen unentbehrlich, und die Nanny ist mehrfach zertifiziert, da legen wir Wert drauf.

Amaranth-Stute: Das ist sicher bequem für euch, Eiskunstläuferin, aber was ist mit dem Bonding? Das kommt doch dabei zu kurz, findest du nicht?

MissKatze7: Was haben denn Fesselspiele mit Elternzeit zu tun?

Einlauf-Mutter: Ist doch klar. Beide nehmen gleichzeitig Elternzeit, engagieren eine Nanny, und er verschnürt sie je nach Jahreszeit zu Sommerrolle oder Weihnachtspaket.

Amaranth-Stute: Bonding, nicht Bondage. Bonding nennt man die Bindung zwischen Eltern und Kind, den emotionalen Aufbau der Beziehung in den ersten Lebensmonaten.

Kunstabzugshaube: Also, wie macht ihr das denn nun? Gehen eure Männer in Elternzeit, und wenn ja, wie lange? Und nehmt ihr auch Elternzeit?

Thermomix-Fee: Selbstverständlich nur ich! Männer können das doch gar nicht, da findet das Kind doch nie in einen Rhythmus. Und richtig ernährt wird es auch nicht, geschweige denn richtig angezogen.

Amaranth-Stute: Gab es Thermomixe schon im Mittelalter? Männer können das genauso gut wie Frauen. Wir beide nehmen sogar Stoffwindeln, und er hat extra einen Stoffwindel-Wickel-Kurs mit zusätzlichen Tipps zur harmonischen Babymassage nach B. Walther gemacht.

Kunstabzugshaube: Oha. Geht er denn auch in Elternzeit?

Amaranth-Stute: Meiner nimmt die zwei Monate. Großartig oder? Ihm macht das wirklich nichts aus.

Einlauf-Mutter: Meiner macht auch zwei Monate. Ich seh schon kommen, dass er mit dem Kleinen nur noch auf dem Fußballplatz rumhängt, das Wickeln vergisst und Bier in die Nuckelflasche füllt.

Aber man muss das positiv sehen. Hauptsache, er ist aus dem Haus.

Kunstabzugshaube: Und ihr dann zwölf Monate?!

Amaranth-Stute: Im Gegensatz zu früher sind zwei Monate doch schon viel für Männer.

MissKatze7: Meiner macht auch zwei. Ich dachte, ich könnte dann wieder mehr Fitness- und Zumba-Kurse geben, aber er will eine Motorradtour machen.

Thermomix-Fee: Was? Mit dem Baby hintendrauf? O Gott!

MissKatze7: Nein, allein.

Amaranth-Stute: Allein? Und du bist dann trotzdem für das Baby zuständig? Oh.

Eiskunstläuferin: Deshalb haben wir ja eine Nanny.

Amaranth-Stute: Ludger sprach auch von Campingurlaub, aber ich dachte, wir alle zusammen, und er ist dann fürs Kind zuständig, während ich am Strand Meditations-Workshops gebe. Damit käme zusätzliches Geld rein, und wenn ich für Meditations- und Yoga-Retreats nicht bald wieder Zeit habe, bin ich raus aus der Nummer.

Kunstabzugshaube: Nach den Wünschen meines Mannes soll ich die zwei Monate machen, während er in der Zeit mit dem Wohnmobil zum Surfen durch Portugal fährt. Mit Brett und ohne Kind.

Amaranth-Stute: Das hieße ja im Umkehrschluss, dass ich in den zwölf Monaten Elternzeit ausschließlich meditieren würde.

Kunstabzugshaube: Nur, dass ER mit dem Surfen kein Geld verdient.

Thermomix-Fee: Aber das Kind braucht doch seine Mutter.

Kapitel 22

SELBSTLAUFENDE AUTOS –
MEIN ERSTES BOBBY CAR

So geht das nicht weiter. Wir brauchen Geld.

Papa und ich sind im Wohnzimmer und füttern den kleinen Hosenscheißer mit abgepumpter Muttermilch. Mama ist zur Arbeit gefahren, und in einem Anfall von Kölschtümelei waren ihre letzten Worte: »Niemals geht man so ganz, irgendwas von mir bleibt hier.« Dann lächelte sie und verschwand.

Typisch Mama, arbeiten gehen wollen, aber dann doch nicht loslassen können. Trude Herr in allen Ehren, aber was sie singt, muss man doch nicht wörtlich nehmen.

Ich seufze und betrachte, wie sich das Licht der Lampe in Papas beginnender Glatze spiegelt.

Er lächelt mich an. Im Gegensatz zu Fritz, der mich mit seiner Flasche im Mund triumphierend anschielt.

Plötzlich steht Papa auf und geht nach draußen. Fritz und ich sind allein. Überlege, ob ich ihm seine Flasche wegnehmen soll, um einen Schluck zu probieren – zu lange ist es her, dass das meine einzige und über alles geliebte Nahrung war. Ich allerdings durfte sie monatelang direkt von Mama kosten. Da sieht man es, ich bin einfach wichtiger als dieser Nachzügler. Und mobiler. ICH kann laufen, um Mama und Papa Sachen zu holen. ICH bin nützlich.

Fast tut er mir leid, der kleine Eindringling.

Papa kommt mit einem großen roten Plastikding in der Hand zurück. Das Teil scheint ihn aus irgendeinem Grund glücklich zu machen, denn er strahlt über beide Wangen. Ich frage mich, wozu dieses klobige Ding gut sein soll, da schnappt Papa mich und setzt mich einfach drauf.

Ich sehe ihn verständnislos an.

»Dein erstes Auto«, sagt Papa stolz. »Jetzt wo ich in Elternzeit gehe, beginnt ein neuer Lebensabschnitt, das muss gefeiert werden!«

Mit einem Auto. Aha. Wie will er das beim Abi toppen? Mit einer Jacht? Gucke mir das Ding genauer an. Es ist klein und rot und ohne Fenster geschweige denn Schiebedach.

Suche den Zündschlüssel und finde ihn nicht. Gucke Papa fragend an, aber er lächelt nur. Da fällt es mir ein – fast schon peinlich, dass ich nicht daran gedacht habe. Die meisten Autos haben heute natürlich Keyless Go. Untersuche das Ding jetzt genauer. Vielleicht ist es sogar selbstfahrend. Suche die Navigation. Aber auch da: Fehlanzeige.

Steige frustriert ab.

Papa sagt »Nanana« und setzt mich wieder drauf. Dann erklärt er mir die Technik.

»Man sitzt darauf und läuft mit den Beinen. Hier vorn ist das Lenkrad. Wenn du daran drehst, bestimmst du die Richtung.«

Er lacht und strahlt mich erwartungsvoll an.

Ein selbstlaufendes Auto. Das muss das innovativste auf dem deutschen Automobilmarkt sein. Oder er will vertuschen, dass wir pleite sind. Schrecklich. Ich wollte doch studieren.

Gut, dass Mama arbeitet, vielleicht kriegt sie das finanziell für uns wieder hingebogen. Brave, emsige Mama.

Um Papa zu trösten, lächele ich tapfer und schiebe mich mit den Beinen ein Stück voran. Es funktioniert tatsächlich. Dann probiere ich das Lenkrad aus. Auch das scheint in Ordnung zu sein. Ich flitze mit dem Ding durchs Wohnzimmer, und ich muss sagen, es macht erstaunlich viel Spaß. Man muss sich eben an den kleinen Dingen des Lebens erfreuen. Wer braucht schon Pferde, Villen und Brillanten? Werde Fotos davon machen und sie Levke-Fee zeigen – meine Windel, meine selbstgebastelte Rassel, mein Bobby Car.

Sogar eine Hupe ist dran, ich haue darauf. Es macht Määäp, und zwar sehr laut. Erschrocken weiche ich zurück und falle fast hinunter.

Nun geschieht Erstaunliches: Fritz lächelt. Zum ersten Mal.

Und wem gilt sein erstes Lächeln? Mir.

MIR!

Ein Glücksgefühl, wie ich es selten erleben durfte, mäandert wohlig und warm durch meinen Körper, meine Seele, meinen Geist. Will das nicht wahrhaben und hupe weiter, um mich davon abzulenken.

Määääp. Mämäääp. Määääp.

Fritz lächelt erneut.

Mir wird heiß ums Herz.

Könnte es vielleicht doch eine Option sein, ein Geschwisterteam zu bilden? Zum Beispiel wenn Mama und Papa sich wieder streiten, damit man sich nicht so allein fühlt, nicht so sehr den familiären Stürmen ausgeliefert? Diese überraschende Wendung in meinem Gefühlshaushalt verunsichert mich. Ich nehme mir vor, in Ruhe darüber nachzudenken, aber jetzt muss ich erst einmal dringend durch die Wohnung flitzen.

Papa sagt: »Schön, Mia, oder? Damit kannst du sogar in der Wohnung fahren, da sind Flüsterreifen drauf.«

Erschrocken springe ich auf.

»Flüsterreifen? Was flüstern die denn?«, frage ich Fritz,

obwohl ich ihm zugestehen muss, dass man vermutlich keine Ahnung von so was hat, wenn man erst seit ein paar Wochen auf der Welt ist.

Erwartungsgemäß reagiert er nicht. Das Lächeln hat ihn offensichtlich angestrengt, denn er ist eingeschlafen und schnarcht wie ein Sägewerk.

Habe Angst, dass in den Reifen der flüsternde unheimliche Erlkönig sitzt. Der fiese Kerl liebt es besonders, einen zu ängstigen, während man gerade auf einem Fortbewegungsmittel Fahrt aufnimmt. Wie heißt es doch? »Ich liebe dich, mich reizt deine schöne Gestalt/ Und bist du nicht willig, so brauch ich Gewalt.«

Aaaah, Papa, hörst du das nicht?

»Mia, Flüsterreifen sind toll. Die machen viel weniger Krach als die normalen Reifen, so dass man die Nachbarn nicht stört, das ist für die dann nur so laut, als würde man flüstern.«

Ach so. Augenblicklich höre ich auf zu schwitzen, und auch das Wummern meines Herzens lässt langsam nach.

Nach einem Schluck aus meiner Lillifee-Wasserflasche setze ich mich wieder und fahre den ganzen Tag – so lange, bis ich den ersten richtig fiesen Muskelkater meines Lebens in den Beinen habe.

Kapitel 23

TÖPFCHENTRAINING FÜR JEDES INTELLEKTUELLE NIVEAU

Seit Wochen steht neben unserem Klo ein kleines blaues Eimerchen mit geschwungenem Rand. Papa sagt, das sei ein Töpfchen und da könne man Pipi reinmachen. Macht er jedoch nie.

Ein paar Tage lang habe ich das Ding mit Wasser befüllt und meine Ente darin gebadet, aber das wurde schnell langweilig, zumal Papa das Wasser jedes Mal mitten im Spiel ausgeschüttet hat.

Dann habe ich ein paar nutzlose Dinge hineingeworfen, einen kaputten Schnulli, ein Büschel Haare aus Mamas Bürste, Mamas Epilierer, doch Papa hat sie immer wieder rausgenommen und mir geduldig, aber auch ein bisschen streng erklärt, da gehöre nur Pipi rein. Und zwar MEIN Pipi.

Da irrt er sich.

MEIN Pipi ist in der Windel gut aufgehoben. Eine Windel ist ein praktisches Ding, man muss sich um nichts kümmern, lässt einfach laufen und kann weiterspielen. Warum meine Eltern so was nicht tragen, kann ich nicht verstehen. Sören-Wotan und ich sind vernünftiger.

Doch aus irgendwelchen Gründen will Papa diese enorm komfortable Situation ändern und geht nun täglich zusammen mit mir auf Toilette. Dort zieht er mir immer die Windel aus, setzt mich aufs Töpfchen und sich selbst auf das große Klo. Er nimmt dieses Elternzeitding wirklich ernst. Dann puschert er los und sagt, dass das großen Spaß mache und ich das auf meinem Töpfchen doch AUCH machen könne.

Mir ist das zu doof, aber weil ich ihn lieb habe, tue ich ihm den Gefallen und sitze ein Weilchen auf dem Ding rum.

Aaaaalter, das ist so boring, und offensichtlich findet Papa das langsam auch, denn heute stellt er zu unserer Unterhaltung zusätzlich noch den Wasserhahn an.

»Dachte, ihr wollt ökologische Vorbilder sein!«, rufe ich. »Und jetzt den Wasserhahn auf Anschlag aufdrehen, einfach so, ohne Händewaschen?«

Papa antwortet: »Ja, Mia, dadada, DA ist das Töpfchen!«

Zum Glück klingelt es an der Tür, und wir bekommen Besuch. Wie ich durch die angelehnte Badezimmertür hören kann, sind Gudrun, Bettina, Jürgen, Harald und Sören-Wotan gekommen, um sich zu vergewissern, wie sich der kleine Fritz entwickelt. Pah. In der Eile hat Papa vergessen, meinen Body unten zuzuknöpfen, aber wie ich mich auch anstrenge, ich schaffe es nicht allein. Es ist zum Verrücktwerden. Sehe aus wie ein Cowboy in einem Western, der morgens von einem Schurken aus dem Schlaf gerissen wird und keine Zeit hat, sein langes Nachthemd in die vom Vortag durch wilde Ritte durch die Prärie noch feuchte Jeans zu stopfen.

Ich schreie.

Will nicht, dass Sören-Wotan mich so sieht. Auch nicht, dass sich etwas verändert. Ich mag meine Windeln, jede einzelne von ihnen. Auch wenn ich täglich mehrere von ihnen verabschieden muss.

Ich mag überhaupt keine Trennungen, weder von Mama noch von Windeln. Dass sie in die Uni muss, um finanziell auf eigenen Beinen zu stehen, sehe ich ein, aber das könnte sie doch auch nachts erledigen. Wenn ich schlafe. Und nun soll ich auch noch die Windel ziehen lassen? Niemals.

Papa kommt rein und hilft mir beim Anziehen. Freue mich auf eine neue Pampers, doch er knöpft mir einfach den Body zu und nimmt mich auf den Arm. Ist er nun vergesslich oder überambitioniert? Väter in Elternzeit kann man wirklich keinem empfehlen. Schrecklich. Versuche verzweifelt, das Fehlen der Schutzhülle meines Pos zu verbergen, so dass Sören-Wotan es nicht sehen kann. Zwar gehen wir nun endlich aus dem Badezimmer des Schreckens raus, doch Papa scheint an dem Töpfchen zu hängen und nimmt es mit ins Wohnzimmer.

O mein Gott. Versuche, es ihm aus der Hand zu schlagen, aber er sagt: »Mia, das ist kein Spielzeug, da machst du gleich Pipi rein.«

Gleich. Hier. Vor allen.

Sicher nicht.

Mama sagt, das sei doch nicht nötig, wirklich, Chris, wir haben immerhin Besuch, und zieht mir kopfschüttelnd eine Windel an. Ebenfalls vor allen.

Zum Glück beugt sich der Besuch gerade über Fritz in seiner Wiege, staunt über seine interessante Kinnpartie (unauffällig, finde ich), seine kleinen Händchen (normal, würde ich sagen) und seinen Bewegungsdrang (ebenfalls normal), und ich bin zum ersten Mal froh, dass er mehr Aufmerksamkeit bekommt als ich.

Freue mich, dass Mama mir hilft – gepampert habe ich ein sichereres Auftreten meinem Freund gegenüber. Frauen verstehen einfach, was andere Frauen fühlen.

Alles fing an mit Moritz Moppelpo, der – wenn es nach dem Willen meiner Eltern ginge – mein neuer Freund werden soll. Mein zweiter Geburtstag rückt zusehends näher, was Papa, der gerade mal wieder einen dieser merkwürdigen Ratgeber liest, zu der Auffassung gebracht hat, es sei nun an der Zeit, dass ein Hase mit Windelphobie und ich Freundschaft schlössen.

Moritz Moppelpo kann seine Geschäfte von mir aus ohne Windel verrichten und sich in die Abhängigkeit eines Töpfchens begeben. Ich werde das ganz sicher nicht tun.

Doch Papa gibt nicht auf und lässt seit Wochen ein Hörbuch rauf und runter laufen, und das klingt so:

»Das ist ein Töpfchen«, sagt Mama.

»Das Töpfchen hat die gleiche Farbe wie deine Schuhe, Mama«, lacht Moritz.

Mama: »Da kannst du Pipi reinmachen. Dann brauchst du keine Windel mehr. Komm, probier es gleich einmal aus.«

Jedes Mal warte ich drauf, dass Moritz nun in Mamas Schuhe pinkelt, doch dieser angepasste Opportunist setzt sich natürlich brav auf das Plastikding. Zuerst fällt partout kein Tröpfchen ins Töpfchen, doch dann kommt ein sprechender Windeleimer ins Spiel:

»Uahhh, ich mag keine Windeln mehr.«

Die Klobürste spricht:

»Hast du einen Haufen gemacht? Ich möcht so gern putzen.«

Und als ob das nicht genug der geistigen Vermüllung wäre, kommt nun noch ein Dachs in Unterhose dazu, der dem armen Kind durch einen Wettlauf zu beweisen versucht, dass es MIT Windel leider nicht so schnell laufen kann wie OHNE. Die Autorin scheint Magic Mushrooms gekostet zu haben oder Halluzinogene einer noch schlimmeren Sorte, darüber hat Teddy mir neulich einen wissenschaftlichen Vortrag gehalten, meine Eltern stört das jedoch nicht.

Auch jetzt läuft im Hintergrund die CD mit den sprechenden Badezimmerutensilien, und ich beschließe, die Sache durch einen Test ein für alle Mal zu beenden.

Hastig erkläre ich Sören-Wotan, dass ich den Windeltest nun selbst durchführen werde, und fordere ihn auf, mitzumachen, doch er hat keine Lust. Überlege, ob ich unsportlichen Männern beziehungstechnisch tatsächlich einen Platz in meinem Leben einräumen soll, lasse aber fürs Erste Fünfe gerade sein und gehe in Startposition. Mit einem bewusst geringschätzigen Seitenblick auf Sören-Wotan rufe ich:

»Auf die Plätze, fertig, los!«

Mama sagt: »Ja, Mia, du bist schon groß!«

Dass sie mich schon wieder nicht versteht, macht mich zornig, mein Adrenalinpegel schnellt in die Höhe – und ich sause wie eine angesengte Sau durch Wohnzimmer, Flur und Küche. Jürgen und Harald lachen und klatschen in die Hände, um mich anzufeuern.

Meine ersten Fans. Ich winke ihnen zu und renne weiter.

Gudrun spielt mit Fritz. Sie hebt ihn in die Höhe und sagt: »Hui, das Flugzeug hebt ab.« Dann setzt sie ihn wieder zurück auf ihren Schoß und sagt: »Hui, das Flugzeug landet wieder.«

Wirklich kindisch. Man könnte fast schon sagen: babyhaft.

Fritz sieht das ähnlich. Er verdreht die Augen und sagt: »In Berlin sind wir also nicht.«

Ich lache, und er grinst. Ich laufe noch eine Runde.

»Siehst du, ihm gefällt's«, freut sich Gudrun, doch Bettina murmelt nur: »Das müssen die Hormone sein.«

»Tja, Fritz, weglaufen kannst du noch lange nicht, das hast du jetzt davon«, rufe ich ihm mit einem gewissen Gefühl der Genugtuung zu und renne weiter.

Fritz fängt an zu schreien, während Gudrun von neuem beginnt: »Das Flugzeug hebt ab ...« Als sein Schreien immer lauter wird, nimmt Mama ihn auf den Arm.

Sören-Wotan sieht mich tadelnd an. »Musstest du ihn schon wieder provozieren?«

»Ist doch wahr«, sage ich. »Warum musste er sich ausgerechnet MEINE Familie aussuchen?«

Mit mir spielt schließlich keiner mehr Flugzeug. Ich muss alles selbst machen. Alles.

Erregt laufe ich weiter, was sich rasend schnell anfühlt, und ich bin sicher, dass ich Erste werde (und dass ich das auch geworden wäre, wenn einige Mutige aus meiner Altersklasse mitgelaufen wären).

Nach einer kurzen Verschnaufpause öffne ich meine Windel und will es zum Vergleich ohne probieren. Sören-Wotan bekommt große Augen, doch man muss Prioritäten setzen, und der sportliche Aspekt steht heute im Vordergrund.

Papa freut sich. »Seht mal, Mia will sauber werden, gleich setzt sie sich aufs Töpfchen!«

Alle starren mich an.

Ich werde mich nicht aufs Töpfchen setzen. Ich kann einhalten.

Sie starren weiter.

Aaaalter, ist mir das peinlich, also renne ich los. Will die Sache so schnell wie möglich hinter mich bringen. Flur, Küche, alles wie gehabt, dann noch das Wohnzimmer. Es fühlt sich ganz gut an ohne Windel, etwas zugig vielleicht, aber irgendwie frei. Doch dann passiert es. Eine Flüssigkeit tropft aus mir heraus, und ich kann es nicht kontrollieren. Alle sehen mich an, und mir ist das so unangenehm, dass ich Haken schlage wie ein panischer Osterhase auf der Flucht. Wäre Moritz Moppelpo nicht so ein domestizierter Depp mit gravierenden psychischen Problemen, der sich mit Windeleimer und Klobürste unterhält, würde er es wohl genauso machen.

»Mia, doch nicht hier auf das Parkett, da steht doch das Töpfchen!«, ruft Papa entsetzt.

Bettina schüttelt den Kopf und sagt: »Mein Sören-Wotan kann das schon, aber wenn man unterwegs ist, ist eine Windel in dem Alter einfach praktischer.« Selbstgefällig nippt sie an ihrer Minz-Ingwer-Limonade.

Sören-Wotan zuckt mit den Schultern.

Mama reagiert gelassen.

»Natürlich, Bettina, ganz wie die Mutter, du konntest ja auch schon mit einem Jahr Flickflack, die Körperbeherrschung liegt in der Familie, da ist Urinkontrolle natürlich ein Klacks. Hier, nimm mal Fritz.«

»Der fremdelt doch gerade so«, raunt Papa ihr zu.

»Eben«, flüstert Mama zurück. Sie lächelt mich an und packt mich behutsam in eine frische Windel. Jetzt fühle ich mich wieder wohl. Zumindest untenrum. Denn Sören-Wotan geht mir heute wirklich auf die Nerven, zudem ist es mir unangenehm, dass er mir beim Pieseln zugeschaut hat. Beschämt kaue ich auf meinem Nucki herum.

Fritz schreit.

Harald zeigt auf das Töpfchen und sagt: »Chris, also wirklich, bei dem Design könnte ich auch nicht.«

Bettina gibt Mama den schreienden Fritz zurück und sagt: »Der Arme ist wohl nicht an teures Parfüm gewöhnt.«

Ich lache, und Sören-Wotan wird rot.

Harald fährt fort. »Es gibt doch diese Pissoirs, bei denen man auf Fußballtore zielen muss ...«

Gudrun sieht ihn streng an.

»... ähm ... oder für Mia vielleicht besser eines von denen, wo man mit ... ähm ... also quasi mit ›Regen‹ ein Feuer im Streichelzoo löschen muss.«

Gudrun zieht die Augenbrauen hoch.

»Und so einen hab ich ...«, murmelt sie, doch Bettina unterbricht sie: »Könnte mal einer dieses unerträgliche Hörbuch ausmachen?«

Endlich.

Bettina ist meine neue Freundin.

Zumindest für heute.

Kapitel 24

EINGEWÖHNUNG IN DIE HARTE REALITÄT DES KINDERLEBENS

Das Töpfchen ist ein Bumerang. Immer wenn ich es vom Balkon werfe, steht es am nächsten Tag wieder im Badezimmer. Doch heute spielt das eine untergeordnete Rolle, denn ich habe meinen ersten Tag in der Waldkita.

Bin noch nicht einmal zwei Jahre alt und soll eigentlich erst nach meinem zweiten Geburtstag regelmäßig dorthin gehen, doch sie nennen das »Eingewöhnungsphase«. Mama hat heute ihren freien Tag, aber statt mir beizustehen, bleibt sie mit Fritz zu Hause. Das ist ungerecht. Haue ihn auf den Arm und will mich nicht anziehen lassen. Papa versucht, beruhigend auf mich einzureden. »Mia, wir gehen in den Wald, da ist es schön, da kann man mit anderen Kindern im Matsch spielen und in Pfützen hüpfen.«

Frage mich, ob er noch alle Tassen im Schrank hat. Wenn er das so toll findet, kann er gern allein hingehen.

Eifrig versucht er, meine vermeintlich letzten Zweifel auszuräumen und gibt mir ein Snickers.

Mama stöhnt. »Chris!«

Papa schaut auf. »Ach so, stimmt ja, die Nüsse.«

Er nimmt mir das Snickers wieder weg, und ich schreie.

Konfliktscheu wie er ist, isst er es hastig auf und sagt: »Hier ist kein Snickers, liebe Mia, das hat Papa weggemacht, weil das für dich ungesund ist! Hier, da hast du eine Dinkelstange.«

Ich schreie weiter, schmeiße die Dinkelstange zu Boden und reiße mir die Matschhose runter.

Papa isst die Dinkelstange, rennt in die Küche und kommt mit einer Schokoladenreiswaffel wieder, die er mir in die Hand drückt. Doch so leicht lasse ich mich nicht rumkriegen. Die Reiswaffel landet mit der Schokoseite nach unten auf dem Boden.

Mama stöhnt schon wieder.

Fritz lacht.

Ich strecke ihm die Zunge raus.

Papa seufzt, hebt die Reiswaffel auf und zermalmt das luftige Gebäck mit seinen Zähnen. Verzweifelt lässt er sich auf den Boden fallen und blickt ratlos von mir zu Mama.

»Was soll ich bloß tun?«, fragt er sie.

»Abnehmen«, erwidert sie.

»Wie bitte?«

»Chris, ich spreche es wirklich ungern an«, sagt Mama merkwürdig lächelnd, »aber ich sag mal so: Du solltest keine Querstreifen mehr tragen.«

Papa sieht an sich hinunter.

»Du meinst, dass ich zugenommen habe? Komm schon, ab einem gewissen Alter haben viele Männer ein kleines Bäuchlein, es gibt eine Menge Frauen, die das gut ...«

»Ach ja? Ich nicht.«

Ich höre auf zu schreien, damit ich besser zuhören kann. Verstohlen lecke ich die Schokolade vom Parkett. Lecker.

»Was soll denn das heißen?«, fragt Papa beleidigt.

Blicke an mir runter. Habe auch ein Bäuchlein. Haben alle in meinem Alter. Ist normal. Oder war Sören-Wotan etwa deshalb mir gegenüber so teilnahmslos? Jetzt wird mir einiges klar.

Schmiere die Schokolade an der Matschhose ab.

»Ich sage ja gar nichts, jeder hat mal Phasen in seinem Leben, in denen man ein paar Kilo mehr oder weniger drauf hat.

Aber … du könntest ruhig hin und wieder einen Blick in den Spiegel riskieren«, sagt Mama zu Papa und legt ihm sanft ihre Hand auf den Arm. »Oben fast Glatze, gut, das kann man nicht ändern, aber auch sonst … überall Sabberflecken auf den Klamotten und darunter dieses … hm … na ja, also dieses Feinkostgewölbe, stört dich das denn nicht selbst?«

Etwas angestrengt streicht sie ihr Kostüm glatt. Papa kniet vor mir und will mich für die Waldkita fertig machen. Doch meine Matschhose ist jetzt hinten braun, die will ich auf keinen Fall anziehen, was Papa einfach nicht verstehen will.

»Aber Glatze ist total angesagt, und Bärte sind doch mega hip!«

»Das ist nicht hip, das ist grau. Mit Krümeln drin.«

Papa wischt sich die Krümel aus dem Bärtchen.

»Anthrazit«, murmelt er. »Sieht doch gut aus.«

»Gut? Nimm es mir nicht übel, aber du siehst aus wie ein Walking Waldschrat.«

»Und du? Früher immer Retro- und Hippie-Style und jetzt im Kostüm – warum überhaupt, du gehst doch heute gar nicht in die Uni?«

Mama schweigt.

»Heike? Du hast heute deinen freien Tag! Den du mit Fritz verbringst!«

Papa knüllt die Matschhose zusammen und legt sie unten in den Kinderwagen.

Mama schweigt immer noch.

»Ich fasse es nicht.« Papa kratzt sich am Kopf. »Du willst mit Fritz …«

»Nur ganz kurz«, sagt Mama. »Ich muss nur etwas abgeben.«

»Heike, du wolltest einen Tag in der Woche …«

»Chris, das ist kein Nine-to-five-Job! Da muss man flexibel

sein. Außerdem: Ich tue das für uns. Wer bringt hier das Geld nach Hause? Der Töpfchenspezialist?«

Jetzt ist Papa sauer.

Ich auch. Fritz darf mit in die Uni und Kunstwerke studieren, und ich muss mit fremden Kindern Stöckchen in übelriechende Matsche werfen.

Fange wieder an zu schreien.

»Entschuldige, den Töpfchenspezialisten nehme ich zurück«, übertönt Mama mein Gebrüll.

Papa schreit müde: »Komm schon, Mia, das wird schön, Sören-Wotan kommt auch.«

Hätte er das doch gleich gesagt. Habe Sören-Wotan seine Unsportlichkeit mittlerweile verziehen, man muss auch vergeben können.

Die Matschhose bleibt ein Tabu, aber den Rest lasse ich mir nun bereitwillig anziehen.

Kurze Zeit später kommen wir in der Waldkita an. Es ist ein regnerischer Tag, und den Buggy, in dem ich sitze, ziert schon nach wenigen Metern ein originelles Design aus hochgespritzter brauner Brühe.

Ich wünschte mir, ich hätte die Matschhose doch angezogen.

Zeitgleich mit mir kommt Sören-Wotan an, der vorn aus einem Holzkasten herauslächelt, der an ein Fahrrad montiert ist.

Ich schaue mich um und sehe, dass außer mir alle Kinder in so einem Bretterverschlag gebracht werden und trocken und sauber sind. Na großartig.

»Marlon, du auf einem Fahrrad?«, lacht Papa und versucht, mir die Flecken auf der Hose wegzuwischen.

»Das ist ein Lastenfahrrad, Chris, von Bakfiets«, korrigiert ihn Marlon.

»Lastenfahrrad?«, fragt Papa und wischt weiter, was alles nur noch schlimmer macht. Die Hose sieht jetzt aus wie eines dieser schrecklichen Kleidungsstücke im Military-Look.

»Ich glaube, du bist der Einzige, der noch keins hat.« Marlon blickt in die Runde. »Na ja, kostet ja auch zweitausend Euro, die muss man erst mal haben.« Er hebt Sören-Wotan aus der Kiste.

»Wenn's nach mir ginge, hätten wir schon längst eins, aber Mia liebt ihren Buggy über alles ...«, fängt Papa an.

Liebe ich nicht. Versuche, meine gefleckte Hose vor Sören-Wotan zu verbergen, indem ich mich hinter einen Baum stelle. Sören-Wotan hält das für ein Versteckspiel und folgt mir vergnügt. Ich halte den Atem an, als ich sehe, wie er auf meine Hose starrt.

Jetzt ist alles aus.

Doch Sören-Wotan sagt: »Mia, cooler Army-Style!«, nickt anerkennend und zwinkert mir zu.

Werde die Hose verstecken, bevor Mama sie waschen kann.

WIR brauchen kein Lastenfahrrad, so viel ist sicher.

Sitzen kann man auf dem feuchten Waldboden heute nicht, also stellen wir uns alle auf Geheiß der Erzieherin zum Morgenkreis auf.

Heute sind die Väter oder Mütter der neuen Kinder noch dabei, ab morgen sollen sie jedoch schon stundenweise weggehen. Das passt mir gar nicht. Wenigstens bleibt Sören-Wotan an meiner Seite. Der kennt sich sicher nicht nur mit Fashion aus, sondern auch mit Trösten.

Wir lernen nun die Waldregeln. Regel Nummer eins: Wir dürfen keine Beeren, Pilze oder Tiere essen. Nur das mitgebrachte Brot. Das finde ich immerhin überraschend – hatte ich mich doch so darauf gefreut, eine lebende Maus und auch mal einen Steinmarder zu verspeisen.

Die nächste Regel lautet: Es wird nicht gehauen und nicht geschubst und nicht mit Stöcken in der Hand gelaufen. Das Hörnchen traut sich was. Da wird mit einem Satz eine ganze Sportart in Frage gestellt. Ich bin ja auch kein Fan von Nordic Walking, aber man kann das doch nicht einfach so verbieten.

Um die Gruppendynamik zu fördern, legen wir nun gemeinsam ein großes Laubbild. Im Nu entsteht auf dem Waldboden ein Baum aus Blättern.

»Künstlerisch ist das viel zu einfach gedacht«, raune ich Sören-Wotan zu, »aus Naturmaterialien die Natur abzubilden. Tausende Land-Art-Künstler machen seit Jahren nichts anderes, wo ist denn dabei der Clou?«

Sören-Wotan sagt: »Du bist so schlau, Mia.«

Jetzt weiß ich, dass Unsportlichkeit kein Ausschlusskriterium bei der Wahl seines Mannes sein muss.

Wir spielen noch ungefähr zehn pädagogisch wertvolle Spiele, in denen es um Bäume, Sträucher und den bösen Fuchsbandwurmerreger geht, dessentwegen wir uns am Schluss mit kaltem Wasser aus Kanistern gründlich die Hände waschen sollen.

Habe zwar keinen einzigen Fuchs gesehen, füge mich aber dennoch, um nicht gleich am ersten Tag unangenehm aufzufallen.

Mittlerweile hat es so viel geregnet, dass die Lastenfahrräder im Matsch zu versinken drohen. Mühsam müssen sie mit den Kindern darin Richtung Zuhause geschoben werden, bleiben jedoch immer wieder stecken, da sie einfach zu schwer sind.

Ich winke Sören-Wotan in seiner Holzkiste aufmunternd zu, während mein Papa den Buggy einfach zusammenklappt, unter den Arm nimmt und hocherhobenen Hauptes mit mir nach Hause geht.

Zu Hause erwartet uns Mama – endlich sind wir wieder zusammen. Sie sieht mir die Erschöpfung an, die mein erster Kita-Tag mit sich gebracht hat, drückt Fritz Papa in den Arm und zieht mich auf ihren Schoß. Sie sieht auch müde aus. Ich kuschele mich in ihren Arm, und wir schweigen ein Weilchen.

Papa und Fritz hantieren in der Küche herum. Mama seufzt und sagt: »Ach Mialein, ich wäre heute gern bei dir gewesen, aber diese Dozentur ist beileibe kein Fun-Projekt, sondern ein hartes Stück Arbeit.« Sie hält inne und lächelt mich traurig an. »Und niemand findet es gut, wenn du als Frau Geld für die Familie verdienst. Im Gegenteil, sie behandeln dich wie eine Rabenmutter – als wären wir noch im Mittelalter.« Behutsam streichelt sie mir die Wange. »Hoffentlich ist das anders, wenn du groß bist, mein Mädchen.«

Das hoffe ich allerdings auch. Werde Sören-Wotan fragen, wie er zu dieser Sache steht.

Mama fährt fort. »Ich hab dich so lieb. Und Papa ja auch.« Sie überlegt und spricht leise weiter. »Aber wieso soll immer der Mann den Ernährer geben und die Frau sich in seine Abhängigkeit begeben? Irgendwann schnappt er sich dann die junge Sekretärin mit Schminkerfahrung aus Bibis Beauty Palace und Bananenfrisur, und die Frau steht mittellos mit zwei Kindern und Hängebrüsten auf der Straße.«

Schreckliche Vorstellung. Anscheinend ist Sekretärin ein guter Beruf, wenn man auf ältere Männer mit Geld und

Glatze steht. Für mich kommt das nicht in Frage, ich stehe mehr auf Gleichaltrige, auf intelligente Männer mit Esprit und Charme. Und roten Locken. Geld ist mir so egal wie der Fuchsbandwurm.

Mama fühlt, dass ich sie verstehe, und redet weiter.

»Als Frau hat man es immer noch so schwer heutzutage. Du kannst es einfach niemandem recht machen. Bleibst du zu Hause, nimmt dich als Hausfrau keiner ernst, und du bist ökonomisch nicht abgesichert. Arbeitest du, fragen alle, wo denn das Kind in der Zeit sei und ob man ein Herz aus Eis habe, weil man sich einfach von ihm trennt.« Sie seufzt. »Das läuft bei Männern anders. Ganz anders.«

Vielleicht sollte man das Geschlecht wechseln. Also nicht wirklich, nur wenn man später mit den Kindern vor die Tür geht.

Rutsche von Mamas Schoß und trainiere ein burschikoses breitbeiniges Auftreten.

Mama fährt fort.

»Eine Aufgabe über die Familie hinaus zu haben, liebe Mia, ist aber für Frauen – abgesehen von der finanziellen Unabhängigkeit – so wichtig. Im Beruf lernt man sich doch noch einmal von einer ganz anderen Seite kennen. Und es ist ein wunderbarer Ausgleich. Damit lernt man die gemeinsamen Stunden erst wieder richtig zu schätzen, viel mehr, als wenn man sich den ganzen Tag sieht.«

»Das kann ich verstehen, Mama. Ich kann Fritz auch nicht den ganzen Tag ertragen, sondern muss mich zwischendurch auf mich konzentrieren und mein Ding machen können. Kunstwerke schaffen oder Bobby-Car-Fahren trainieren.«

Zustimmend lächele ich sie an.

»Genau, Mia – Mama Ball.« Mama lächelt mich so liebevoll an, dass ich trotz Unmut über die Sprachbarriere dahinschmelze.

»Du verstehst mich, Mia, da bin ich sicher. Diese ganzen Bioladen-Flatrate-Mütter bleiben zu Hause und sind irgendwann alle unzufrieden, finden nicht wieder in ihren Job hinein und definieren sich dann durch das Nähen von Babykleidung aus Bio-Fairtrade-Baumwolle, die sie auf einem E-Commerce-Online-Portal verkaufen.«

Ja, Mama, stimmt. Von mir aus könntest du aber trotzdem den ganzen Tag bei mir bleiben. Und Papa auch. Oder zumindest in diese unerträgliche Waldkita mitgehen. Sören-Wotan kann meine Betreuung ja nicht vollends übernehmen. Und Frau Gümpel-Hörnchen ist so mit ihren pädagogischen Konzepten beschäftigt, dass sie gar keine Zeit für uns hat. Bestimmt bekomme ich bald den Fuchsbandwurm.

»Und der Rest schreibt Mama-Blogs über Pastinaken-Smoothies und träumt davon, bei *BrigitteMOM* verlinkt zu werden.«

Das klingt übel. Gibt es eigentlich auch *BrigitteDAD*?

Offensichtlich hat unsere Aussprache Mama gut getan, denn nun lächelt sie und sagt fröhlich:

»Mialein, jetzt malen wir erst einmal was zusammen.«

Wir beide? Zusammen? Fühle mich verstanden, geliebt und künstlerisch auf Augenhöhe mit meiner studierten Mutter.

Sie geht mit mir in ihr Büro, das ihr zugleich als Atelier dient, und ich bin gespannt, ob wir mit Ölfarben, Gouache oder Airbrushpistolen ans Werk gehen.

Mama setzt mich an den Kindertisch und holt Wachsblöckchen heraus.

WACHSBLÖCKCHEN. Schwer enttäuscht, dass sie mich künstlerisch mit einem normalen Kleinkind auf eine Stufe setzt, verweigere ich mich und verschränke die Arme.

Doch dann setzt sie sich zu mir auf ein kleines Stühlchen und beginnt zu malen. Immer in Kreisform, sie kreist und kreist und kreist, es wirkt wie ein Mantra auf mich. Fasziniert nehme ich mir nun ebenfalls ein Wachsblöckchen und male mit – gelb, rot, blau, immer im Kreis. Die gebetsmühlenartige Tätigkeit regt zum Philosophieren an. Letztendlich sind wir Menschen doch alle nur winzige Punkte in einem riesigen Universum. Sollen die anderen doch denken, was sie wollen. Mama macht das genau richtig.

Kapitel 25

FRETTCHEN MIT MIGRATIONSHINTERGRUND

Bin nun zwei Jahre alt und habe zu meinem Geburtstag einen Kuchen mit zwei Kerzen, einen kleinen, selbstgestrickten Pulli für Teddy und ein Laufrad bekommen. Hatte mir ein Mountainbike gewünscht, aber Papa hat mich falsch verstanden. Wieder einmal.

An dem Ding ist nichts dran. Keine Gänge, keine Pedale, nichts. Nur ein simples Gestänge mit Rädern. Total kindisch. Um die Peinlichkeit ihres Geschenks zu überspielen, haben meine Eltern meine und ihre Freunde eingeladen.

Vor Sören-Wotan ist mir das mit dem Laufrad so unangenehm, dass ich prompt rot anlaufe. Gudrun und Bettina finden das Laufrad trotz der offensichtlichen Mängel süß und kleben mir einen Lillifee-Sticker darauf. Auch das noch. Ein Sticker mit dieser durchtriebenen Blütenprinzessin, die für das Aussterben der Diddl-Maus zuständig ist. I'm not amused.

Doch alle sind begeistert von dem Rad, einzig Elke-Carmen verdreht die Augen und flüstert Marlon zu:

»Ist ja lächerlich. Sören-Wotan kriegt gleich ein E-Bike, oder?«

Da hat sie ausnahmsweise mal recht. Sportlich sind E-Bikes zwar unter meiner Würde, aber doch wenigstens Fortbewegungsmittel, mit denen man Meter machen kann.

Papa, Mama, Opa, Oma und Fritz sehen mich nun so erwartungsvoll an, dass ich es nicht über mich bringe, ihnen den Spaß zu verderben. Ich gebe mir einen Ruck, nehme mir das materialarme Gerät und bewege mich damit in Richtung Küche. Denn eines ist mir inzwischen klar geworden: Familienbande sind wichtiger als eine Partnerschaft. Männer kommen, Männer gehen, die Familie aber bleibt.

Sie lachen, sind froh und klatschen in die Hände.

Sören-Wotan grinst, und ich höre seinen Kommentar: »Das perfekte Fortbewegungsmittel für Frauen – mit möglichst wenig Technik.«

Sehr lustig. So klein und schon so sexistisch.

Doch dann empfängt er mich beim Zieleinlauf mit einer so charmanten Umarmung, dass ich nicht anders kann, als ihm zu verzeihen.

Da Sören-Wotan gestern krank und nicht in der Kita war, berichtet Papa die neuesten Neuigkeiten aus dem Wald.

Flüstere Sören-Wotan zu: »Sei froh, dass du nicht da warst. Wir mussten aus Baumstämmen eine Eisenbahn basteln, aber mangels Triebwerk und Rädern war von Anfang an klar, dass sich das Ding niemals vom Fleck bewegen würde. Wir hätten es gleich lassen können.«

Sören-Wotan kichert und macht die Geräusche einer Dampflok nach. Geduldig erkläre ich ihm, dass er für eine perfekte Imitation mit langsamen Geräuschen anfangen muss, die sukzessive immer schneller werden, da der Auspuffschlag entsteht, wenn der Schieber kurz vor seiner Endlage ankommt und den Restdruck des Dampfes aus der Zylinderkammer ablässt, was bei der Anfahrt erst noch sehr langsam erfolgt, dann aber die Pleuelstange immer schneller in eine Drehbewegung umzusetzen imstande ist.

Sören-Wotan sagt jetzt gar nichts mehr.

Papa erzählt, dass drei neue Kinder aufgenommen worden sind.

Mama ist überrascht.

»Es war so schwer, dort einen Platz zu bekommen, und jetzt werden gleich drei neue aufgenommen? Wir sind doch eigentlich schon voll.«

Wir. Will Mama ab jetzt mitkommen? Schöpfe Hoffnung.

»Ja, aber es sind syrische Flüchtlingskinder, und die müssen ja auch irgendwo die deutsche Sprache lernen und unter Gleichaltrigen sein können.«

Bettina hält die Luft an.

»Syrische Flüchtlinge? Bei UNS? O Gott!«

Mama sagt: »Ich weiß, was du denkst, Bettina. Aber bei all den schlimmen Dingen, die Flüchtlinge in der Regel erlebt haben, ist es ihnen vermutlich egal, sich nun auch noch als freche Frettchen bezeichnen zu müssen. Wie heißen die drei, Chris?«

»Djamal, Safiye und Ismail.«

Bettina sagt zu Sören-Wotan: »Also mit dem Djamal spielst du nicht, dass das klar ist!«

Plötzlich herrscht Stille im Raum. Sogar Fritz hört auf, Spuckebläschen zu machen.

Bettina sagt: »Ich habe ja nichts gegen Ausländer, aber die müssen doch nicht ausgerechnet hier mit unseren Kindern ...«

Opa zieht die Augenbrauen hoch.

Bettina setzt nach: »So meinte ich das nicht! Mit dem kleinen Chinesen darfst du natürlich spielen, Sören-Wotan.«

Marlon pflichtet ihr bei: »Da hat Bettina ausnahmsweise recht. Unsere Frettchen sind noch im Spracherwerb, da kann man doch nicht ...«

Bettina: »Ja, wirklich, Sören-Wotan soll doch mal studieren.«

Erneutes Schweigen.

»Bettina«, sagt Mama ruhig. »Das meinst du nicht ernst, oder?«

Bettina wird die Situation sichtlich unangenehm.

»Meinetwegen können sie ja täglich für eine Stunde kommen, zum gemeinsamen Puzzlen zum Beispiel, das geht, da redet man nicht so viel.«

Hole ein Puzzle und drücke es ihr in die Hand.

Doch sie legt es auf den Tisch und spricht einfach weiter, wird jedoch zum Glück von Oma unterbrochen:

»Ich nähe ja für Flüchtlinge, die sind unheimlich nett. Aber in der Kita ... Ich weiß nicht ... Sind die Kinder denn überhaupt geimpft?«

Hole Oma auch ein Puzzle.

Mama sagt: »Wenn sich die Sprachen mischen, kann das doch nur von Vorteil sein. Unsere Frettchen werden doch eh schon zweisprachig erzogen.«

»Echt?« Bettinas Augen beginnen zu leuchten.

»Klar«, sagt Mama, »Deutsch und Kölsch.«

Opa lacht.

Doch Mama hat recht. Die jüngere Erzieherin sagt immer »Kindergachten« und »Fresche Frettschen«.

Opa gibt sich einen Ruck.

»Also nicht, dass das falsch verstanden wird, aber würde es nicht reichen, wenn die Flüchtlinge nur zwei Tage die Woche dabei wären?«

Zustimmendes Gemurmel von Bettina und Marlon.

»Papa!«, sagt Mama entsetzt. »Du müsstest es doch besser wissen, du bist doch damals aus Schlesien vertrieben worden und warst froh, dass dich Leute aufgenommen und dir Lesen und Schreiben beigebracht haben.«

»Ja, hm«, brummt Opa, »aber Mia ist ja ein Mädchen ...«

»Was soll das bitte heißen?«, sagt Oma. »Genau dadurch

hat sie ohnehin schon lauter Vorteile: Mädchen sind in der Schule im Durchschnitt viel besser als die kleinen Jungs, sicher auch schon im Kindergarten. Mia wird das schon meistern. Und es kann doch nicht schaden, wenn sie ein paar Brocken Arabisch lernt.« Sie überlegt. »Und schwanger werden kann sie ja noch nicht.«

Mama ist schockiert.

»Schwanger?«

»Na ja, Doktorspiele haben wir damals auch schon ganz früh ...«, kommt Bettina Oma zu Hilfe.

»Und bei den Ausländern weiß man ja nie«, ergänzt Oma. »Als damals die englischen Besatzer ...«

»Fängst du schon wieder damit an!«, stöhnt Opa. »Mit dem Thema ist bitte ein für alle Mal Schluss.« Er wendet sich Papa zu. »Gib Oma Annie noch einen Eierlikör, dann hält sie wenigstens den Mund.«

Oma brät ihm mit ihrem Stock eins über den Kopf.

»Nanana«, sagt Marlon und nimmt ihr den Stock weg. »So viel Feuer lodert noch in Ihrer Beziehung? Alle Achtung, das muss man erst mal schaffen!«

Mit einem Seitenblick auf Bettina sagt er leise: »Genau das, was uns gefehlt hat.«

Elke-Carmen lächelt überlegen, klopft mit ihren Highheels Kerben in den Boden und wirft ihm eine Kusshand zu.

Das merke ich mir. Siegessicher nicke ich Sören-Wotan zu. Mit Eierlikör und Stockhieben wird unsere Beziehung funktionieren.

Aber nur, wenn die Eier aus Freilandhaltung sind.

Kapitel 26

AUF ENTZUG

Weil ich mich nicht von der Erzieherin in der Waldkita wickeln lassen will, mache ich jetzt brav ins Töpfchen. Oma meint, das Weglassen der Windel sei doch normalerweise erst mit drei Jahren üblich, doch Papa hat schon wieder einen der neuesten Ratgeber gelesen und das Töpfchentraining munter und stetig forciert.

Nachdem ich das Ding monatelang ignoriert habe, hat Papa mir ein Töpfchen mit Musik gekauft, was ich unfassbar albern und demütigend fand. Das funktioniert so: Sobald das Töpfchen mit Flüssigem in Berührung kommt, spielt es eine Melodie. Leider immer die Gleiche. *Alles neu macht der Mai.* Dabei mache ja ich, nicht der Mai. Was für ein Unfug. Habe so lange Wasser in das Ding geschüttet, bis die Batterie alle war. Seitdem ist es still, und ich kann in Ruhe pinkeln. Finde es zwar viel zu früh, mich von meinen geliebten Windeln zu verabschieden, aber wer will schon vom Hörnchen im nasskalten Laub gewickelt werden?

Papa und Mama sind glücklich. Bevor Mama zur Akademie fährt, trinken sie zusammen ein Glas Sekt auf mich.

Papa wirft mich hoch in die Luft, fängt mich wieder auf und singt dabei: »Mia ist jetzt trocken, Mia ist jetzt trocken.«

Komme mir vor wie ein Alkoholiker nach erfolgreicher Entziehungskur.

Und zu Mama: »Siehst du, es hat sich gelohnt, diese Bücher über das frühe Abwindeln zu lesen, die Wiebke mitgebracht hat. Ich wusste doch, dass Mia das schafft.«

Das macht mich nun doch ein wenig stolz.

Danach starten Papa, Fritz und ich wieder einmal in den Wald. Wir haben nun bereits zwei Wochen Waldkita hinter uns, doch Papa ist immer noch begeistert.

Mittlerweile hat er sogar ein Lastenfahrrad gekauft, und ich mache es mir seufzend mit Fritz in der Kiste gemütlich.

Fröhlich pfeifend fährt Papa durch den Wald und trifft direkt vorm Sammelplatz auf Elke-Carmen, die mit ihren Stöckelschuhen im Matsch steht und flucht.

»Wo ist denn Marlon?«, fragt Papa überrascht.

»Der musste zu einem seiner ›wichtigen‹ Projekte.«

»Wenn das mal nicht seine junge Sekretärin ist«, murmelt Papa.

Missmutig hebt sie Sören-Wotan aus der Kiste, stellt ihn in den Matsch und wischt ihre Schuhe notdürftig mit Feuchttüchern sauber.

Wie jeden Morgen kommt auch heute wieder eine Mutter auf Papa zu und sagt: »Toll, dass Sie sich so gut um Ihre Tochter kümmern – und das, obwohl Sie ja nur der Vater sind.«

Ähm, nur?

Papa richtet sich auf und zieht den Bauch ein.

»Ach, das ist doch ein Kinderspiel, das mach ich gern.«

»Gerade jetzt, wo es hier wegen der Flüchtlinge unsicherer wird ... Ist Ihre Frau denn ...«

»Meine Frau arbeitet.«

»Oh.«

Einen kleinen Moment hört man nur das Rauschen der Blätter.

»Sind Sie ... ähm ... sind Sie arbeitslos?«

Betroffen legt sie ihm ihre Hand auf den Arm.

»Nein, ich bin in Elternzeit.«

Wieder verstummt sie. Offensichtlich braucht sie Zeit zum Nachdenken.

Sören-Wotan raunt mir zu: »Anscheinend nicht die hellste Kerze auf der Torte.«

»Die hat aber studiert«, antworte ich. »Die ist Juristin.«

»Oh«, erwidert Sören-Wotan, »vielleicht bei der Prüfung abgeschrieben?«

Wir kichern.

Die Frau fährt fort: »Aber eine Mutter WILL doch bei ihrem Kind sein.« Sie schüttelt den Kopf. »Ein Kind braucht doch seine MUTTER!« Energisch stellt sie ihr Lastenfahrrad neben seins.

Ich winke Djamal zu, was Sören-Wotan sieht. Nun winkt er Safiye zu. Sie wird rot und guckt weg.

Die Frau ist noch nicht fertig. »Ich finde es jedenfalls toll, dass Sie das alles machen. Und wenn ich helfen kann – gern. Ein Mann kann das doch gar nicht alles bewältigen … wobei, also, Sie wirken so … als hätten Sie das gut im Griff.«

Geschmeichelt fährt Papa sich durch seinen Hipster-Bart.

»Ich werde darauf zurückkommen«, antwortet er.

Am nächsten Tag hat er meine Matschhose vergessen, und drei Mütter bieten ihm die Ersatzhose ihres Kindes an. Um sie nicht zu verärgern, nimmt er alle drei Hosen und sagt: »Falls Mia einnässen sollte, habe ich dann noch zwei.«

Das ist ja wohl die Höhe. Ich schreie.

Der Eichelhäher lässt seine Buchecker aus dem Schnabel fallen und sieht mich erschrocken an.

Djamal kommt zu mir, um zu helfen. Sören-Wotan stellt sich zwischen uns. Voll süß.

»Nur ›falls‹, liebe Mia, ich weiß, du bist schon trocken, aber im Eifer des Spielens kann man das Pipimachen schon mal vergessen.«

»Wie süß er mit ihr redet«, sagt die Braunhaarige, »und seinen kleinen Sohn hat er auch immer dabei.«

»Wirklich!«, pflichtet ihr die Erzieherin bei. »Mia ist schon trocken? Wie haben Sie das denn geschafft? Das ist ja unheimlich früh! Beeindruckend! Und Ihre Frau ist wirklich immer weg?«

»Na ja, nicht immer«, druckst Papa rum.

Mama ist überhaupt nicht immer weg!

Sie arbeitet ganz normal, und wenn sie nach Hause kommt, spielt sie ganz viel mit Fritz und mir. Seit Mama mich für diese Dinge sensibilisiert hat, geht es mir tierisch auf die Nerven, dass Männer schon gelobt werden, wenn sie ihrem Kind nur mal kurz die Nase abwischen, während die ganze Rundumversorgung bei den Müttern als selbstverständlich vorausgesetzt wird. Wenn Mama mit Fritz und mir unterwegs ist, finden das alle normal. An Wechselwäsche, Windeln, Trinkfläschchen und Biosnacks zu denken, bevor man aufbricht? Normal, sie ist ja die Mutter. Papa hat all das, was wir brauchen, von allein fast nie auf dem Schirm; denkt er jedoch nur an eine einzige wichtige Sache, wird er gleich als Held gefeiert. Den Rhythmus eines Kleinkinds und eines Babys so zu koordinieren, dass alle zu ihren Mahlzeiten und Wunschaktivitäten kommen und zur passenden Zeit schlafen, damit weder schlechte Laune aufkommt noch abends bis in die Puppen Remmidemmi ist? Ganz selbstverständlich für eine Frau. Papa schafft das nie, und er legt sich sofort auf die Couch, wenn Mama nach Hause kommt. Einen Vier-Personen-Haushalt in Schuss zu halten, für alle einzukaufen und biologisch korrekt zu kochen, dazu noch einem Kleinkind in der Ausräumphase hinterherzuräumen und die Unmengen an Wäsche zu bewältigen? Macht Mama nach der Arbeit. Es kommt sowieso niemand auf die Idee, das von Papa zu verlangen.

Setze mich auf einen Baumstamm und denke nach.

Mama hat sich das mit uns Kindern doch nicht allein überlegt! Nur weil diese Mütter offensichtlich doofe Männer haben, die sich um nichts kümmern und vermutlich erst dann von der Arbeit kommen, wenn das Kind schon im Bett liegt, ist Papa doch kein Held. Für mich natürlich schon – ist ja klar, er ist immerhin mein Papa –, aber doch nicht generell.

Papa will mir nun die fremde Matschhose anziehen, doch ich protestiere lautstark. Von den hinterwäldlerischen Kühen will ich nichts haben. Und wenn das so weitergeht, werde ich wieder einnässen.

Das habt ihr dann davon.

Kapitel 27

KLETTERN VERBOTEN

Papa, Fritz und ich spielen im Garten. Es ist ein wunderbarer Spätsommertag, und Fritz liegt in seiner Wippe und kräht vor sich hin. Mir geht das auf die Nerven, weshalb ich ihm seinen Schnuller in den Mund stopfe. Er spuckt ihn aus. Ich gebe ihm den Schnuller erneut. Wieder spuckt er ihn aus. Du Früchtchen, dich mach ich fertig, denke ich, doch dann sehe ich, dass Papa die ganze Szene filmt. Da ich nicht möchte, dass er bei meinem achtzehnten Geburtstag mit einem peinlichen Video von mir als zornigem Kind die Party sprengt, lächle ich, presse den Schnuller auf Fritz' Mund und singe ihm *Old McDonald Had A Farm* als Beweis meiner Güte und bilingualen Erziehung vor. Papa stimmt ein und singt die zweite Stimme. Dass aber ausgerechnet der Inhaber eines für massenhafte Fleischproduktion bekannten Schnellimbisses mit miesen Arbeitsbedingungen zu Hause eine schöne Farm haben soll mit EINER Kuh, EINEM Schwein und EINER Ente, scheint mir allerdings eher fragwürdig – wie sollen die denn für diese Massen an Big Macs sorgen? Werden die geklont?

Ich singe weiter.

Endlich ist Ruhe in der Wippe. Fritz schläft ein. Papa legt das Smartphone weg und beginnt, die Garage aufzuräumen. Schleiche zum Smartphone und drücke erneut auf den Aufnahmeknopf, damit Papa später eine Erinnerung an meine motorischen Fähigkeiten mit zwei Jahren hat. Ich schnappe mir das Laufrad und renne los. Fahre im Kreis, dann eine Acht, dann rückwärts. Papa freut sich, doch ich merke, dass meine Vorführung für ihn nichts Besonderes mehr ist. Ich überlege. Ein Stunt, das ist es, was ein gutes Video braucht.

Klettere auf den Baum, der eher eine Art Mischung aus Baum und Busch ist, mir jedoch gerade richtig scheint. Mich hochzuziehen, ist mühsam, aber ich will Papa nicht um Hilfe bitten, denn ich möchte ihn mit dem Video überraschen. Noch ein Ast, dann der nächste – geschafft. Ganz schön hoch hier oben. Mir wird schummrig. Zweifle plötzlich an der Umsetzung meines Plans, sage mir aber, dass man im Leben auch mal etwas wagen muss, gerade als Mädchen, soviel habe ich schon verstanden.

Das Laufrad habe ich unten zwischen zwei Eimern festgeklemmt. Geplant war, dass ich mich auf das Laufrad fallen lasse und losrenne, im Prinzip eine Art Mini-Biathlon. Aber nun zögere ich.

Da kommt Papa pfeifend aus der Garage, sieht mich und schreit:

»Mia, nein!«

Er rennt auf mich zu, doch ich lasse mich fallen. Die Gelegenheit bekomme ich so schnell nicht wieder. Wann darf man als Kind heute noch auf einen Baum klettern? Überhaupt nicht. Wenn, dann nur mit Schienbeinschonern, Kissen am Po und Fahrradhelm, gesichert wie Fort Knox und nur in der Kletterhalle. Und dann wird behauptet, dass die Kinder von heute sich nicht mehr bewegten und nur noch in den digitalen Medien hingen.

Also los.

Vor Angst kneife ich im Fallen die Augen zusammen, ich höre ein lautes »MIA, Kleine, was tust du denn da?«, und ich rufe: »Geschichte schreiben, Papa, Geschichte schreiben.«

Ich spreize die Beine ein wenig und bedaure zutiefst, dass ich keine Windel mehr trage, was den Aufprall auf dem Laufradsattel um einiges komfortabler gestalten würde.

Doch Papa verdirbt mir den Spaß – ich lande in seinen ausgestreckten Armen. Von der Wucht des Aufpralls fallen wir beide um, und Papa umarmt, küsst und herzt mich, als wäre ich das wirklich allerletzte Einhorn und Papa der, der es gefunden hat. Ich juchze und weine auch ein bisschen vor Aufregung und gebe ihm einen dicken Schmatzer auf die Wange.

Nachdem wir uns beide beruhigt haben, schleiche ich in die Garage und stoppe die Aufnahme. Weil Papa sich nun zur Belohnung ein Bier aus der Wohnung holt, spiele ich aus Langeweile an seinem Handy rum. Das hat so viele Knöpfe, und manche machen Geräusche, so was will ich später auch mal haben.

Mama kommt nach Hause. Beim Abendessen erzählt Papa ihr die ganze Geschichte, und sie schimpft, dass er nicht gut genug auf mich aufpasst.

Das wollte ich nicht.

Würde ihr gern das Video zeigen, ihr zeigen, wie Papa mich heldenhaft auffängt, kann aber Papas Smartphone nicht finden.

Sie diskutieren schon wieder über Organisatorisches, was ich wirklich langweilig finde. Ihnen scheint es genauso zu gehen. Hole mir meinen Spielstaubsauger und sauge Fritz' Zehen ein. Er verkennt den Ernst der Lage und kichert.

Papa fragt Mama: »Hast du dir das mit den zwei Monaten Elternzeit jetzt überlegt?«

Mama seufzt. »Im Prinzip würde ich das gern machen,

Chris. Ich weiß aber nicht, wie ich das mit der Uni regeln soll, ich kann doch meine Studenten nicht mitten im kreativen Prozess sich selbst überlassen ...«

Papa wird sauer und nimmt sich noch ein Bier.

»Mensch, Chris, hör doch mal auf zu trinken!«

»Du sagst doch immer, dass viel zu trinken gesund sei.«

»Aber doch nicht Bier! Ingwertee, Wasser, Kurkuma-Detox-Schorle.«

»Hör bitte auf, an mir rumzumeckern! Was ist denn an zwei Monaten hauptberuflicher Mutterschaft so schlimm?«

»Gar nichts«, antwortet Mama. »Aber von meinem Elterngeld allein können wir nicht leben.« Sie überlegt. »In Ordnung. Ich mache es. Aber nur, wenn du in der Zeit keinen Urlaub machst, sondern arbeiten gehst.«

Papa sagt: »Als was denn? Meine Bands sind alle zu einem anderen Tonstudio abgewandert.«

Mama: »Produzier doch wieder Werbejingles.«

Papa lässt die Schultern hängen.

»Das ist so öde.«

»Aber gut bezahlt.«

»Hm. Zwei Tage in der Woche wäre das okay – wenn wir danach fifty-fifty machen.«

»Wie meinst du das?«

»Jeder von uns arbeitet halbtags, hat eine halbe Stelle, und wir teilen uns Kinderbetreuung und Haushalt.«

Mama lacht. »Theoretisch eine gute Idee, Chris.« Sie nimmt einen Schluck aus ihrer Club-Mate-Flasche. Dann schaut sie ihm tief in die Augen.

»Aber was heißt ›halbtags‹? Alles teilen? Ganz ehrlich, Chris, wer sorgt denn hier dafür, dass immer Kinderklamotten, Schuhe, Hausschuhe und Gummistiefel in der richtigen Größe und für die richtige Jahreszeit da sind? Wer organisiert Kurse wie Babyschwimmen oder Pekip, legt die Regenklamotten und die Matschhose für die Waldkita raus, kümmert sich darum, dass Brotdose, Trinkflasche und Rucksack besorgt werden? Wer lässt die Kinder auf die Wartelisten für Kinderturnen und musikalische Früherziehung setzen? Wer recherchiert, in welchem Einzugsgebiet wir wohnen, und macht sich Gedanken darüber, auf welche Schule Mia und Fritz später mal gehen können? Wer treibt sich in diesen total schrägen Mama-Chats herum und findet heraus, welche Schulhorte einigermaßen in Ordnung sind, und lässt unsere Kinder dort ebenfalls auf die Wartelisten setzen? Wer hat die Möbel im Kinderzimmer, die Biomatratzen und Schlafsäcke für die beiden besorgt? Wer das Zimmer mit Sternen dekoriert, die nachts leuchten, mit Spieltunneln und Lampions in Barbapapa-Form, weil die Barbamama schwarz ist, schwarz wie die Seele jeder GUTEN MUTTER?« Sie holt Luft. »Und auch wenn ich weiß, dass dich all diese Dinge einen feuchten Kehricht scheren, sind sie doch trotzdem nicht ganz unwichtig. Wer sorgt dafür, dass die Kinder zumindest einigermaßen gesund ernährt werden – und wir beide zumindest ansatzweise darüber informiert sind, was für ein Kleinkind und ein Baby überhaupt gesund ist? Wie zum Beispiel KEINE NÜSSE.« Sie nimmt noch einen tiefen Schluck. »ICH, Chris. Das mache alles ICH. Und während ICH die Kinder an meinem freien Tag betreue, räume ich die Spülmaschine aus, hänge drei Waschmaschinen auf, säubere die elektrischen Zahnbürsten, mache einen Großeinkauf für die Woche und koche Fruchtmus ein. Wenn DU die Kinder betreust, fährst du mit ihnen Bötchen auf dem See.«

Weiß gar nicht, was Mama hat. Bötchen fahren ist so schön. Aber je länger ich darüber nachdenke, desto besser verstehe ich, was sie meint. Auf den Pekip-Kurs könnte Fritz sicher verzichten. Ich frage ihn, und er nickt dankbar. Aber dem Bötchenfahren wollen wir beide nicht entsagen, da sind wir uns einig. Vielleicht könnte man beim nächsten Mal das dreckige Geschirr mitnehmen und im See waschen. Das macht sicher Spaß, und vielleicht freuen sich die Fische sogar über ein paar Speisereste.

Kapitel 28

ONLINE

Wie jeden Morgen bringt Papa mich zur Waldkita. Wir sind spät dran, und Hörnchen schlägt den anderen Kindern gerade vor, dass sie sich in einen Kreis stellen und Tiergeräusche nachahmen sollen. Irgendwann schafft sie es noch, dass sich aus Fremdscham kein einziges Tier mehr in unserer Nähe blicken lässt.

Als Papa von seinem Lastenfahrrad steigt und mich aus dem Kasten heraushebt, klatschen einige der Mütter.

Papa ist irritiert, und ich finde auch, dass sie es langsam mit der Begeisterung über seine Rolle als verantwortungsvoller Papa übertreiben.

Dennoch scheint ihm dieser Empfang zu gefallen, und er hebt mich rauf und runter, als wäre ich eine schwere Hantel und er ein Bodybuilder. Sogar den Bauch zieht er ein, soweit das noch möglich ist, und posiert wie ein Model für vitale Ballaststoffe im Alter. Von den Frauen sind Ausrufe der Begeisterung zu hören und: »Das ist ein Mann, so süß.«

Nur Elke-Carmen, die gerade mit Sören-Wotan angekommen ist, flucht, denn sie hat gemerkt, dass die Plastiküberzieher an ihren Schuhen kleine Löcher haben und ihre Manolo Blahniks schon wieder so dreckig sind, als hätte sie das Wacken Open Air besucht.

Endlich stellt mich Papa auf den Boden. Die Frauen umringen ihn. »Chris, du bist wirklich ein toller Vater! Also dein Video – einfach spitze, wie du das gemeistert hast.«

»Welches Video?«, fragt Papa und nimmt nun Fritz auf den Arm.

»Na das, wo du Mia auffängst, bevor sie vom Baum stürzt.«

»Ich weiß nicht, wovon ihr sprecht«, sagt Papa. »Muss auch gleich wieder los und Zutaten für Fruchtmus besorgen.«

»Auf Facebook!« Die Blonde lässt nicht locker.

Auch die Erzieherin gesellt sich dazu und findet anerkennende Worte.

»Ihr Video ist wirklich etwas ganz Besonderes, das kennt man ja sonst nur von Müttern.«

Alle nicken zustimmend.

Ich ahne Schreckliches. Wäre nicht doch eine Schulung zu empfehlen, bevor man die Tasten eines Smartphones bedient?

Papa zückt sein Telefon und öffnet die Facebook-App.

»Da, auf deinem Facebook-Account, siehst du? Schön, dass du das öffentlich gemacht hast.«

Tatsächlich. Unser Video vom Stunt ist online.

Für alle sichtbar.

Und hat dreihundert Likes.

Papa ist sprachlos.

»Machen Sie weiter so, es interessiert uns alle, etwas aus dem Alltag eines alleinerziehenden Vaters zu erfahren«, sagt die Erzieherin.

»Ich bin nicht alleinerziehend«, korrigiert Papa sie.

»Aber fast, oder?« Die Blonde lächelt ihn schelmisch an. »Wenn ich dir mal zur Hand gehen soll, lass es mich wissen. Ansonsten freue ich mich auf deine nächsten Videos!«

Oha. Zur Hand gehen. Was das bedeutet, weiß ich nicht genau, aber es klingt nicht gut.

Gucke Sören-Wotan an, und er nickt. Auf drei springen wir in die Pfütze, und die Blonde ist bis zum Bauchnabel braun gesprenkelt. Sie sieht nun aus wie eine Mantelmöwe mit Dolly-Buster-Perücke, zumindest sagt das Sören-Wotan, der sowohl von Ornithologie als auch von Zweithaar Ahnung zu haben scheint.

Das irritiert mich, und ich ziehe an seinen roten Haaren, um mich ihrer Echtheit zu versichern.

Er hält das für einen Annäherungsversuch und lacht, worauf ich rot werde und verschämt den Kopf senke. Stelle fest, dass wir genauso dreckig sind wie die blonde Lachmöwe, doch wir sind Kinder, da gehört das dazu. Außerdem beachtet Papa uns sowieso nicht, er kümmert sich nur um die Blonde.

»Oh, entschuldige bitte, das war nicht mit Absicht …«, stammelt Papa.

Doch.

Er holt Feuchttücher heraus und wischt an ihrer Hose herum.

»Lass nur, das kann ich doch waschen«, sagt sie mit gepresster Stimme. Sie klingt wie eine schlechte Kopie von Jan Delay, und ich weiß nicht, ob die Stimmfarbe dem Ärger über mich oder den unerwarteten Berührungen Papas geschuldet ist.

»Sie können Ihr Kind ja nicht die ganze Zeit im Auge haben«, lächelt sie und drückt ihm die Hand.

Ach nee, frage ich mich, wer soll denn dann auf mich aufpassen, wenn nicht mein erziehungsabgeordneter Vater?

Als wir zu Hause ankommen, liest sich Papa die Kommentare unter unserem Video durch und fängt an zu grinsen.

»Dreihundert Likes«, sagt er stolz. »Und die Kommentare, Mia, hör nur: ›So einen Mann hätte ich auch gern‹ –

›Oh, ist die süß, und der Papa erst mal!‹ – ›Wie er sie in seinen starken Armen aufgefangen hat.‹ – ›Aber er hat wirklich nicht besonders gut auf sie aufgepa...‹ Na ja, also die meisten sind super.«

Das finde ich auch. Besonders die, die sagen, dass ich süß bin.

»Wie das Video überhaupt zustande gekommen ist, kann ich mir zwar genauso wenig erklären, wie es auf Facebook gelandet ist, aber vielleicht könnte ich was draus machen«, überlegt Papa. »So was gibt es doch sonst nur von Müttern. Wenn das genug Leute anklicken, kann man damit sogar Geld verdienen.«

Und ich werde frühzeitig berühmt. Werde versuchen, meine Kunstwerke ins Bild zu schummeln.

Je länger ich darüber nachdenke, desto besser gefällt mir die Idee – könnte Papa doch dann von zu Hause arbeiten und wäre immer bei mir. Blicke der Zukunft hoffnungsvoll entgegen, denn ich habe schon eine Menge Ideen für weitere Katastrophenszenarien, aus denen Papa mich retten kann.

Kapitel 29

FRITZ ROBBT, OMA MOBBT

Heute ist Oma-Tag, und Papa ist im Tonstudio. Sagt er zumindest. Mama arbeitet im Home Office, sitzt in ihrem Atelierbüro am Computer und chattet mit den Mamis.

Omi und ich sind in der Küche und essen Reibekuchen mit Apfelmus und Schmand. Einfach lecker. Währenddessen füttert Oma meinen Bruder mit Sahnepudding. Für mich gibt es auch eine Portion. Fritz und ich sind uns einig: So was Köstliches haben wir noch nie gegessen. Wir genießen und schweigen, da wir den Mund voll haben, und mich erfüllt ein großes Glücksgefühl. Als Fritz' Teller leer ist, beginnt er zu schreien, um Nachschub zu bekommen. Doch die große Puddingschüssel habe ich bereits ausgeschleckt. Oma widmet sich ungerührt dem Abwasch. Sie könnte alles in die Spülmaschine stellen, doch sie weigert sich, elektronische Geräte zu benutzen, wenn sie die Dinge auch von Hand erledigen kann. Fritz schreit weiter, und auch ich will mehr und stimme ein.

Mama kommt in die Küche. »Was ist hier los? Bei dem Gebrüll kann ich nicht arbeiten!« Ihr Blick fällt auf die leere Puddingschüssel. »Mutter, du hast doch nicht ...« Entsetzt lässt sie sich auf einen Stuhl fallen. »Und wir haben doch eine Spülmaschine, du musst doch nicht ...«

»Heike, du kannst das gern alles selber machen, wenn du es besser kannst. Wäre sowieso das Beste für die Kinder. Als Mutter arbeiten, das hätte es früher nicht gegeben«, übertönt Oma unser Gebrüll.

Noch immer ist kein weiterer Sahnepudding in Sicht. Wir schreien lauter.

»Das kommt vom Zuckerschock, Mutter, da siehst du, was du angerichtet hast!«

Oma holt aus ihrer Handtasche eine Tüte und steckt uns Weingummi in den Mund. Augenblicklich sind wir still.

Mama schlägt die Hände vors Gesicht.

»So habe ich dich auch groß gekriegt, und – hat es dir geschadet?«, sagt Oma selbstbewusst und fügt hinzu: »Na ja, ein bisschen offensichtlich schon.« Resolut widmet sie sich wieder dem Abwasch. »Ehrlich, Heike, als Mutter dauernd weg zu sein, ich weiß nicht ... Dass Chris ins Tonstudio geht, ist ja normal, aber ...«

»Das habe ich dir doch schon tausend Mal erklärt«, sagt Mama müde. »Chris und ich wechseln uns ab, und momentan verdiene eben ICH das Geld.« Sie fährt sich durch die Haare. »Und ich nehme mir trotzdem viel Zeit für die beiden.«

Das stimmt wirklich. Einer von den beiden ist immer da, nur am Omi-Tag normalerweise nicht, aber dann ist ja Omi da, was zumindest kulinarisch ein Zugewinn ist.

»Trotzdem«, sagt Oma.

Jetzt wird Mama bockig, und ich bin gespannt, mit welchen Mitteln sie ihre Mutter diesmal auf die Palme bringen will.

»Gudrun und Bettina haben jetzt übrigens ihr Kind bekommen, toll, oder?«

Oma fällt der Spülschwamm aus der Hand, der mit einem schmatzenden Geräusch auf die Fliesen fällt. Die umherspritzenden Schaumtropfen sehen aus wie kleine Schneeflocken.

Oma hebt ihn auf und sagt: »Das ist alles nicht normal.«

»Doch, doch, das war eine ganz normale Geburt. Hat zwar

sehr lange gedauert, war aber ohne Komplikationen.« Mama grinst so hinterhältig wie der Räuber Hotzenplotz, als er den Trick von Kasperl und Seppel entdeckt und heimlich eine zweite Sandspur streut, die zu einer Fallgrube führt.

»Das meine ich nicht«, antwortet Oma.

»Was denn dann?«, fragt Mama scheinheilig und macht sich einen Kaffee.

»Dass zwei Frauen ... ohne Männer ...«, druckst Oma herum.

»Ohne Männer? Sie wohnen doch mit Harald und Jürgen zusammen«, feixt Mama.

»Aber die sind doch ...« Oma ringt nach Luft.

»Ja?«, fragt Mama lauernd.

»Die sind doch ... schwul!«

»Ist das nicht wunderbar? Das Kind hat jetzt vier Eltern, von denen es geliebt wird.«

Oma sucht nach ihren Kreislauftropfen. Sie setzt sich und denkt nach. Nach einer Weile fragt sie: »Und? Gehen die auch alle arbeiten?«

Eins zu null für Oma.

Mama wird blass. »Ähm, ja, klar, sie teilen sich die Kindererziehung gerecht auf.« Ihr Blick fällt auf die Wippe, dann vorwurfsvoll auf mich. »Mia, hast du Fritz irgendwohin getragen?«

»Mama, Mia nein«, sage ich, denn das sind Wörter, die sie aus meinem Mund versteht.

Hektisch ruft sie: »Mia! Du sagst jetzt sofort, wo Fritz ist!«

Oma gibt mir ein runtergefallenes Weingummi.

Mama rennt in den Flur. »Fritz! Fri-hitz!«

Hinter der Yucca-Palme hört man ein Schmatzen. Mama, Oma und ich folgen dem Geräusch und entdecken Fritz friedlich mit Omas Gummibärchentüte auf dem Boden liegend.

Er zieht sich das Zeug rein, als wäre es das Letzte, was zu tun ist, bevor die Welt untergeht.

»Mia!«, ruft Mama zornig.

»Das war nicht Mia«, sagt Oma ruhig.

»Hast etwa du ihn ...«, flippt Mama aus.

»Niemand hat ihn dort hingelegt«, sagt Oma, und in ihrer Stimme klingt ein Hauch von Genugtuung mit, dass sie mehr Durchblick hat, was den Entwicklungsstand ihrer Enkelkinder angeht. »Fritz kann jetzt offensichtlich robben.«

Mamas Gesichtsausdruck wechselt abrupt von Wut zu Freude.

»Fritz! Unglaublich! Auf einmal robbst du hier einfach durch die Gegend!« Sie nimmt ihn hoch und knutscht ihn ab.

Setze mich auf den Boden und robbe zu ihnen.

Das findet Mama nun wiederum nicht bemerkenswert. Wie kann es sein, dass Fritz beides bekommt – Gummibärchentüte UND Mamas Aufmerksamkeit?

Wütend reiße ich Blätter von der Yucca-Palme ab und erwarte, dass sie Fritz loslässt und sich mir zuwendet, doch sie sagt nur: »Das Ding konnte ich eh noch nie leiden, ist was für Spießer«, und geht mit Fritz in die Küche.

Oma steckt mir das letzte Gummibärchen in den Mund und streichelt mir über den Kopf.

Am Abend kotzen Fritz und ich das Kinderzimmer voll. Mama scheint mit ihrem Ernährungskonzept doch nicht ganz falschzuliegen. Von Sahne und Gummibärchen haben wir nun erst einmal die Nase voll.

Zumindest bis morgen.

Kapitel 30

YOUTUBE UND SALAMIBROTE

Papa stellt nun täglich Videos auf seinen neu eingerichteten Youtube-Channel und bekommt immer mehr Likes von seiner stetig wachsenden Mütter-Fangemeinde. Er ist voll und ganz damit beschäftigt, seinen Videoblog zu einer rentablen Einnahmequelle zu machen und schafft es mittlerweile immer öfter, Markennamen fallen zu lassen, die mit alkoholfreiem Bier, innovativen Staubsaugerfirmen und der Windelindustrie zu tun haben. Leider vergisst er über all dem, einzukaufen oder mir Wasserflasche und Brotdose für die Kita mitzugeben.

Ohne dass sie wüsste, was Papa so sehr von seinen Pflichten ablenkt, regt sich Mama fürchterlich darüber auf – zu Recht, wie ich finde, denn schließlich haben sie eine Abmachung. Muss immer wieder feststellen, dass Männer offensichtlich große Schwierigkeiten in der Organisation einfachster Abläufe haben. Was jedoch keine Entschuldigung dafür sein kann, sich nicht an Vereinbarungen zu halten. Und so schwer ist es nun wirklich nicht, meine Flasche jeden Morgen mit frischem Wasser zu füllen. Vieles fängt er glücklicherweise mit seinem großartigen Humor auf, für den ich ihn sehr liebe, aber Essen und Trinken sind mindestens genauso wichtig, so viel steht fest.

Fritz hingegen hat volles Verständnis für Papas Versagen, ich schiebe das auf seine Unreife. Als Mann ist Papa eben sein Role Model, was man schon daran merkt, dass auch Fritz manchmal die normalsten Dinge des Lebens vergisst wie etwa beim Jacke-anziehen-Lassen zu schreien oder nachts fünf Mal wach zu werden und nach dem Schnulli zu blöken. Dabei sind diese Rituale so wichtig, um die Strapazierfähigkeit der elterlichen Nerven in Vorbereitung auf die Pubertät zu trainieren.

Die Mütter der Waldkita-Kinder scheint Papas Unzuverlässigkeit nicht zu stören. Ständig loben sie ihn für seinen Blog und scharwenzeln um ihn rum, was sogar so weit geht, dass sie geschmierte Brote für mich und selbstgekochten Brei für Fritz mitbringen.

Papa nimmt ihre Unterstützung dankbar an und füllt den Brei immer in unsere bisphenolfreien Plastikbehälter um. Bisher dachte ich immer, dass er das aus gesundheitlichen Gründen tut, doch dann erkenne ich den wahren Grund, als wir eines Nachmittags nach der Waldkita zu Hause ankommen und uns Mama gegenüber sehen, die rotgesichtig und schwer atmend in der Tür steht.

»Was ist passiert?«, ruft Papa und stürzt auf sie zu.

»DU bist passiert«, antwortet Mama. »Ich hätte mich nie auf dich einlassen sollen, du Zecke im Pelz aller Waldkita-Mütter!«

Ups, das klingt schlimm.

Gebe Mama den Rest meines Brotes, denn ich kenne das Gefühl. Ich bin auch immer ungenießbar, wenn ich Hunger habe.

»Nicht nur, dass du neuerdings nicht mehr einkaufen gehst, nein, du lässt dir auch noch fremden Brei für Fritz andrehen?« Ihre Augen quellen hervor, und ich habe Angst, dass die Pupillen gleich rausspringen.

»Hast du denn gar kein Ehrgefühl im Leib?«

In der Hand hält sie einen Plastikbecher mit Resten von Kürbisbrei mit Tahin.

Papa wird kleinlaut.

»Aber es ist doch nett von den Müttern, dass sie mir was mitgeben, sie machen das gern ...«

»Und völlig selbstlos, klar!«, sagt Mama.

»Das war ein kleines Dankeschön dafür, dass ich neulich der einen das Rad von ihrem Bakfiets repariert habe«, sagt Papa stolz und zieht mir die Gummistiefel aus.

»Also Bestechung, damit du noch mehr für diese Frauen erledigst!«, kontert Mama.

Beiße Fritz in den Arm, um abzulenken.

Es funktioniert.

»Mia, nicht!« Sie funkelt Papa an. »Siehst du, was aus dem Kind wird, wenn du dich nur noch um die Supermütter kümmerst?« Sie sieht auf das Brot in ihrer Hand.

»Und was ist das? Das ist doch gar nicht unsere Brotsorte!«

Man kann sie denken sehen.

»Da ist Salami drauf! SALAMI! Garantiert aus Massentierhaltung und dann stundenlang bei Wärme im Wald, weißt du, wie ungesund das ist? Und so was nimmst du an?«

In diesem Moment kommt Wiebke zur Tür herein, begleitet von Rudi.

Bin froh, dass Mamas Pupillen noch drin sind. Rudi frisst ja alles, was ihm in den Weg kommt.

»Was ist denn hier los, was schreit ihr denn so?«

Papa fühlt sich sichtlich unwohl und tritt von einem Bein auf das andere.

Mama hat wirklich recht. Mir wäre es auch lieber, Papa würde die Brote nicht annehmen. Ich mag keine Salami. Müsste er eigentlich wissen.

»Und Mia mag doch gar keine Salami«, sagt Mama, und ich liebe sie dafür, dass sie nie vergisst, was meine kulinarischen Vorlieben sind, und immer weiß, was ich mir wünsche. Auch wenn sie es mir nicht immer gibt.

Mama wirft Rudi den Salamirest zu, der ihn sofort auffisst.

Wiebke schreit: »Heike, nicht! Salami ist wahnsinnig ungesund, die ist gepökelt und geräuchert, das ist krebserregend!«

»Siehste«, sagt Mama zu Papa. »Noch nicht mal der Hund sollte das essen.«

Er tritt immer noch von einem Bein aufs andere, sicher muss er puschern, doch er scheint sich nicht an Mama vorbeizutrauen.

»Jetzt hör doch mal mit dem Gehampel auf, Chris«, sagt Mama genervt. »Was sind das überhaupt für Schuhe? Chucks OHNE Schnürsenkel? Chris, das ist lächerlich, du bist doch nicht mehr fünfundzwanzig.«

In dem Punkt übertreibt Mama. Trage auch nur Schuhe ohne Schnürsenkel. Entweder welche mit Klettverschluss oder Gummistiefel. Ist normal.

Betrachte Papas Schuhe. Kein Klettverschluss dran. Sind aber auch keine Gummistiefel. Eine Art Turnschuhe mit Ösen, bei denen der Schnürsenkel fehlt. Einen könnte er verloren haben, aber beide? Merkwürdig. Das ergibt keinen Sinn.

»Chucks haben keine Altersgrenze«, sagt Papa, froh um das Ende der Salamidiskussion. »Das ist jetzt modern im Gegensatz zu deinen Business-Kostümen.«

Wiebke lacht und haut ihm freundlich auf die Schulter.

»Midlife-Crisis, was?« Verständnisvoll zwinkert sie ihm zu. »Das geht vorbei, Heike, am besten einfach in Ruhe lassen.«

Rudi schleckt jetzt Fritz im Gesicht ab, worauf er zu schreien beginnt.

Mama nimmt ihn auf den Arm. »Ist ja ekelhaft!« Sie geht mit im ins Badezimmer, um ihn zu waschen.

»Es wäre nicht ekelhaft, hättest du ihm keine Salami gegeben«, ruft Wiebke hinterher. Und zu Papa sagt sie: »Chris, deinen Blog habe ich abonniert, der ist klasse. Du hast wirklich Talent.«

Papa hat Talent? Wer ist denn auf den Videos? ICH. Na gut, ab und zu auch Fritz. Und Papa. Aber in der Hauptsache doch ICH.

Er filmt mich, wenn ich auf dem Töpfchen sitze, wenn ich Kunstwerke anfertige, wenn ich mit Fritz schmuse und meinen Puppen die Haare abschneide. Mir ist das peinlich, aber ihn scheint das glücklich zu machen, und wenn Papa mich anlächelt, kann ich einfach nicht nein sagen.

Wiebke überlegt. »So was könnte ich mit Rudi eigentlich auch machen.«

Unverschämtheit. Das ist MEIN Blog. Kein Forum für Hunde mit Schnappatmung und zerknautschtem Gesicht.

Bevor ich mich beschweren kann, springt Papa für mich in die Bresche.

»Das kann man doch gar nicht vergleichen, Wiebke. Mia ist doch kein Hund! Und Rudi kein aufgeschlossenes, intelligentes und motorisch weit entwickeltes Mädchen! Außerdem hast du Rudi doch nicht GEZEUGT.«

Nun ist Wiebke eingeschnappt und zieht mit Rudi beleidigt von dannen.

Papa sagt zu mir: »Hab ich was Falsches gesagt?« Er zieht seine Schuhe aus und steckt die Zedernholzschuhspanner hinein.

»Nein, Papa, du bist der Beste. Du findest immer die richtigen Worte.« Ich schmiege mich an ihn und bin glücklich.

Kapitel 31

ANTHROPOSOPHEN LIEBEN KAUTSCHUKSCHNULLER

Verarbeite noch unser gestriges Treffen mit der Regenbogenfamilie. Geschniegelt und gestriegelt sind wir zum Antrittsbesuch in ihrer Altbauwohnung erschienen, um die frisch geborene Hermine zu begutachten. Neugierig lugte ich in die Wiege, und was blickte mir entgegen? Ein haarloses Menschlein mit großem Kopf und riesigem Kautschukschnulli im Mund. Und wenn ich sage riesig, dann meine ich riesig. Genugtuung machte sich in mir breit. Überdimensionaler gummierter Brustwarzenersatz im Mund des Kindes einer anthroposophischen Hebamme kurz nach der Entbindung? Herrlich.

Sagte eben diese Hebamme nach meiner Geburt nicht, dass das frühzeitige Geben eines Schnullers unweigerlich zu Stillverwirrung führen würde? Und dass Mama doch bitte überlegen solle, WER den Schnuller brauche, sie oder das Kind? Obwohl ich quasi ununterbrochen nach oralem Trost schrie, blieb Gudrun damals unerbittlich, und Mama musste mir den ganzen Tag ihren kleinen Finger als Lutschobjekt zur Verfügung stellen.

So viel steht fest: Hebammen sollten ihren Beruf erst dann ausüben dürfen, wenn sie selbst Kinder bekommen haben.

Bei uns geht es heute wieder hoch her, und der nächste Streit ist vorprogrammiert. Fritz kann inzwischen krabbeln und sitzen, was eigentlich ganz normal für sein Alter ist. Aber

Papa tut so, als sei Fritz das achte Weltwunder in Windeln. Eine Art Koloss von Po-Boss.

Er filmt ihn begeistert von vorn, von hinten, beim Rückwärtskrabbeln und vor allem dabei, wie er sitzt und dann doch wieder umkippt, sein Breischälchen dabei umwirft und lacht.

Normalerweise würde Papa jetzt ausrasten und sich laut fragen, was er sich mit der Elternzeit eigentlich angetan hat, stattdessen hält er alles mit der Kamera fest und kommentiert: »Fritz kann jetzt sitzen und vor allem krabbeln. Meistens legt er allerdings den Rückwärtsgang ein. Ich bin stolz, aber für mich wird es jetzt noch anstrengender, da ich ihm immer hinterherlaufen muss. Seht ihr, jetzt krabbelt er zum Mülleimer und holt verschimmelte Brotreste raus. Und da ist ja noch Mia. Sie malt gerade mit Wachsmalstiften an die Wand, und die Spülmaschine ist auch noch nicht ausgeräumt, da komme ich einfach nicht hinterher. Als Mann ist es nicht so einfach, all die Aufgaben, die Haushalt und Kinder mit sich bringen, in den Griff zu bekommen. Habt ihr Tipps, was ich besser machen könnte? Alles Liebe, euer Chris-Dad.«

Während Papa das Video hochlädt, verändert sich sein Gesichtsausdruck, der zuvor vor allem hilflos und leise verzweifelt wirkte, zu einem breiten zufriedenen Grinsen.

Dann machen Papa, Fritz und ich uns auf den Weg zum Babyschwimmkurs.

Da weder Fritz noch ich schwimmen können, bin ich gespannt, wie Papa uns beide über Wasser halten will.

Zunächst einmal bekommen wir beide eine Schwimmwindel angezogen, worüber ich ziemlich sauer bin. Wozu das ganze Töpfchentraining, wenn ich dann doch wieder die Windel anziehen muss? Papa geht mit Fritz ins Becken und bedeutet mir, am Rand zu warten. Mit nichts an als einer mit bunten Fischen bedruckten Schwimmwindel. So langsam ist das Maß voll.

Sehe mich um. Die Väter sind allesamt ebenfalls bunt bedruckt, allerdings auf der Haut. Alle tätowiert. Nur Papa nicht.

Einer der Väter hat sogar den ganzen Oberkörper mit chinesischen Schriftzeichen bedruckt. Bin beeindruckt. Da nimmt jemand wirklich viel auf sich, damit sein Kind zweisprachig aufwachsen kann.

Ich übersetze schnell ins Deutsche. Auf dem Oberkörper steht: *Goldenes Schwein Arm Ich bin langsam.*

Die philosophische Bedeutung dieser Aussage erschließt sich mir nicht, und mir wird kalt. Beherzt springe ich in das warme Becken.

»Nicht, Mia!«, ruft Papa, und ich sehe mit aufgerissenen Augen durch das nach Putzmitteln riechende Wasser, wie er dem Schwimmtrainer Fritz in den Arm drückt und mir hinterherhechtet.

Mit erstaunlicher Kraft zieht er mich an die Wasseroberfläche.

Mich hat es ziemlich angestrengt, die Luft unter Wasser anzuhalten, und in Papas Arm entspanne ich mich schlagartig.

Rumms, landet eine große Ladung weichen Stuhls in meiner Schwimmwindel. War wohl doch zu viel Aufregung.

Außerdem muss das Ding ja für was gut sein.

Ist es aber nicht.

Die hellbraune Masse zwängt sich am Seitenrand der Windel hinaus, so dass sich mein Darminhalt auf der Wasseroberfläche verteilt.

IST DAS PEINLICH.

Papa wird dunkelrot, stammelt eine Entschuldigung und verlässt mit Fritz und mir das Becken.

Pah. Selber schuld.

Hättest du mir keine Windel angezogen, hätte ich sicher eingehalten. Kaum hat man so ein Ding wieder an, schaltet der Schließmuskel in den Pausenmodus, und ruckzuck erleidet man einen spontanen und peinlichen Kontrollverlust.

Zu Hause angekommen hole ich meine Buchstabenstempel aus dem Schrank. Es ist zwar die lateinische Schrift, aber Papa soll beim nächsten Mal mithalten können.

Warte auf eine gute Gelegenheit, ihn zu bedrucken, und schlafe dabei ein.

Kapitel 32

HAUSTIERE AUF DEM KOPF

Papa will mich heute filmen. Ich soll etwas Kleinkindtypisches machen, über das sich Eltern aufregen, doch den Gefallen tue ich ihm nicht.

Ich esse alles brav auf. Sage keinen Mucks. Lasse mich anziehen.

Papa verzweifelt langsam.

Als er auf Toilette geht, haue ich Fritz auf den Kopf, um die ganze Anspannung loszuwerden.

Er schreit. Ich stecke ihm den Schnulli in den Mund und sage: »Psst, Fritzchen, wir haben eine Abmachung. Heute kein Video für Papa. Dafür kriegst du nachher meinen Mäusespeck.« Er nickt und ist still.

Papa kommt wieder.

»Mia, ich muss dringend etwas ins Netz stellen, sonst verliere ich meine Follower, und wir wollen Mama doch mit unserem Erfolg überraschen, nun komm schon ...«

Ich sage nichts und sitze still.

Er hält mir eine Gummibärchentüte vor die Nase.

»Die kriegst du aber nicht! Jetzt schrei schon! Nur ganz kurz!«

Oma kommt in die Küche. Eigentlich ist heute Oma-Tag, aber Papa ist wegen seines doofen Videos noch nicht ins Tonstudio gefahren. Oma ist entsetzt.

»Chris, wie redest du denn mit dem Kind? Warum soll Mia schreien?«

Papa erklärt Oma, wie ein Videoblog funktioniert und dass er damit Geld verdient, viel Geld, und dass er damit die Familie bald locker ernähren kann, dass sie nur Mama nichts davon sagen soll, denn er wolle sie damit überraschen.

Als sie »viel Geld« hört, ist Oma wieder auf seiner Seite, doch ich finde das alles albern und klettere in der Hoffnung auf klebrige Süßigkeiten auf ihren Schoß.

Plötzlich schreit Oma auf.

»Läuse! Mia hat Läuse!«

Wo denn? Ich sehe keine. Freue mich trotzdem: mein erstes Haustier.

Papa geht ein Leuchten übers Gesicht, und er zückt sein Handy.

Er filmt mich, geht ganz nah an meinen Kopf ran und sagt mit trauriger Stimme: »Meine Tochter hat zum ersten Mal Läuse. Was soll ich bloß tun? Habt ihr einen Rat? Bis bald. Euer Chris-Dad.«

Er stellt das Video online, und es rasselt förmlich Clicks und Kommentare, alle wollen ihm helfen und fühlen mit ihm.

Oma bedenkt ihn mit einem strengen Blick.

»Chris, das Kind muss behandelt werden.«

Auf Omas Geheiß fährt Papa zur Apotheke, um ein Shampoo gegen Läuse zu holen. Ich schaue ihm aus dem Fenster nach und sehe, wie er sich dabei filmt.

Als ich später auf dem Tablet nachgucke, finde ich schon wieder ein neues Video, in dem Papa Fahrrad fährt und seufzt:

»Danke für eure tollen Tipps, ich fahre jetzt gerade zur Apotheke, damit meine kleine Laus, äh, Maus, also meine Mia diese Krabbelviecher nicht länger ertragen muss. Die Bettwäsche werde ich auch waschen und die Kuscheltiere einfrieren, genau wie ihr gesagt habt. Ich bin euch so dankbar. Euer Chis-Dad.«

Zack, fliegen ihm schon wieder hunderte Herzen zu.

Dabei war es Oma, die ihm all das gesagt hat. Langsam beschleicht mich das Gefühl, dass er sich einen feuchten Kehricht darum schert, was seine Follower sagen, es scheint ihm mittlerweile nur um die Kohle zu gehen.

Unfassbar.

Gut, wenn ich dann studieren darf, soll es mir recht sein, aber Geld verdienen geht doch auch anders, Papa.

Und meine Kuscheltiere, die kriegst du nicht. Schreckliche Vorstellung, sie im Eisfach erfrieren zu lassen. Schnappe mir Teddy und verstecke ihn in Fritz' Bett.

Kapitel 33

DIE BIENEN STERBEN AUS – ABER NICHT AUF STRUMPFHOSEN

Kann mich jetzt selber anziehen und tue das äußerst sorgfältig. Mama legt mir abends immer Klamotten für den nächsten Tag raus, aber sie hat eine andere Vorstellung von Mode als ich. Ziehe alle Schubladen auf und werfe die Klamotten auf den Teppich, um mir einen besseren Überblick zu verschaffen. Das Sortiment ist gewöhnungsbedürftig. Zum Beispiel die gelbschwarz gestreifte Strumpfhose mit den Bienen darauf finde ich hochgradig kindisch und werfe sie in den Mülleimer.

Mama kommt ins Zimmer und schimpft mit mir. Sie ist auf dem Weg zur Uni und sehr schick angezogen, trägt einen Jumpsuit aus Crêpe de Chine, wie sie mir stolz erzählt hat. Aber ich soll diese doofe Strumpfhose anziehen?

»Geht gar nicht, Mama«, sage ich und werfe das Ding zurück in den Eimer.

»Mia, die Strumpfhose ist doch schön!«, sagt Mama und holt sie wieder heraus.

Nein, Mama.

»Echte Schurwolle, die war sündhaft teuer!« Mama hält mir die Strumpfhose hin.

Ich verweigere mich aus zwei Gründen. Zum einen gefällt mir das Bienending nicht, zum anderen kann ich mir selbst Klamotten raussuchen.

Papa kommt rein und fragt, was los sei.

»Mia will die schöne Strumpfhose nicht anziehen«, regt Mama sich auf.

»Kein Wunder«, lacht Papa, »Strumpfhosen hab ich als Kind auch nie gemocht!«

Mama guckt ihn streng an.

»Sehr hilfreich, Chris, danke.« Abermals versucht sie, mir das Ding überzustreifen. Ich schlage sie ihr aus der Hand.

»Die Dinger kratzen halt«, sagt Papa.

Das Kratzen ist mir egal. Heute haben wir unsere Weihnachtsfeier in der Waldkita, und da will ich gut aussehen. Nicht auszudenken was passiert, wenn Sören-Wotan mich in einer gelb-schwarz gestreiften BVB-Strumpfhose sieht. Sören-Wotan ist FC-Köln-Fan.

»Chris, die kratzen doch heute gar nicht mehr, ich habe sie extra im Bioladen besorgt. Das ist ganz tolle Qualität.«

»Kratzen trotzdem.« Er zwinkert mir zu.

»Dann kannst du ja demnächst Kinderkleidung kaufen, wenn du das besser kannst«, gibt Mama zurück. »Man kann doch machen was man will, immer ist man der Depp.«

Da hat Mama recht.

»Außerdem muss ich jetzt mit Mia los, wenn ich pünktlich an der Uni sein will.«

»So willst du sie in den Wald bringen?«, fragt Papa und deutet auf ihren Seiden-Jumpsuit.

»Ich bringe sie zu Marlon, und er nimmt die beiden dann mit zur Waldkita. Zieh sie bitte an.« Sie geht los, um die Autoschlüssel zu suchen.

Direkt zu Sören-Wotan also. Aber nicht mit DER Strumpfhose. Schnappe mir die Schere und schneide schnell ein paar Löcher hinein.

»Mia, das geht nicht«, flüstert Papa. »Da wird die Mami sauer.« Er nimmt mir das Ding aus der Hand und versteckt es hinter dem Heizkörper.

Dann legt er mir eine neue Hose raus. Rosa mit kleinen Feen darauf. Schrecklich.

Fange an zu schreien.

»Mia, nicht, Fritz wacht auf!« Papa sucht im Stapel hektisch nach einer Alternative.

Ich ziehe mir mein T-Shirt an.

Papa legt mir eine neue Strumpfhose hin, dunkelblau, und ich bin einverstanden. Erleichtert nickt er und will mir das T-Shirt wieder ausziehen. Ich schreie.

»Mia, du hast es falsch herum an!«

Na und? Mir gefällt das so. Selbst angezogen ist selbst angezogen.

Er zerrt an meinem Shirt und murmelt: »Das mit der Kindererziehung kann doch nicht so schwierig sein, das muss doch zu schaffen sein!«

Fange von neuem an zu schreien.

Mama kommt. »Muss man denn alles selbst machen?«

»Mia hat das T-Shirt falsch rum an«, erklärt Papa.

»Das macht doch nichts. Sie ist ein Kind.«

Ich liebe Mama.

»Man sieht das Shirt sowieso nicht, wenn sie erst einmal den Pullover anhat.«

Nun auch du, Mama.

Werfe den Pulli an die Wand und ziehe aus dem Stapel eine Strickjacke. Die muss nicht über den Kopf, und man kann sein T-Shirt darunter zeigen. Denn meins ist schön, so falsch herum, man sieht alle Fäden des handgestickten Einhorns, das man zum Glück nicht mehr als solches erkennen kann. Sieht eher aus wie ein Kunstwerk. Habe allerdings Schwierigkeiten, meine Arme in die Ärmel zu bekommen.

Mama schaut auf die Uhr und seufzt.

Papa sagt: »Hilf ihr doch mal!«

Mama schüttelt den Kopf.

»Nein, Chris, ich habe erst neulich wieder darüber gelesen, dass man nicht gleich eingreifen soll, sobald das Kind sich allein anziehen kann. Man soll ihm eine Chance geben, es selbst zu schaffen.«

Gute Mama. Das stimmt. Aber diesmal könnten sie eine Ausnahme machen. Sehe Papa an, der mir allerdings nicht hilft, weil er meinen Kampf mit dem Pullover filmt. Gefühlvoll spricht er ins Mikro:

»Mia kann sich jetzt allein anziehen, darauf bin ich sehr stolz. Es erfordert aber auch viel Geduld, sie einfach machen zu lassen, besonders wenn die Weihnachtsfeier der Kita ansteht.« Zack, ist das Ding im Kasten.

»Was redest du da eigentlich? Und wieso Weihnachtsfeier?«, fragt Mama.

»Na, die ist doch heute. Cordula-Claire hat doch eine Rundmail geschickt.«

»Die habe ich nicht bekommen.« Mama überlegt. »Wieso bin ich nicht im Verteiler?«

»Weil ich Mia fast immer bringe?«, sagt Papa mit einer Mischung aus Genugtuung und Vorwurf in der Stimme.

»Aber ich bin die Mutter?«

»Ist ja auch egal, Heike. Heute um vierzehn Uhr sollen wir da sein. Mit Keksen.«

»Vierzehn Uhr? Da sitze ich mitten in der Vorlesung! Das hättest du mir früher sagen müssen! Und Kekse haben wir auch nicht.«

Papa streicht sich selbstgefällig über den Bauch.

»Kein Problem, Heike, es reicht, wenn ich hingehe.«

Mama sieht ihn erstaunt an.

»Und Kekse bringt Cordula-Claire für mich mit. Sie backt leidenschaftlich gern. Eine richtige Vollblutmutter.«

Mama stößt hörbar Luft aus, nimmt mich an die Hand und geht mit mir zum Auto, ohne sich von Papa zu verabschieden.

Im Auto spricht sie mit sich selbst, obwohl sie sich doch auch an mich als Gesprächspartnerin wenden könnte.

Erwachsene sind merkwürdig. Ich zupfe ein paar Fäden aus dem T-Shirt und höre ihr zu.

»Cordula-Claire, pah, diese blonde Hausmütterchen-Schnepfe! Backt für ihr Leben gern, dass ich nicht lache! Juristinnen, die ihren Job aufgeben und jetzt Erfüllung im perfekten Vanillekipferl finden! Und MEINEN Mann aus der Verantwortung nehmen!« Sie haut wütend aufs Lenkrad. »Aber das kann ich auch! Jetzt zeig ich euch mal, was eine Rabenmutter für tolle Kekse mitbringt! UND dabei auch noch arbeitet!«

Sie hält am Supermarkt, setzt mich in den Einkaufswagen und packt ihn bis oben hin voll. Ihre Wut macht mich nervös, und ich fingere an der Mehlpackung herum. Plötzlich verschwinde ich im Nebel. Alles um mich herum ist auf einmal weiß.

Mama ruft: »O nein – was für eine Sauerei!«

Die anderen Kunden starren sie an. Aus einer Gruppe tuschelnder Frauen löst sich eine blonde Frau, die ich aus der Kita kenne, und kommt auf uns zu.

»Bist du nicht die Mia? Von Chris?«

Mama murmelt leise vor sich hin: »Cool bleiben, Heike, ganz ruhig, reg dich NICHT auf.« Dann erwidert sie lauter: »Ja, das ist die Mia. Von Chris. Und VON MIR.« Mit einem künstlichen Lächeln ergänzt sie: »Und wer sind Sie?«

»Ich bin Cordula-Claire, unsere Kinder gehen in die gleiche Kita.«

Sie mustert Mama von oben bis unten und gibt ihr schließlich zögernd die Hand.

»Cordula-Claire, dann sind Sie also ...«

»Ja?«

»Ach nichts.« Mama klopft sich das Mehl vom Jumpsuit. »Wir wollen Kekse backen, und meine Mia hat mit dem Mehl gespielt, und peng, ist die Packung geplatzt, lustig, oder? Haha, so sind Kinder eben. Wir müssen dann weiter, hat mich gefreut.«

Mama eilt mit mir zur Kasse, und ich bilde mir ein, dass sie noch mehr mit dem Po wackelt als sonst. Das macht sie sonst nur, wenn Marlon in der Nähe ist, und ich drehe mich um, in der Hoffnung, Sören-Wotan irgendwo zu entdecken. Doch ich sehe nur Cordula-Claire, die immer noch wie angewurzelt am Tiefkühlfach steht.

»Der hab ich's gezeigt, Mia. Vollblutmama, ha, das bin ich auch! Nur anders!«

Gebe Mama recht. Sie ist einfach die tollste Mama, die man sich vorstellen kann. Mit oder ohne Mehl.

Im Auto ruft sie Marlon an. »Schatzi, ich nehme Mia heute mit in die Uni, wir sehen uns dann um vierzehn Uhr in der Kita, freu mich!«

Schatzi? Mama muss unheimlich gut drauf sein, um diesen gegelten Schnösel so zu nennen. Oder sieht sie in ihm schon meinen zukünftigen Schwiegervater? Mir wird ganz warm ums Herz. Sören-Wotan, I love you.

Will augenblicklich zu ihm und schreie, damit Mama umdreht.

Marlon fragt: »Was ist los bei dir? Und wieso vierzehn Uhr? Das ist doch viel zu früh zum Abholen.«

»Um vierzehn Uhr beginnt doch die Weihnachtsfeier in der Kita. Ich backe jetzt mit meinen Studenten Kekse.«

»O nein, das habe ich ja völlig vergessen«, erwidert Marlon zerknirscht, und ich kann mir vorstellen, wie er sich gerade seine gegelten Haare rauft und sie abstehen wie glitschige Stalagmiten.

»Kannst ja Elke-Carmen fragen, ob sie euch welche backt«, sagt Mama lachend und zwinkert mir durch den Rückspiegel zu.

»Kannst du nicht welche für mich …«

Mama legt auf und grinst.

Ich schreie weiter, denn ich habe Sehnsucht nach meinem Zukünftigen.

»Mia, was hast du denn? Wir backen gleich Kekse, und du darfst schon ein bisschen naschen.«

Ich schreie lauter.

»Na gut, mein Spatz, du darfst ganz viel naschen!«

Ich verstumme. Sören-Wotan kann ich auch später treffen.

Mama ist kreativ, das muss man ihr lassen. Um Job und Familie unter einen Hut zu bringen, muss eine Frau wirklich über sich hinauswachsen. Ich sehe eine interessante, wenn auch herausfordernde Zukunft vor mir, und ich bin gespannt, wie meine Mutter es heute hinbekommt, die drei »Ks«, also Kind, Kekse und Karriere zu vereinen.

Eifrig druckt sie einen Zettel aus und klebt ihn an die Seminartür. Ich lese laut vor:

»Tutorium zum Thema:
Alltagskampf –
Dekonstruktivismus eines konservativen Menschenbildes.
Gestaltung einer Anti-Patriarchats-Collage mit
Naturmaterialien
Ort der Lehrveranstaltung: Mensa.«

Mama lacht und sagt: »Ja, Mia, dadada, Mensa, du kannst ja schon lesen, haha!«

Aaaalter, geht mir die Ignoranz meiner kognitiven Fähigkeiten auf die Nerven, aber da sie mich auf den Arm nimmt und herzlich küsst, sehe ich es ihr nach.

Nachdem Mama ihnen mit einem Eingangsvortrag Inhalt und Ziel des heutigen Themas erklärt hat, backen die Studenten, was das Zeug hält. Die meisten Kekse zitieren die Form traditioneller Superhelden wie Robin Hood, Superman und Spiderman, bloß dass sie Brüste und andere weibliche Attribute haben. Mama zweigt heimlich ein paar Exemplare in mitgebrachte Tupperdosen ab. Damit ich sie nicht verrate, besticht sie mich mit ausgesuchten, besonders gut verzierten Stücken des Gebäcks.

Schnappe mir Teig und forme ein paar Klumpen als Sinnbild gegen die Verfettung unserer Mitbürger durch die Zuckerindustrie. Auch eine Form des Protests.

Die Studenten lachen, und einer zwinkert mir zu. Fühle mich verstanden und akzeptiert. Glücklich knabbere ich an meinen Keksen und möchte von nun an immer mit in die Uni.

Um vierzehn Uhr kommen wir pünktlich am Bauwagen der Waldkita an, wo uns Papa erstaunt begrüßt.

Stecke Sören-Wotan einen meiner gebackenen Kritik-Klumpen zu, doch er versteht die künstlerische Vision dahinter nicht und verspeist ihn sofort mit einem schmatzenden Geräusch. Sein Kunstsachverstand lässt zu wünschen übrig, aber das kriegen wir noch hin.

Schwitzend stellt Marlon eine Packung gekaufter Dominosteine aus dem Feinkostladen auf den Tisch, und die Mütter loben ihn überschwänglich. »DIIIEEE sehen ja TOLL aus! Hast du die SELBST gekauft? Dafür hattest du noch Zeit?«

Mama verdreht die Augen. Zufrieden packt sie die üppig verzierten selbstgebackenen Kekse in Superheldinnenform und ein paar mickrige Lebkuchenmännchen aus.

»Wo hast du die denn her?«, fragt Papa erstaunt. Alle sind still und warten auf Antwort.

»Selbstgebacken«, sagt Mama glücklich.

»Aber Sie gehen doch lieber, ähm, arbeiten?«, ruft die Kita-Leiterin.

»Ich arbeite, UND ich backe Kekse!«, sagt Mama in Erwartung eines Lobes für ihr Engagement als gute Mutter.

Keiner reagiert.

»Ach so«, sagt die Kita-Leiterin schließlich. »Ungewöhnliches Motiv. Dann wollen wir mal anfangen zu essen.«

Skeptisch probiert Papa einen Keks.

»Moment«, ruft Cordula-Claire. »Da fehlt noch was!« Sie nimmt Papa den Keks aus der Hand und drückt ihm eine Tüte mit perfekt geformtem Spekulatius in die Hand. »Habe ich für dich, äh, euch, mitgebacken.«

Papa haucht leise: »Danke.« Dann blickt er betreten zu Boden. »Gern«, antwortet sie. »Aber das ist natürlich noch nicht alles.« Sie öffnet ihre Manufaktum-Brotdose aus Borosilikatglas, holt bunte Minimuffins auf Stielen heraus und drückt jedem Kind einen in die Hand.

Die Mütter fallen fast in Ohnmacht vor Begeisterung.

»DIIIEEE sind ja toll, die sehen ja aus wie Lollis und sogar mit Weihnachtsmotiv! Wie schaffst du es bloß, dir immer so schöne Sachen auszudenken!«, kreischen sie los und kriegen sich gar nicht mehr ein. »Können wir das Rezept haben?«

Mama erblasst. Keiner isst ihre Kekse. Und die sehen großartig aus.

Gucke auf meinen Lutscher.

Er ist schön verziert mit Motiven aus der Weihnachtsgeschichte von Charles Dickens. Ich erkenne den hartherzigen Geizkragen Ebenezer Scrooge und die drei Geister, die in der Gestaltung von Cordula-Claire außergewöhnlich lieb aussehen.

Alle bewundern die Lollis, sogar Marlon ist voll des Lobes.

Suche Sören-Wotans Blick, zeige auf Mamas Kekse und Marlons Dominosteine und gebe ihm ein Zeichen.

Er nickt, und wir schmeißen unsere Lollis zu Boden, wo sich der Matsch gierig über sie hermacht.

»Ach Kinder, ich hatte doch für jeden nur einen!«, sagt Cordula-Claire streng und schüttelt verärgert den Kopf.

»Aber das sind Kinder«, erwidert die Kita-Leiterin gütig. »So was passiert einfach.«

Cordula-Claire zieht die Muffinlollis aus dem braunen Sumpf und versucht, sie mit ökologisch abbaubarem Küchenkrepp zu säubern, den sie offensichtlich immer in ihrer Handtasche bei sich hat. Vergeblich. Aber zumindest ist sie nun beschäftigt und sagt nichts mehr.

Sören-Wotan und ich machen uns über Mamas Kekse und Marlons Dominosteine her und sind uns einig, dass uns noch nie im Leben etwas auch nur annähernd so gut geschmeckt hat.

Kapitel 34

LECKMUSCHELN

Mama macht sich schick für die Uni. Ich will wieder mit, umarme sie und lasse nicht los, doch sie lacht und sagt: »Mia, ich kann dich nicht immer mitnehmen. Aber wenn du mal groß bist, darfst du dort studieren, und jetzt fahre ich hin und verdiene das Geld dafür.«

Es wäre doch umso besser, wenn ich mitkomme, dann lerne ich gleich den ganzen Betrieb kennen und halte mich bei Studienbeginn nicht mit Raumsuche, Eingewöhnung und anderen lästigen Widrigkeiten auf. Motiviert klammere ich mich noch fester an sie.

»Mia, mach es mir doch nicht so schwer«, seufzt Mama und geht vor mir in die Hocke. »Weißt du, meine Süße, mir fällt das auch nicht leicht. Kaum bin ich weg, vermisse ich dich schon.« Sie lächelt mich an, wobei sie zugleich ein bisschen traurig aussieht. »Aber dafür ist das Wiedersehen immer umso schöner! Stell dir vor, ich wäre immer da, wir würden uns wahrscheinlich ziemlich auf die Nerven gehen.«

Nein, Mama. Und wenn, kann man ja ein Weilchen in sein Kinderzimmer gehen. Oder ins Atelier. Aber meine Mama würde mir nie auf die Nerven gehen, niemals. Das weiß ich genau. Wenn sie doch nur zu Hause bleiben könnte. Bei Bedarf verfügbar. Und Papa auch. Eigentlich sollten weder Papa noch Mama arbeiten gehen, sondern Geld vom Staat für die Kindererziehung bekommen. Vor allem, wenn man zwei Kinder hat. Nur Bötchen fahren, spielen, kneten und zwischendurch mal den Windeleimer leeren. Und man bräuchte wirklich beide Eltern, denn vor allem Papa hat manchmal ernsthafte Schwierigkeiten, sich gleichwertig um Fritz und mich zu kümmern. Denn Oma kann ja auch nicht immer kommen. Und wenn der Knirps gewickelt werden muss und ich gleichzeitig meinen altersgerechten Tobsuchtsanfall bekomme, kann das doch einer allein gar nicht bewerkstelligen.

Also entweder ein Erwachsener mit einem Kind. Mit zwei Kindern müssen zwei her. Bei drei Kindern die Oma dazu. Bei vier auch noch der Opa. Wenn er noch fit ist. Bei fünf – okay, fünf sind eh zu viel, sagt Oma immer, wir seien ja hier nicht bei den Mormonen. Da kämen auf fünfzig Kinder nur ein paar Frauen, und der Mann triebe sich auf Arbeit und zwecks Haremsvervollständigung herum.

So gesehen habe ich es eigentlich ganz gut. Auch wenn sie sich häufig streiten, sind meine Eltern zusammen und teilen sich alles: Kinder, Küche, Karriere.

Zufrieden lasse ich Mama los und will ihr einen Abschiedskuss geben, doch sie reißt die Augen auf und ruft: »Da! Chris, sieh nur – Fritz!«

Papa kommt erschrocken um die Ecke geflitzt und zückt in Erwartung einer schrecklich gefährlichen Situation, aus der er Fritz retten kann, seine Kamera.

»Was ist denn los? Da ist er doch«, sagt er irritiert.

»Siehst du denn nicht? Fritz! Er läuft!«

Na ja. Laufen kann man das nicht nennen. Laufen ist das, was Usain Bolt macht – souverän und ausdauernd einen Schritt vor den anderen zu hämmern. Das hier erinnert eher an einen Catwalk für zahnlose Menschen, die ihren Rollator verlegt haben. Fritz hat sich schwerfällig am Sofa hochgezogen und exakt drei Schritte gemacht.

Drei.

Trotzdem sind Papa und Mama begeistert und juchzen.

Laufe neben Fritz her und erwarte Lob. Nichts passiert. In Ordnung. Da ich älter bin, lege ich locker einen drauf. Gehe im Stechschritt, ich sprinte, gehe wie John Cleese auf Anweisung des Ministeriums für komische Gangarten. Für Monty Python hat Papa aber anscheinend nichts übrig, denn er würdigt mich keines Blickes. Also gehe ich auf allen vieren und tölte.

Papa hält die Kamera hoch und sagt: »Mia, geh mal aus dem Weg. Das ist einmalig!«

Das, was ICH tue, ist einmalig. Jedes Islandpferd würde vor Neid erblassen, wenn es mich sähe. Aber Papa ist glücklich, wenn Fritz einfach nur geht.

Möchte ihm zurufen: »Gehen ist nichts Besonderes – einfach eine Fortbewegungsart, bei der es im Gegensatz zum Laufen keine Flugphase gibt.«

Erwachsene sind komisch. Was würdet ihr denn sagen, wenn Heidi Klum hier vorbeiwalkte? »Heidi, geh mal aus dem Weg? Fritz ist dran!«

Papa spricht in die Kamera: »Fritz ist jetzt ein Jahr alt und macht seine ersten Schritte. Ich bin unglaublich stolz, aber jetzt muss ich die Wohnung wieder sichern wie damals bei Mia. Fällt euch noch etwas ein, an das ich dabei denken sollte? Euer Chris-Dad.«

Mama ist so von Fritz' ganz normalem Entwicklungsschritt hingerissen, dass sie gar nicht mitbekommt, was Papa treibt. Entwicklungsschritt, haha, im wahrsten Sinne des Wortes. Für mich interessiert sich keiner. Teddy hat gesagt, ich soll immer positiv denken, was mir jedoch immer schwerer fällt. Alle Augen sind auf Fritz gerichtet.

Jetzt habe ich es. Der Weg ist das Ziel. Nicht gesehen zu werden hat auch Vorteile.

Verschwinde in die Küche, ziehe den Tripp Trapp an den

Schrank heran, steige hinauf und öffne die verbotene Tür. Es ist wie eine Offenbarung. Beim Anblick der Lakritzschnecken, des Mäusespecks und der Leckmuscheln wird mir der ganze Sinn irdischen Daseins auf einen Schlag klar. In Windeseile stopfe ich mir so viel wie möglich in die Backentaschen. Lecke an den Muscheln. Rolle die Lakritzschnecken auf. Mmmh, ist das lecker. Hoffentlich »läuft« Fritz noch ein bisschen auf seinen krummen Beinchen durch die Gegend. Ich sporne ihn an: »Halte durch, Fritz. Großartig, wie ... äh ... toll du läufst!«

Als Mama sagt: »Jetzt muss ich aber gehen«, kann ich gerade noch vom Tripp Trapp springen. Aua. Mein Fuß tut höllisch weh, und ich brülle vor Schmerz. Papa kommt und sagt: »Mia, du brauchst doch nicht zu schimpfen, jetzt machen wir zwei was Schönes zusammen.«

»Da, Fuß, aua«, höre ich mich brüllen, und Papa erwidert: »Ja genau, Fritz geht heute zum ersten Mal zu Fuß, das ist toll, oder? Ich hole uns jetzt ein Spiel, und dann machen wir es uns gemütlich.«

Ich gebe auf. Hole mir das Coolpack aus dem Tiefkühlfach und schütte ein paar Arnika-Globuli in meine Hand. Selbst ist die Frau. Gegen die Lakritzschnecken sind die kleinen weißen Kügelchen von der Süße her eher mäßig, aber Mama sagt immer, wenn man dran glaubt, dann lassen sie den Schmerz wegfliegen. Das finde ich einen interessanten Gedanken. Frage mich oft, wohin er denn fliegt, der Schmerz. Vielleicht gibt es einen Ort, an dem sich die ganzen Schmerzen versammeln, aber nur die, die mit homöopathischen Mitteln zum Wegfliegen genötigt werden. »Du auch hier?« – »Ja, war auf dem Knie von einem Kind, aber dann kam das böse Nux Vomica, und jetzt bin ich hier.« – »Mich hat Arnika vertrieben, ein fürchterliches Zeug.«

Nachdenklich humpele ich ins Wohnzimmer.

Fritz steht immer noch am Sofa und grinst.

Strecke ihm die Zunge raus.

Er lacht und sagt: »Deine Zunge ist braun.«

Papa antwortet: »Ja, Fritzchen, da bist du stolz – toll, wie du stehen kannst.«

»Klingt wie ein Lob für einen spontan abstinenten Exalkoholiker in seiner Lieblingskneipe«, murmele ich vergrätzt.

Fritz lacht immer noch. Vielleicht auch über meinen Witz. Manchmal habe ich ihn tatsächlich lieb.

Papa hat eine viereckige bunte Pappe aufgestellt, die wie ein Aquarium aussieht. Auf die Pappe sind Meeresbewohner gemalt, und Papa sitzt erwartungsvoll mit zwei winzigen Plastikangeln vor dem Bassin. Will nachsehen, was sich im Inneren befindet, aber Papa hält mich zurück.

»Nein, Mia, da darf man nicht reingucken.«

Wieso nicht, ist doch ein Aquarium? Und wenn die Scheiben aus undurchsichtiger Pappe sind, bleibt einem wohl nichts anderes übrig.

Papa gibt mir eine Angel und erklärt: »Da sind Fische drin, und die angeln wir jetzt.«

Der Sinn des Prozederes erschließt sich mir nicht, könnte man doch einfach die Pappe hochheben, die Fische nehmen und braten. Ist eh nicht gut für Fische, auf dem Trockenen zu liegen. Aber Papa zuliebe lasse ich mich darauf ein.

Halte die Angel über das Bassin. Sofort fühlt es sich an, als würde etwas daran ziehen.

Papa rastet aus vor Freude. »Du hast einen, zieh ihn raus!«

Offensichtlich habe ich Talent.

Zögernd hebe ich die Angel.

Tatsächlich.

An der Angel hängt ein – Plastikfisch.

Gucke Papa an und überlege, ihm einen guten Psychiater zu suchen.

»Toll, Mia, dein erster Fisch, und dann auch noch ein echter Thunfisch – mal sehen, ob ich auch so viel Glück habe.«

Er hält seine Angel hinein.

Fritz findet das offensichtlich genauso dämlich wie ich und tritt gegen das Becken.

Ich halte meinen Daumen hoch, um ihm mein Einverständnis zu geben, doch Papa ist nicht begeistert von unserer Verbundenheit.

»Fritz, was soll das?«

Fritz krabbelt auf uns zu, schnappt sich die Fische und wirft sie durch die Gegend.

In seiner Not greift Papa zur Kamera und beginnt, den Followern sein Leid zu klagen und um Rat zu fragen.

Da er müde ist, beschließe ich, ihm diesmal zu helfen. und hole die Fischstäbchen aus dem Tiefkühlschrank. Es soll ein richtiger Actionfilm werden. Man soll sehen, dass Papas pädagogische Bemühungen fruchten und die ganze Anregung mit der maritimen Unterwasserwelt von uns begeistert aufgegriffen wird. Eifrig reiße ich die Packung mit den Fischstäbchen auf und werfe auch sie durch das Wohnzimmer. Ruckzuck landen Fischstäbchen auf dem Lampenschirm, auf dem weißen Flokati und aus Versehen auch auf Fritz' Kopf. Das Weichei fängt natürlich sofort an zu heulen, und Papa legt die Kamera an die Seite, meckert mich an und nimmt Fritz auf den Arm.

Das ist so ungerecht. Nun soll ich schuld sein, dabei hat Fritz angefangen.

Vor lauter Ärger verliere ich die Kontrolle über meinen Schließmuskel – und mir kommt der Verdacht, dass das Verstecken von Lakritzschnecken vor Kleinkindern womöglich einen Sinn haben könnte. Jedenfalls rumpelt und pumpelt es in meinem Gedärm, und ein Schwall ockerfarbener Suppe ergießt sich durch meine Hosenbeine auf den weißen Teppich.

Papa schreit auf und trägt mich tropfend ins Badezimmer.

Fritz krabbelt hinterher, wobei er an einem eiskalten Fischstäbchen lutscht.

Papa greift zum Handy und ruft Oma an.

»Bitte komm schnell« ist alles, was er zu sagen im Stande ist.

Fast tut er mir leid, aber er soll uns bloß nicht noch einmal für dumm verkaufen.

»Mama erzählen wir aber nichts, okay?«, sagt er verschwörerisch zu Fritz und mir.

Wir gucken ihn an.

»Ihr kriegt auch ein Eis.«

Wir gucken immer noch.

»Magnum.«

Keine Reaktion

»Magnum Double.«

Wir sind einverstanden und nicken.

Still-Bill, der Mami-Chat:

Kunstabzugshaube: Ihr könnt euch das nicht vorstellen, gestern kam ich nach Hause, und im Wohnzimmer war alles voller Fischstäbchen, eine Riesensauerei! Und außerdem eine lange Linie brauner, übelriechender Sprenkel – Mia hat den Megadurchfall! Erlebt ihr auch manchmal so was, wenn ihr eure Männer kurz mal mit den Kindern allein lasst? Muss man denn alles selber machen?

Thermomixfee: Siehst du, Männer sind einfach nicht für die Kindererziehung gemacht.

Einlauf-Mutter: Stimmt. Die sind für überhaupt nichts gemacht. Nur grillen, das können se.

MissKatze7: Und Wasserkästen tragen.

Amaranth-Stute: Na ja, also meiner kann auch …

Einlauf-Mutter: RUHE!

Kapitel 35

HEISSE MILF MIT HONIG

Es ist Weihnachten. Wie im letzten Jahr steht plötzlich wieder dieser merkwürdige Tannenbaum mitten im Zimmer, Mama packt ihre Blockflöte aus, und Oma und Opa trinken feierlich einen Kabänes nach dem anderen.

Oma sagt glücklich: »Was wäre Weihnachten bloß ohne Kinder.«

Papa sagt: »Erholung.«

Doch er hat offensichtlich noch nicht genug vom Angeln und stellt das Pappaquarium wieder auf. Oma sagt begeistert: »Chris, wie du dich immer kümmerst, einfach toll.« Sie kippt noch einen Kabänes hinterher. »Na ja, bleibt dir ja nichts anderes übrig.«

Mama schüttelt den Kopf.

»Genau, der arme Mann, domestiziert von diesem fürchterlichen Weib, das aufgrund DEINER Erziehung völlig verkorkst ist.«

»Eins zu null für Heike«, lallt Opa und wird dafür mit einem strengen Blick von Oma bestraft. »Was denn? Ist doch wahr«, fährt Opa fort. »Du hast sie doch zur Selbständigkeit erzogen und sie studieren lassen. Wenn es nach mir gegangen wäre, hätte sie die Metzgerei übernommen.«

O Gott. Zwischen Leberwurst im Darm und Pansen groß zu werden, stelle ich mir in Zeiten des wachsenden Veganismus alles andere als schön vor.

»Jean-Baptiste Grenouille ist von einer Fischverkäuferin

unter dem Schlachttisch geboren worden. Und? Hat es ihm geschadet?«, sagt Teddy.

»Ja«, sage ich. »Da sieht man mal, was so was aus einem machen kann.«

Teddy lacht und zwinkert mir zu. »Ist aber trotzdem ein berühmter Parfümeur geworden.«

Weil Papa mir in seiner Begeisterung zum Naiven leid tut, greife ich nun ebenfalls zur Angel. Da fällt mir auf, dass dieser Ozean nicht realistisch ist. Lege die Angel wieder weg und werfe ein paar Plastiktüten ins Becken. Zufrieden nehme ich die Angel wieder in die Hand und will weitermachen. Doch Papa schüttelt den Kopf und nimmt die Tüten wieder heraus.

Ich werfe sie wieder hinein.

Papa sagt: »Nein, Mia, die gehören nicht ins Meer!«

Ich antworte: »Das stimmt natürlich, Papa, aber so was schwimmt nun einmal im Ozean, überall Aldi, Lidl, Kaufhof, da kann man nichts machen.«

Papa sagt: »Nein, Mia, wir gehen jetzt nicht zum Aldi, es ist Weihnachten, jetzt spielen wir Spiele.«

Geduldig nimmt er die Tüten wieder heraus.

Ich schreie: »Papa! Du musst dich an den Gedanken gewöhnen! Die sind da drin, und das ist ja eine ganz neue Kette! Der Fisch frisst das Plastik, und wir essen den Fisch. Und dann sitzt du irgendwann beim Arzt, und der sagt: ›Verstopfung? Nein, das ist keine Verstopfung. Das ist ein Bobby Car.‹«

Fritz kichert.

»Lass sie doch, Hauptsache, später wird der Müll getrennt. Und zwar sachkundig«, grunzt Opa und kriegt von Oma einen Stoß in die Rippen.

Mama kommt aus der Küche und fragt, was hier los sei.

Papa antwortet, nichts Besonderes, aber sie sieht an meinem Blick, dass ich mit der Laissez-faire-Haltung meines Vaters in Bezug auf die ökologische Verschmutzung unseres blauen Planeten nicht einverstanden bin.

Sie will mich ablenken und sagt: »Mia, mal doch mal was Schönes, das kannst du doch jetzt auch schon so gut.«

Bezweifle, dass sie das ernst meint, gerade sie als Kunstsachverständige ist normalerweise sehr kritisch. Trotzdem fühle ich mich geschmeichelt und greife nach den Wachsmalstiften.

Papa schaut auf. Er hat einen Weihnachtspulli an, einen roten Strickpulli mit einem braunen, debil grinsenden Elch darauf. Drumherum tanzen ein paar Schneeflocken.

Finde das realitätsfern. Weder haben wir an Weihnachten hier Elche noch schneit es. Besser wäre ein Pulli mit grauer Matsche darauf und Menschen mit vollgestopften dicken Bäuchen, die die Bedeutung von Weihnachten vergessen haben und die üblichen Familienstreitigkeiten mit einem Übermaß an Alkohol und fetthaltigen Speisen zu kompensieren versuchen.

Papa und der Elch blicken zu Mama in ihrem schicken Hosenanzug. Der Elch grinst weiter, aber Papa schüttelt den Kopf und sagt: »Findest du, Mia Krickelkrackelbilder malen zu lassen, pädagogisch etwa sinnvoller als ein richtiges Spiel mit ihr zu spielen?«

Richtiges Spiel, pah, unrealistisches Szenario eines hirnamputierten Spieleerfinders, meinst du wohl. Und was heißt Krickelkrackelbilder? Alter, geht's noch?

Setze den Stift an.

Male das Meer mit allem, was darin ist. Riesigen Kraken, Stachelrochen, Seetang, Tüten, Mikroplastik, Muscheln, wenigen Korallen, Flaschen, rostigen Nägeln, Feuerquallen, Massen von giftigen Algen. Und ein paar verrotteten Dominosteinen, immerhin ist Weihnachten. Es wird ein unruhiges Bild, das Meer ist in Aufruhr.

Mama und Papa lachen und sagen: »Na, da probiert aber einer erst einmal munter alle Stifte aus, was?«

Gucke mich um, ob Fritz hinter mir steht. Doch er sitzt auf dem Sofa und kaut genüsslich an einem Wachsmalstift.

Oma und Opa lachen auch. »Was für ein Durcheinander, Mia, du kannst aber schöne Kreise malen!«

Wollen die mich veräppeln? Kreise? Die ganze Diffizilität, die Kritik an der Klimapolitik der Weltgemeinschaft, die Durchdringung der Materie Meer, die aquamarine Stellungnahme – nichts davon wollen sie erkennen?

Pah.

Ich schmolle ein Weilchen. Doch die Sehnsucht nach Anerkennung lässt mich nicht los, also bekommen sie, was sie wollen, denn was das ist, habe ich bei den älteren Kindern in der Waldkita gesehen.

Nehme mir ein neues Blatt. Greife zu schwarz.

Ein Kreis entsteht. Darunter ein paar gezielt gesetzte Striche.

Mama flippt aus. »Ein Kopffüßler! Mia hat ihren ersten Kopffüßler gemalt!« Sie gibt mir einen Kuss. »Ich wusste doch, dass du Talent hast!«

Papa betrachtet das Werk, zuckt mit den Schultern und fragt: »Was soll das sein?«

Mama zieht ihre Augenbrauen hoch.

»Sieht man doch. Das ist Donald Trumps Bumsschädel auf dem Weg in den Iran, um dem iranischen Präsidenten mal so richtig Feuer unterm Hintern zu machen und nicht nur per Twitter.«

Opa grunzt: »Echt?« Er betrachtet das Bild genauer.

Papa sagt: »Hä?«

Mama schnappt nach Luft.

»Chris! Das ist ein Kopffüßler! Das malen manche Kinder erst mit fünf!«

»Wonderful!«, entfährt es Oma, und sie klatscht in die Hände. Opa guckt sie scharf an. »Jetzt kommst du schon wieder mit Englisch daher, denkst wohl wieder an diesen Johnny? Willst du uns wie im letzten Jahr die Stimmung vermiesen?«

»Mia hat Talent«, lenkt Oma ab. »Sieh doch nur ihr schönes Bild.«

»Kopffüßler, ach so.« Papa zückt die Kamera.

»Denkst du auch noch mal an was anderes als an deine Kamera?«, fragt Mama gereizt. »Deine Tochter entwickelt sich rasant, und du hast nichts anderes zu tun, als zu filmen?«

»Einer muss doch die Familie ernähren«, murmelt Oma leise und zwinkert Papa anerkennend zu.

Papa spricht in die Kamera: »Meine Tochter hat einen Kopffüßler gemalt. Sie ist erst zweieinhalb, und was sie zeichnet verwirrt mich. Meint ihr, sie könnte hochbegabt sein? Und wenn ja, was soll ich machen? Leider kenne ich mich mit der Thematik gar nicht aus, würde aber gern alles richtig machen. Euer Chris-Dad.«

Mama kotzt in die Vase.

Nein, sie übergibt sich natürlich nicht, aber sie hat kurz die Blumen herausgenommen, und ihre Brechreiz-Pantomime ist eins a.

Oma wendet pikiert den Blick ab.

Ich lache.

Fritz kaut bereits an seinem dritten Wachsmalstift.

»Was soll denn das ›Euer Chris-Dad‹? Was redest du da – statt mal auf deinen Sohn achtzugeben, der sich gerade vergiftet!«, ruft Mama. Sie rennt zu Fritz und reißt ihm energisch den Stift aus dem Mund. Erschrocken sieht sie zu Boden, wo die kümmerlichen Reste von Rot, Grün und Ocker liegen. »Er hat schon drei Stifte gegessen!«

Endlich legt Papa die Kamera weg. »Ist das ein Problem? Wir haben als Kinder doch auch alles in den Mund gesteckt, Regenwürmer, Kronkorken, Zigarettenkippen. Und das hat uns doch auch nicht geschadet.«

»Dir anscheinend schon«, sagt Mama erbost. »Ruf die Giftnotrufzentrale an!«

Opa schenkt sich noch einen Schnaps ein.

Nun wird Papa nervös. Hektisch googelt er die Nummer und beschreibt am Telefon die Situation.

Kurze Zeit später gibt er Entwarnung.

»Die Dinger sind nicht giftig.«

»Auch nicht, wenn sie aus China kommen?«

Papa fragt noch einmal nach.

»Auch dann nicht, aber wir sollen demnächst zur Sicherheit lieber unlackierte Holzstifte nehmen.«

Oma kommentiert: »Ihr habt damals an Matrizen geschnüffelt und in Schulzimmern voller Asbest gesessen, das war auch nicht ...«

Opa stößt sie unter dem Tisch unsanft an.

Mama atmet hörbar aus.

Ich auch.

Die Bedeutung meines aquamarinen Kunstwerks UND des ersten Kopffüßlers weicht der Besorgnis über den Gesundheitszustand eines stiftefressenden, windelvollkackenden Schrittmachers. Hätte die Menschheit immer so reagiert, wären die Museen heute leer.

Stecke mir einen Stift in den Mund, aber Oma nimmt ihn mir wieder raus, sagt »Lass das, Mia« und trinkt noch einen Kabänes.

Mama greift zur Kamera und schaut sich Papas neuestes Video an.

»Chris-Dad«, schüttelt sie den Kopf. »Das ist wirklich albern, Schatz.«

»Warum?«, fragt Papa und nimmt eine männliche Haltung an. »Damit verdiene ich viel Geld!«

»Geld?«, fragt Mama argwöhnisch, »und ›Chris-Dad‹ – ist das dein neuer DJ-Name? DJ Chris-Dad is in the house? Schatz, werd doch mal erwachsen.« Sie gibt ihm einen Kuss.

»Bin ich«, sagt Papa, »bin ich. Und ja, Chris-Dad IS in the house. Wie in zu Hause oder in Hausmann. Heike, diese Videos stelle ich täglich online, ich habe einen eigenen Blog und mittlerweile schon fast tausend Follower. Es werden immer mehr, und bald werde ich damit so viel Geld verdienen, das du nicht mehr arbeiten gehen musst.«

Mama verschlägt es die Sprache.

Für den Fall, dass sie einen unkontrollierten Wutanfall bekommt, räume ich vorsichtshalber meine Lieblingstasse ab.

Mama greift sich den Laptop und ruft Papas und meine Site auf. Sie zappt durch die Videos, und ihre Miene verfinstert sich wie die Angela Merkels, wenn Horst Seehofer das Wort ergreift.

»Du verdienst Geld mit unseren Kindern!«, empört sie sich. »Und spielst den verletzlichen hilflosen Mann, der von anderen Müttern an die Hand genommen werden will! Du nutzt eiskalt Gefühle aus!«

Wütend knallt sie ihren Eistee auf den Tisch.

»Heike, die Leute wollen etwas darüber erfahren, wie sich ein alleinerziehender Vater durchs Leben schlägt.«

»Alleinerziehend?« Mama ist so rot wie ein im Solarium eingeschlafener Hautalterungsfan.

»Nein, so meine ich das nicht. Also teilweise alleinerziehend. Also wenn du nicht da bist. Wie ich das mache, mit Windeln wechseln und Katastrophen verhindern und Töpfchentraining und so weiter.«

Er hat mich auf dem Töpfchen gefilmt? Heimlich? Na warte, Papa, das kriegst du zurück. Wenn du das nächste Mal nackt aus der Dusche kommst, nehme ich die Kamera in die Hand. Es gibt Grenzen.

»Und das wollen die Leute sehen? Das ist doch nichts Besonderes!«

Mama ist heftiger in Rage als Louis de Funès in seinen besten Zeiten.

»Bei einem Mann schon«, sagt Oma.

»Mutter! Fang nicht schon wieder damit an!«

Oma lässt sich nicht beirren.

»Das macht doch sonst keiner so«, antwortet sie. »Weil es eben nicht in der Natur eines Mannes liegt.«

»Ach so! Was liegt denn in der Natur eines Mannes? Bier trinken, grillen, Aufsitzrasenmäher fahren?«

»Zum Beispiel«, antwortet Oma.

Mama schnappt nach Luft.

»Dass du so denkst, lässt sich offensichtlich nicht mehr ändern, aber du als mein Mann, Chris?«

»Na ja, ich finde es durchaus anerkennenswert von mir, dass ich Verantwortung für die Kinder übernehme.«

»Ich ja auch«, sagt Mama. »Aber ist das nicht selbstverständlich?«

»Nein«, sagen Papa, Oma und Opa gleichzeitig.

Mama fängt an zu weinen. »Es ändert sich nichts, rein gar nichts in der Gesellschaft.«

Papa geht zu ihr und streichelt ihren Arm.

»Doch, Heike, und durch meinen Blog will ich andere Väter dazu ermuntern, es mir gleichzutun.«

Mama schaut auf.

»So habe ich das noch gar nicht betrachtet.« Sie zögert, aber plötzlich sieht sie ihn liebevoll an, und mich beschleicht ein Glücksgefühl wie ich es sonst nur beim Essen von Nutella habe.

Mama nimmt sich den Laptop und scrollt die Leiste herab: »Aber deine Follower sind nur FRAUEN! Würde mich nicht wundern, wenn du dadurch auch Angebote ganz anderer Art bekommst!«

Fragend sieht sie ihn an.

Papa schweigt.

Opa schweigt auch, und Oma greift zu Dieter-Thomas und Heck.

»Chris? Kriegst du tatsächlich welche? Ich fasse es nicht!«

Papa starrt auf sein Craft Beer.

»Die meisten beantworte ich gar nicht«, versucht er Mama zu beschwichtigen.

»Die meisten?«, ruft Mama. »Das heißt, es gibt Angebote von wild gewordenen Milfs, die du tatsächlich beantwortest?« Mama bleibt die Spucke weg.

»Das ist doch alles rein beruflich«, sagt Papa.

»Wahrscheinlich schicken die dir auch noch Bilder. Ruuuuf miiiiich aaan! Deine heiße Milf mit Honig wartet auf dich.«

»Nein, Heike«, sagt Papa, muss aber ungewollt lächeln.

»Der traurige Papa mit seinen verrückten Kindern. Tolle Masche. Ist natürlich auch einfacher, als eine auf einer Ü-dreißig-Party aufzureißen.«

»Also bitte, das ist doch total einfach«, sagt Papa erstaunt.

»Bitte?«

»Schon gut«, sagt Papa.

»Das Video mit dem Schwimmkurs ist wirklich gut gelungen«, sagt Oma und schlägt sich die Hände vor den Mund.

»Du wusstest davon? Ausgerechnet du? Auch das noch.«

Sie lässt die Hände sinken, und mich beschleicht das Gefühl, dass sie die Tatsache von Omas Mitwisserschaft noch schlimmer findet als die Sache selbst.

Und das kann ich verstehen. Mir würde es auch nicht gefallen, wenn Levke-Fee als Erste erführe, dass Sören-Wotan mich liebt. Das soll er mir gefälligst selbst sagen.

Mama liest sich die Kommentare zu Papas Blog durch, wobei ich ihr über die Schulter sehe. Sie erbleicht vor Schreck.

»Diese Kommentare sind ... schrecklich! ›Wie furchtbar muss deine Frau sein, dass sie dich dauernd mit den Kindern allein lässt!‹ Und hier: ›Diese Rabenmutter kann von Glück sagen, dass sie dich hat. Du machst das alles so gut.‹ Oder hier: ›Ich würde meine Kinder nie auch nur eine Minute allein lassen, was ist das denn für eine Frau? Wie hat sie es geschafft, so einen grandiosen Mann wie dich abzukriegen? Wenn du mal Hilfe brauchst, melde dich, ich komme gern vorbei.«

Mamas Gesicht ist jetzt dunkelrot.

Papa sagt: »Was Mütter eben so schreiben. So ist das eben im Netz, da gibt es auch viel Gehässigkeit. Aber wir beide wissen doch, wie gut du zu den Kindern bist und wie viel du für sie tust.«

»Aber all diese Abonnentinnen hassen mich, weil du genau das in deinen Videos nicht erwähnst!«

Mama fängt an zu weinen.

Papa rauft sich hilflos sein Bärtchen.

»Aber du ...«

»Da sind wir doch wieder genau an dem Punkt, an dem wir auch neulich waren! Natürlich kümmerst du dich tagsüber um die Kinder, aber was ist mit dem Rest der Zeit? Und was ist mit all den Dingen, die für die Kinder erledigt werden müssen, die über die reine Betreuung hinausgehen? Hast du dir jemals Gedanken über ihre weitergehenden Bedürfnisse gemacht oder Verantwortung dafür übernommen?«

Hat er nicht.

Kann Mama gut verstehen und hoffe inständig, dass sich bis zu meiner Mutterwerdung die konservativen Meinungen dazu, wie man als gute Mutter zu sein hat und dass Väter ihren Teil zum Familienleben beitragen können, aber nicht müssen, in Luft auflöst und beide Elternteile gleichwertig Anerkennung für die Erziehung ihrer Kinder bekommen. Immerhin sind sie als Elternteil gleich wichtig für uns. Und das ist schön.

Aber das mit dem Pastinakenbrei, das sollte keiner von beiden machen. Das ist wirklich widerlich.

»Nein, Heike, das habe ich nicht«, antwortet Papa. »Dafür mache ich andere Sachen mit den Kindern. Ausflüge und Abenteuerparcours zum Beispiel. Ich passe mich den Kindern einfach an und lasse sie auch mal machen, worauf sie Lust haben. Und ziehe eben nicht immer diesen Tagesablauf durch, den du da im Sinn hast.«

Da hat Papa recht. Wenn Fritz und ich uns nicht gerade die Bauklötzchen auf den Schädel hämmern, lässt er uns wirklich länger spielen, als Mamas sekundengenau festgelegtes Rhythmuskonzept es zulassen würde. Und obwohl wir so manchmal mit den Einschlafzeiten durcheinanderkommen, ist das natürlich super.

»Und für die Spülmaschine bin offensichtlich nur ich zuständig«, murmelt Mama kraftlos.

»Fakt ist doch, dass ich mit diesen Videos ganz erheblich zu unserer Haushaltskasse beitrage UND der Gesellschaft ein neues Rollenbild präsentiere. Irgendwo muss man doch mal anfangen. Und ich kann Geld verdienen, während ich die Kinder betreue.«

Mama steht auf. »Ich brauche Zeit, um das zu verdauen.« Sie geht ins Arbeitszimmer, und ich höre, wie Farbe auf Leinwand klatscht.

Stelle mir ein Bild vor wie von K. O. Götz, auf dem die Farben zu explodieren scheinen, mit wütenden unterschiedlichen Farbströmen, Wirbeln und Schlieren.

Fühle mich hilflos.

Stelle mich vor die Krippe und frage Maria und Josef, wie sie die familiären Pflichten untereinander aufteilen.

»Sondersituation«, sagt Josef, »ich bin nicht der leibliche Vater.«

Ach so, stimmt ja.

»Hat aber auch Vorteile«, ergänzt er. »Goldene Regel: keine Zeugung, kein Spülmaschinendienst.«

Ich wusste doch, dass Religion mir nicht helfen kann.

Kapitel 36

GERHARD RICHTER UND DIE GURKE

Am nächsten Tag hat Fritz lustige Sprenkel in seinem Kacka.

Die bunten Punkte in der Windel hatten mich schon vorher irritiert, doch hatte ich das meiner Müdigkeit oder dem höchstwahrscheinlich vergorenen Apfelsaft zugeordnet.

»Guck mal, ich hab Disco-Kacka«, freut sich Fritz, und Papa sagt: »Dadada, Fritz, was für ein feines Häufchen.«

Nun ärgert sich auch Fritz, dass er nicht verstanden wird und legt mit offener Windel nach.

Papa springt zur Seite und flucht. Der braune Elch auf seinem Pulli ist jetzt bunt gesprenkelt und riecht wie eine biologisch frisch gegüllte Wiese.

Einen Moment lang überlegt Papa, ob er die Kamera holt, verwirft den Gedanken jedoch. Offensichtlich hat er Angst, dass die Situation außer Kontrolle gerät, und kramt hektisch nach einer neuen Windel.

Mama ruft: »Was riecht hier so streng?«, und betritt das Badezimmer. Papa versucht, sich den Pullover auszuziehen, ohne mit den verschmutzten Stellen in Kontakt zu kommen.

Mama lacht und sagt: »Hat es den schönen Pulli erwischt? Das ist aber schade! Dann musst du ihn jetzt wohl leider wegwerfen.«

Die Ironie in ihrer Stimme entgeht auch Papa nicht, und er antwortet aus dem Pulli heraus: »Kein Problem, Heike, ich habe gerade eine neue Gallseife gekauft, die mir Cordula-Claire empfohlen hat.«

Mama sagt trocken: »Na dann.« Sie überlegt und ergänzt: »Dann findet Cordula-Claire bestimmt auch diesen scheußlichen Pulli schön, oder? Chris, du bist keine zehn mehr.«

Papas roter Kopf taucht aus dem wollenen Gewebe auf. »Das trägt man aber heute, Heike, du hast echt keine Ahnung. Und keinen Humor mehr.«

»Ich – keinen Humor? Was soll denn daran lustig sein, dass sich ein erwachsener Mann in der Mitte des Lebens in einen kitschigen Kinderpulli zwängt? Das ist ... unsexy!«

Papa funkelt sie an. »Ach, sexy soll ich jetzt auch noch sein? Was soll ich denn noch alles machen? Kinder betreuen, den Haushalt schmeißen, sexy sein ... Soll ich vielleicht auch noch den Krieg in Syrien beenden, Alternativen für den Verbrennungsmotor erfinden, den Lärm von Laubbläsern und die Menstruationsschmerzen abschaffen?«

»Ja!«, ruft Mama und muss lachen.

Doch Papa ist in Rage.

»Und seit wann läufst du nur noch in spießigen Hosenanzügen rum und bist bis zur Kinnlade geschminkt? Meinst du etwa, das ist sexy?«

Mama hört auf zu lachen.

Fritz und ich sind ganz still und wissen nicht, was wir tun sollen. Es ist furchtbar, wenn Mama und Papa sich streiten.

Fritz sagt: »Vielleicht sollte ich sie mal durchschlafen lassen.«

»Gute Idee«, flüstere ich, »sonst lassen sie sich noch scheiden, und dann droht uns dieser Patchwork-Kram mit Halbgeschwistern und so was wie Elke-Carmen.«

Wir schütteln angewidert die Köpfe, nicken uns zu und nehmen einander an die Hand.

»Aber vielleicht bekämen wir dann eine Playstation«, murmelt Fritz.

»Träum weiter, viel zu früh für dich.«

»Jetzt fängst du auch noch damit an.«

»Es gibt Studenten, die finden meine Hosenanzüge schön«, sagt Mama.

»Ach«, erwidert Papa. »Ich dachte immer, ihr beschäftigt euch mit Kunst und nicht mit Mode. Dass dir überhaupt auffällt, was ich trage – du hast doch kaum mehr Zeit für mich. Die Cordula-Claire strickt halt gern ...«

»Wie bitte? Der Pulli ist tatsächlich von dieser blonden Hausfrau, die von der Vollblutjuristin zum Vollblut-Alpakawolle-Fan geworden ist? Sie hat das für dich angefertigt?«

»Immerhin Bio-Schurwolle.«

Mama setzt sich auf den Badewannenrand. »Und ich dachte immer, Frauen sind solidarisch untereinander und stricken nicht anderen Ehemännern doofe Pullis, um sie rumzukriegen.«

Papa und Mama sehen sich an.

Plötzlich fängt Papa an zu lachen.

»Mich rumkriegen? Mit einem Weihnachtspulli? Die Cordula-Claire?«

Er prustet und hält sich den Bauch.

»Du hast recht, ich habe immer davon geträumt, dass mir eine Frau einen Weihnachtspulli zusammenklöppelt. Jahrelang habe ich nur auf diesen Moment gewartet ...«

»Ist ja schon gut«, sagt Mama und presst Luft durch die Zähne. »Aber dass du dich von der vereinnahmen lässt ...«

Sie sieht traurig aus.

»Das tue ich nicht, Heike, aber irgendetwas stimmt doch zwischen uns beiden trotzdem nicht ...«

Papa blickt betreten zu Boden.

Ich muss mir was einfallen lassen.

»Mit gutem Essen steigt die Stimmung«, sagt Opa immer,

kurz bevor er sich die Leberwurst meterdick auf die Brötchenhälfte schmiert und den Saft der schlesischen Gurkenhappen auf sein weißes Feinrippunterhemd kleckert. Oma sagt dann: »Bei dir offensichtlich schon«, und knallt Serviette und Zahnstocher vor ihm auf den Tisch.

Aber zumindest einer ist glücklich dabei. Immerhin.

Beherzt sage ich: »Mama, lecker, Brot abrinden.«

Zuweilen benutze ich extra Neologismen, um sie in gütiger Überlegenheit zu wiegen. Auch diesmal funktioniert es hervorragend. Sie lächelt, nimmt mich auf den Arm und sagt: »Mia hat Hunger.« Papa trägt Fritz, und wir marschieren in die Küche.

Um es perfekt zu machen, hole ich das Gurkenglas aus dem Schrank. Da ich mich zu sehr beeile, fällt es mir aus der Hand und springt in tausend Stücke. Die Gurken liegen unregelmäßig verteilt auf den Fliesen, überall räkeln sich nun hauchdünne Glassplitter in den Ritzen der Fliesen wie Kim Kardashian bei der bemühten Präsentation ihrer Kurven. Sie macht das gern, und sie soll das tun, denn sie kann nichts anderes. Die Splitter haben eine interessante Form. Mit ihnen hätte Gerhard Richter das Fenster im Kölner Dom noch viel origineller gestalten können. Es glitzert wunderschön, und Fritz und ich staunen über die optische Verbesserung unseres Küchenbodens. Es funkelt nicht nur am Boden, sondern auch in Mamas Augen, was aber offensichtlich einen anderen Grund hat.

»Chris, warum hast du den Schrank schon wieder offen gelassen? Sieh dir das an, so eine Sauerei!«

Sauerei? Gut, die Gurken riechen streng, aber die Senfkörner und Glasfasern geben ein originelles Muster ab, ja, man könnte mit Fug und Recht behaupten, dass ich damit ein künstlerisches Fliesen-Design erfunden habe, das es so vorher noch nie gab.

Zufrieden wische ich mir die Finger an meiner ökologisch nachhaltigen Frotteehose ab.

»Jetzt musst du nur noch den Lack holen und alles fixieren«, sagt Teddy, und ich wundere mich über seinen Kunstsachverstand. Schenke ihm einen anerkennenden Blick, und er lacht und zwinkert mir zu, als ob er einen Scherz gemacht hätte.

Gerade will ich in Mamas Arbeitszimmer, da nimmt Mama mich wieder auf den Arm. »Wenn die Kinder da jetzt drüberlaufen, haben sie überall Splitter! Wenn man nicht alles selber macht ...«

»Jetzt mach mal nen Punkt, Heike!«, sagt Papa laut. »Ich kann doch nicht alles verschließen, so was kann mal passieren, das ist doch nicht so schlimm!«

»Aber unnötig«, setzt Mama nach. »Und gefährlich.«

»Ach Heike«, sagt Papa leise, seufzt traurig und zückt die Kamera.

Die Stimmung gefällt mir nicht. Am liebsten würde ich das Geschehene rückgängig machen, ist es doch für meine Eltern abermals ein Grund zum Streiten. Doch da ich nicht Bibi Blocksberg bin, ist das nicht möglich, also setze ich auf Ablenkung.

»Bist du krank, Mama? Dann hol ich meinen Kofferarzt!«

Mama lächelt mich an und sagt: »Ja, Mia, geh und hol deinen Arztkoffer.«

Teddy grinst und sagt: »Great, Mia, du hast gecheckt, wie man es machen muss.« Er betrachtet seine gut gefeilten Tatzen und ergänzt: »Man kann als Frau viel erreichen, wenn man sich ein bisschen doof stellt. Damit kriegst du später jeden Mann rum.«

»Jeden Mann?«, antworte ich. »Ich will nicht jeden. Ich will nur Sören-Wotan.«

»Nur für den unwahrscheinlichen Fall, dass du irgendwann einmal genug von Sören-Wotan hast.«

Mama setzt mich im Flur ab, und ich hole den Koffer. Während Mama den Boden wischt, horche ich Fritz und Papa ab und diagnostiziere schwere Lungenkrankheiten, die man nur mit Süßigkeiten heilen kann.

Kapitel 37

MÄDCHENTAG

Es ist Frühling, die Krokusse blühen, und Mama und ich haben heute unseren ersten Frauentag. Nach unserer Backaktion neulich sagte sie: »So einen Tag sollten wir regelmäßig miteinander verbringen, nur wir beide, nur wir Mädchen.«

Mama muss in der Midlife-Crisis sein. Sich in dem Alter als Mädchen zu bezeichnen ist ein eindeutiges Zeichen der Bewusstwerdung des körperlichen Verfalls und der Angst vor den nahenden Wechseljahren. Doch das ist mir egal, denn als sie das sagte, hat sie mich auf eine ganz bestimmte Art angelächelt, und das fühlte sich schön an. Habe mich an sie geschmiegt und mir vorgestellt, wie wir zusammen Kunstwerke gestalten, schaukeln und auf Bäume klettern.

Doch nun sitzen wir im Café. Es ist ziemlich laut, denn andere Mütter hatten die gleiche Idee und sitzen ebenfalls mit ihren Kindern dort. Die Mütter lassen sich einen laktosefreien Kurkuma-Latte-macchiato servieren, und die Kinder bekommen einen Kakao oder Milch aus der Brust. Aus der Brust der Mutter natürlich, nicht aus der der Bedienung. Das wäre ja was, ein Still-Café, in dem die Bedienung kommt und die Babys anlegt.

Über den Gedanken muss ich lachen, und Mama denkt, dass es mir hier gefällt. Sie lächelt mich an und fragt schreiend, wie es mir geht. Ich rufe zurück: »Gut, Mama, nur ein bisschen laut hier!«

»Nein, Mia, der Kakao ist nicht geklaut, den habe ich bestellt!« Sie lacht und tauscht sich kurz mit einer Mutter am Nebentisch über die ersten Sonnenstrahlen und die Frühblüher aus.

Irgendwie scheint mir die Unterhaltung mit meiner Mutter ein Vorzeichen dafür zu sein, wie es im Alter sein wird.

»Mama, nebenan wohnt der Rolf!« – »Hä, Mia, sprich lauter, dein Mann hat 'nen Golf? Die gibt's gar nicht mehr, da war damals der Skandal mit dem Diesel.«

Mama sitzt neben mir auf dem Sofa und strahlt.

»Ist das nicht schön, Mia? Hier können wir uns ungestört unterhalten.«

Sehe mich um. Ungestört. Überall multitaskingfähige Mütter, die sich unermüdlich mit anderen Müttern und ihren Lebensweisen vergleichen. Drei Babys testen schreiend ihre körperliche Leistungsfähigkeit auf Lungenfunktion und Strapazierfähigkeit der Stimmbänder.

»Du bist aber laut, fein machst du das, Charleston-Hinnerk!«

Ich fasse es nicht. Der Knirps wird tatsächlich für seine unerträgliche Schreierei gelobt.

Das ist interessant. Ich schreie auch.

Alle gucken mich an, Mama wird rot und sagt: »Mia, hör auf, was soll denn das, es ist doch alles gut.«

Finde das Gebrüll eigentlich auch doof und außerdem anstrengend und höre auf. Die Mütter wenden sich wieder ihren laktose-, gluten- und spaßfreien Heißgetränken zu.

Charleston-Hinnerk streckt mir die Zunge raus. Dann beginnt er, die Handtasche seiner Mama durch die Gegend zu schleudern und sie in rhythmischen Abständen auf den Boden zu knallen. Es hat fast etwas von einer südamerikanischen Merengue, aber eben nur fast, und ich denke, entweder hört der Lärm jetzt auf oder mir bleibt nichts anderes übrig, als dazu zu tanzen.

Auch Mama nervt der Krach, und sie fragt die Mutter höflich und diplomatisch: »Ist das in Ordnung für Sie? Geht die Tasche dabei nicht kaputt? Das schöne Leder!«

»Kein Problem, die ist vegan.«

»Ach so, vegan«, sagt Mama belustigt, »aber auch laut.«

Plötzlich ist es still im Café.

Die Handtaschen-Veganerin sagt mit fester Stimme: »Sie wollen doch nicht ernsthaft meinen Sohn in seiner motorischen Entfaltung einschränken?«

Mama lacht. »Nein, nein«, antwortet sie, »aber unterhalten kann man sich dabei nicht mehr, das müssen Sie zugeben.«

»Kennen Sie sich in den Entwicklungsphasen der Kinder nicht aus? Gegenstände auf den Boden zu werfen ist in diesem Alter normal für sie und beruhigt Kinder.«

»Aber mich nicht«, ruft Mama.

Mich auch nicht.

Mama ergänzt: »In diesem Café geht es doch nicht ausschließlich um das Wohlbefinden der Kinder.«

»Charleston-Hinnerk, die Frau meint das nicht so«, erklärt die Mutter Mamas Verhalten dem puerto-ricanischen Klopfspecht.

»Doch!«, sagt Mama. »Lieber Charleston-Hinnerk, ich meine das genau so. Hör mal, bei dem Krach kann sich ja keiner mehr unterhalten. Guck dir doch einfach in Ruhe ein Buch an.«

Charleston-Hinnerk schaut sie an. Dann nimmt er die Kaffeetasse seiner Mutter und schmeißt sie auf den Boden.

»Sehen Sie, was Sie angerichtet haben!«, ruft seine Mutter erbost. »Jetzt fühlt er sich angegriffen!« Sie nimmt ihn auf den Schoß und lässt die Servicekraft die Scherben aufsammeln. »Armer Charleston-Hinnerk, du musst dich nicht aufregen, die Frau ist eine von diesen Karrieremüttern, die von Erziehung keine Ahnung haben.«

Mama schnappt nach Luft, doch mir gelingt es, sie mit der Frage nach Buntstiften und dem Mandala-Malblock abzulenken. Dabei sind Mandalas eigentlich gar nicht mein Ding, stumpfes Kolorieren von vorgefertigten Schwarzweißkritzeleien ist mir zu profan.

Die Mütter wenden sich wieder ihren Getränken zu und reden weiter über Schwangerschaftsstreifen, Pilateskurse und Grünkohl-Banane-Ingwer-Smoothies.

Nur eine der Mütter zeigt Mama ein verstecktes Daumenhoch. Mama freut sich und malt mit mir ein Mandala aus. Es scheint sie zu beruhigen. Besonders warme Farben haben es ihr angetan, Rot, Orange, Eidottergelb.

Neulich hat sie von Wiebke ein Ausmalbuch für Erwachsene geschenkt bekommen. Ihre immense Freude darüber hat mir wieder einmal gezeigt, dass mit der Welt irgendetwas nicht stimmt. Erwachsene sagen, dass sie zu wenig Zeit für ihre Kinder haben, um sich dann in ihrer Freizeit stumpfer infantiler Musterkolorierung putziger Zauberwälder zu widmen. Wenn sie nicht gerade Origami-Enten falten oder sich an der Serviettentechnik in der Form eines Schwans versuchen. Falzen bis zur Urne.

Na ja, immerhin besser als Saufen.

Mama malt mit einer Begeisterung, die ihresgleichen sucht. Zwischendurch telefoniert sie kurz mit einem ihrer Studenten. Die Frauen nehmen das mit hochgezogenen Augenbrauen wahr, doch mich stört es nicht, denn Mama hatte die ganze Zeit das Rot, das ich ihr nun problemlos aus der Hand nehmen kann.

Wir sind gerade beim dritten Mandala, da hören wir, wie die Charleston-Mutter ihrer Freundin erzählt: »Kennst du schon den Blogger-Chris? Der ist total smart.«

Mama hält inne, guckt mich an und bedeutet mir, still zu sein.

Die Freundin reagiert prompt: »Ja, der kümmert sich so süß um die Kinder und lässt sich dabei von erfahrenen Müttern beraten.«

»Der muss ja eine ganz furchtbare Frau haben, die kümmert sich gar nicht um die Familie. Dabei ist er so attraktiv.«

Mama stößt versehentlich die Stiftdose um, die scheppernd zu Boden fällt.

»Können Sie mal etwas leiser sein? Das geht ja gar nicht!«, ruft die Charleston-Mutter meiner Mama zu, und ihre Freundin lacht.

Mama spielt die Gleichgültige, nein, sie schafft es sogar, plötzlich wie eine Verbündete zu wirken und erwidert: »Den kenne ich auch.«

Ich kichere, doch Mama sieht mich streng an, damit ich den Mund halte.

»Ach ja? Sie?« Die Handtaschen-Mutter hebt ihre Augenbrauen.

Die Freundin lächelt Mama an und sagt in die Runde: »Ja, wer kennt den nicht? Der ist so süß! Meike hat ihm schon mal geschrieben und ihm ein paar Erziehungstipps gegeben, worauf er ganz lieb geantwortet hat.«

Erneut schmettert Charleston-Hinnerk die Handtasche seiner Mutter auf den Boden. Bäng, bäng, bäng.

Mama fragt: »Echt? Was hat er denn geschrieben?«

»Dass er total froh ist, Hilfe zu bekommen. Der muss sich ja alles selbst erarbeiten, der Arme, die Frau ist immer weg.«

»Hat er das so gesagt?«

»Nicht direkt«, sagt die Charleston-Mutter-Freundin. »Aber das merkt man doch.«

Mama entspannt sich.

»Außerdem hat er ihr angeboten, sich mal zu treffen und sich über Erziehungsthemen auszutauschen. Knickknack, wenn du verstehst, was ich meine.«

Mama wird blass.

»Erziehungsthemen, soso«, lacht die blonde Charleston-Mutter. »Klar, und ich heiße Horst.«

Wusste ich es doch. Umoperiert. Deshalb die tiefe Stimme. Und die Toleranz ihrem lauten Sohn gegenüber.

Mama scheint das irgendwie zu stören. »Interessant! Trifft er sich denn öfter mit seinen Fans?«

»Ich glaube schon«, sagt die Freundin. »Er fühlt sich bestimmt einsam, wenn seine Frau immer weg ist. Das geht uns Müttern doch genauso. Und vielleicht führen sie sogar eine offene Ehe ...«

»Das reicht«, sagt Mama hastig und greift zum Handy. Die Mütter wundern sich über ihr barsches Verhalten und widmen sich tuschelnd ihrem Kaffee.

»Benjamin, ich habe es mir überlegt. Wir können uns heute Abend treffen. Ja, zwanzig Uhr passt. Bis später!«

Sie lächelt, wirkt jedoch angespannt.

Dann zahlt sie unsere Getränke, und während wir uns anschicken, das Café zu verlassen, hören wir noch, wie die Charleston-Mutter sagt: »Vielleicht schreib ich ihm auch mal.«

O Gott. Will nicht, dass die Totalitäre-Toleranz-Tussi meinem Papa schreibt. Egal, was sie ihm zu sagen hat, aber dieser Kontakt MUSS verhindert werden. Unter allen Umständen. Mama scheint das Gleiche zu denken. Sie nickt mir zu und flüstert: »So, jetzt kannst du.«

Das lasse ich mir nicht zweimal sagen.

Reiße Charleston-Hinnerk die Tasche aus der Hand und haue sie der Übermutti an den Kopf.

Sie springt auf und schreit: »Dieses Kind ist nicht im Geringsten erzogen! Typisch für diese Möchtegern-Karriere-Mütter, immer am Handy und das Kind emotional verwahrlost!«

Mama erwidert ruhig: »Kennen Sie denn nicht die Fachliteratur dazu? Was meine Tochter hier zeigt, ist eine Übersprungshandlung, die durch heftiges Zahnen bedingt ist. In dem Alter ist das normal und darf nicht unterbunden werden. Das muss man den Kindern zuliebe aushalten.«

Sie nimmt mich an die Hand und geht mit mir zur Tür hinaus. Draußen hält sie die Hand hoch und sagt: »Gimme five, Mia!«

Überglücklich schlage ich ein – was für ein schöner Mädchentag.

Aber nächstes Mal will ich klettern.

Als wir zu Hause ankommen, öffnet Papa uns die Tür, nimmt mich auf den Arm und will Mama einen Kuss geben, doch sie verweigert sich ihm.

»Ich habe noch was vor«, sagt sie. »Du musst heute die Kinder übernehmen, und abends später hast du ja sowieso noch mit deinem Blog zu tun. Wie immer.«

Sie rauscht ins Schlafzimmer, um sich umzuziehen.

Papa ist überrascht und ruft ihr hinterher: »Aber wir wollten heute doch unsere nächsten Ausflüge planen. Wo musst du denn hin?«

»Was Berufliches«, schallt es zurück. »Seit wann interessiert dich das überhaupt? Du hast doch genug anderes zu erledigen.«

Papa schüttelt den Kopf.

»Machst du wieder Diät?«, fragt er. »Oder warum bist du so schlecht drauf?«

Mama kommt aus dem Schlafzimmer. Sie hat einen ziemlich tiefen Ausschnitt, knallroten Lippenstift und glitzernde große Ohrringe.

»Diät?«, sagt sie. »Nein, wieso?«

»Ich dachte nur ...«

»Du findest mich also zu dick?«

»Das habe ich doch gar nicht ...«

»Sieh dich doch selbst an.«

»Ich habe doch gar nicht ...«

»Dein Bauch ist ...«

»Das kommt eben ab einem gewissen Alter ...«

»Du lässt dich unfassbar gehen! Aber ihr Männer, ihr dürft ja ruhig fiese Nasenhaare haben und Fusseln im Bauchnabel. Kaum macht ihr einen auf hilflos, kriegt ihr trotzdem die Frauen rum.«

Papa versteht gar nichts mehr.

»Welche Frauen? Dich kannst du ja nicht meinen – und andere sehe ich hier nicht!«

Das finde ich unverschämt. Gut, eine richtige Frau bin ich noch nicht, aber doch eindeutig weiblichen Geschlechts.

»Du weißt genau, was ich meine.«

»Weiß ich nicht!« Papa kratzt sich am Kopf.

Ich forme aus meinen Händen ein Herz und gehe auf sie zu, damit sie sich jetzt endlich küssen und alles gut ist, aber er versteht mich nicht und sagt: »Mia, lass mich doch mal los.«

Mama gibt statt ihm nun Fritz und mir einen Kuss und verlässt grußlos die Wohnung.

»Weißt du, was los ist?«, fragt Papa mich, doch ich habe das Gefühl, er meint das rhetorisch.

So geht es nicht weiter. Beschließe, die Sache selbst in die Hand zu nehmen.

Als er Fritz füttert, schleiche ich mich zu seiner Kamera und lösche das neue Video. Dann gehe ich zum Computer und ziehe den Stecker. Etwas Besseres fällt mir in der Eile nicht ein, und es muss schnell gehen, denn Fritz ist schon müde und isst sicher nicht sehr viel.

Ich blicke mich um. Blitzschnell greife ich zum Edding und male den Bildschirm von Papas Computer schwarz aus. Perfekt. Ich sehe mich in der Tradition von Kasimir Malewitsch mit seinem Schwarzen Quadrat, nur dass mein Werk nicht wie einst seine Ikone der Moderne (1915 in Petrograd) oben in der Ecke hängt, sondern auf Papas Schreibtisch steht.

Schnell husche ich ins Badezimmer und versuche, mir die Edding-Spuren an meinen Fingern abzuwaschen. Das ist harte Arbeit, aber nötig, denn Papa soll nicht mit Frauen wie der Charleston-Mutter chatten.

Und Mama soll nicht mit ihren Studenten ausgehen. Schnappe mir Papas Handy und schicke ihr eine Whatsapp-Nachricht: 😍 💩 🖤 👣 👣 🚽 🕯 😨

Zufrieden lege ich das Handy zurück und widme mich einem Puzzle aus drei Teilen, damit er nichts merkt.

Am nächsten Morgen sitzt Mama beschwingt am Frühstückstisch. Obwohl sie alles andere als krank aussieht, nimmt sie eine Kopfschmerztablette.

Papa sagt: »Der Abend gestern war übrigens ziemlich anstrengend, Fritz wollte partout nicht einschlafen.« Er seufzt und fragt: »War dein Abend wenigstens erfolgreich?«

Mama räuspert sich und murmelt: »Kann man sagen.« Sie schaut auf. »Und deiner? Hast du noch an deinem Blog gearbeitet?«

»Nein«, sagt Papa. »Das mache ich nachher.«

»Was hatte diese Nachricht zu bedeuten, die du mir gestern noch geschrieben hast?«, fragt sie. »Du wusstest doch, dass ich in einer Besprechung bin.«

»Was für eine Nachricht?«, wundert sich Papa. »Ich habe dir nichts geschrieben.«

Mama zückt ihr Handy.

Jetzt wird es brisant.

Ich rutsche tiefer in meinen Hochstuhl und esse brav mein Brot auf. Fritz will es mir wegnehmen, was ich normalerweise nicht zulasse, doch diesmal gebe ich ihm schnell ein Stück von der harten Rinde. »Wir dürfen nicht auffallen«, flüstere ich ihm zu, doch ihn interessiert sowieso nur die Rinde, auf der er jetzt mit seinem zahnlosen Kiefer zu kauen versucht.

Mama zeigt ihm die Emoticons. »Liebe, Kuss, Herz, zwei Hasen, ein Toilettenschild für Paare, Kussmund – das hast du mir gestern geschrieben.«

Toilettenschild für Paare? Oh. Ich dachte, das sei ein Liebespaar in der Nacht.

Papa streicht sich durch den Hipster-Bart.

»Das war ich nicht.« Seine Stimme klingt ernst. »Das muss ein anderer geschrieben haben.«

Mama überprüft hektisch ihre Nachrichten auf Verwechslung des Absenders.

Papa lässt nicht locker. »Heike, von wem bekommst du solche Nachrichten?«

»Das kann doch gar nicht sein, so was kommt doch nur von dir, und der Benjamin war doch mit mir ...«

Sie hält sich die Hände vor den Mund.

»Benjamin? Der tätowierte Student mit dem riesigen Flesh Tunnel im Ohr, durch den eine Hummel fliegen kann? Auf so was stehst du? Mit DEM hast du dich getroffen?«

»Es ist nicht so, wie du denkst«, antwortet Mama, doch sie wird rot und senkt ihren Blick.

O nein, das hatte ich nicht beabsichtigt.

Schiebe Papa zur Ablenkung ein Buch vor die Nase. Er soll mir »Die kleine Raupe Nimmersatt« vorlesen. Papa liebt das Buch. Ich finde die Raupe total bescheuert, die macht nichts anderes als fressen, fressen, fressen, und irgendwann wird sie ein Schmetterling. Was ist das denn für eine Botschaft? Gerade jetzt, wo es immer mehr dicke Kinder gibt, wird einem suggeriert, dass man sich mit allem vollstopfen soll, damit man eines Tages wunderschön wird. Nee, wird man nicht. Man wird fett und kriegt Diabetes.

Papa hat heute auch keinen Bock auf Adipositas-Lektüre und schiebt das Buch weg.

»DU hast gut reden«, geht Mama zum Angriff über. »Du lässt dich doch von deinen weiblichen Fans um den Finger wickeln wie eine Mumie in Mull.«

Das kenne ich, eine altägyptische Tradition, die ich mit Sören-Wotan schon einmal mit Klopapier nachgespielt habe. Erstaunlicherweise fand meine sonst so gebildete Mama das gar nicht gut. Wir allerdings schon, obwohl es unsere letzte Rolle war und Papa dann Zeitungspapier nehmen musste.

»Das ist Fanpflege«, sagt Papa. »Das ist doch nicht ernst gemeint. Und keine von denen hat meine Handynummer.«

Er rührt in seiner Kaffeetasse, als wolle er sie aushöhlen.

Mama sagt: »Benjamin lässt sich wenigstens nicht so gehen.« Sie macht eine Pause. »Außerdem ist gar nichts passiert. Der ist doch viel zu jung für mich.«

»Ach so. Zu jung. Aber wenn er älter wäre, könnte es durchaus sein, dass da was passiert, oder wie?«

»Nein. Aber wenn du bei deinen hübschen Muttis Trost suchst, kann ich mich ja auch mal mit einem attraktiven Mann treffen, oder?«

Papa hört auf zu rühren.

Fritz spuckt die Rinde aus und beginnt, einen Holzstab durch die Küche zu schieben, an dessen Ende eine Ente befestigt ist. Keine echte Ente, das wäre nicht artgerecht, es sei denn, sie hätte beide Beine gebrochen und könnte nicht mehr laufen. In dem Fall wäre es ein Akt von Nächstenliebe. Doch diese Ente ist aus Holz und das Gewinde der Rollen schlecht geölt, weshalb man nun ein unerträgliches monotones Quietschen hört.

Halte mir die Ohren zu, doch Mama und Papa verstehe ich noch deutlich genug.

»Ach Heike. Der Unterschied ist, dass ich mit diesen Muttis keine Affäre habe. Aber ich will ja nicht kleinlich sein.«

Wütend steht er auf und verlässt die Küche.

Ich verstehe das nicht. Warum sind Erwachsene so kompliziert? Obwohl ich sagen muss, dass mich diese Ohrlöcher wirklich nicht anmachen. Aber ich würde das Beste daraus machen. Wenn Sören-Wotan einen dieser Tunnel im Ohrläppchen hätte, würde ich halt Spionin werden und durch seinen Tunnel unbemerkt die ganzen Verbrecher beobachten, während die Schufte denken, wir seien zwei Verliebte.

Mama knallt die Tassen in die Spülmaschine und wäscht die Breitöpfe ab. »Es war doch gar nichts«, murmelt sie. »Nur dieser eine kurze Kuss, da muss man sich doch nicht so aufregen.« Der Topf stöhnt vor Anstrengung. So ordentlich ist er noch nie geschrubbt worden, und das macht ihn sichtlich fertig.

»Ich bin weder schon achtzig noch nur Mutter – ich bin

eine Frau, in mir ist Leidenschaft!« Wütend knallt sie den Schwamm ins Spülwasser, das munter nach oben spritzt und Decke, Fußboden und Mama benetzt. Es duftet nach Zitrusaroma, und Fritz juchzt, doch ich erkenne den Ernst der Lage und reiche ihr ein Handtuch, damit sie sich das Gesicht säubern kann, auf dem sich nun Tropfen von Spülwasser und Tränen miteinander mischen.

Sie nimmt mich gar nicht wahr und setzt ihren Monolog fort.

»Wir streiten uns nur noch. Wir waren doch immer glücklich, ein Team, eine Einheit ... Was ist nur los? Arbeite ich wirklich zu viel? Wären wir glücklicher, wenn ich zu Hause bliebe und Socken stopfte? Tischdecken nähte? Makramee-Eulen klöppelte?«

Entschlossen stampft sie mit dem Fuß auf, und ich freue mich verzweifelt auf neue Küchenfliesen, denn irgendetwas Gutes muss die ganze Sache doch haben.

»Nein«, stellt sie fest. »Das wäre keine Lösung. Ich arbeite doch sowieso nur ein paar Stunden pro Tag, den Rest erledige ich abends im Arbeitszimmer. Das muss für ihn zumutbar sein. Und wir haben durch meinen Job mehr Geld als durch seine Arbeit im Tonstudio. Außerdem kann ich gar keine Socken stopfen.«

Ich atme aus. Länger hätte ich es nicht mehr geschafft. Fritz kaut wieder an seiner Brotrinde und tut, als sei nichts gewesen. Doch plötzlich stürzt Papa in die Küche und schreit Mama an: »Das geht zu weit, Heike, diesmal hast du den Bogen überspannt!«

Mama reagiert genervt: »Es war doch gar nichts, Chris, wir haben nur zu Abend gegessen und geredet!«

»Du weißt genau, was ich meine!« Papas Gesicht wird dunkelrot.

Ich verstecke mich hinter dem Küchenstuhl.

»Aus purer Eifersucht auf meine Fans!«

»Wieso musst du auch mit ihnen flirten? Sie sind geradezu verknallt in dich.«

»Deshalb musst du doch nicht meinen Bildschirm schwärzen! Das geht zu weit!«

Mama lässt das Geschirrtuch fallen.

»Ich habe – WAS?«

Sie geht rüber, um sich die Bescherung anzugucken.

Papa öffnet sich ein Craft-Beer. Normalerweise trinkt er um diese Uhrzeit höchstens ein Craft Cider Wilder Hirsch Holunder Bio, und ich überlege, ob die heutige Wahl seiner Aufgebrachtheit geschuldet ist oder er sich einfach nur vertan hat. Auf jeden Fall hat er Durst, denn er trinkt die Flasche in einem Zug fast aus.

Kurze Zeit später kommt Mama wieder und fixiert mich unheilvoll.

»MIA!«

Ich ahne Schreckliches und gucke weg. Vielleicht sehen sie mich ja nicht. In der Hoffnung, dass sie wie sonst auch immer auf das Spiel eingehen und sagen: »Die Mia ist weg, ja wo ist sie denn?«, halte ich mir die Hände vor das Gesicht.

Doch diesmal läuft das nicht.

»Mia, komm mal bitte her. Warst DU das?«

Ich lenke ab, indem ich zeige, dass ich auf einem Bein stehend das Gleichgewicht halten kann. Wie eine echte Seiltänzerin strecke ich meine Arme seitlich aus, und das sieht meiner Meinung nach wirklich professionell und sehr süß aus.

Papa blickt von Mama zu mir und zurück. Ich erwarte ein Lob, doch Mama dreht meine Handinnenflächen nach oben, so dass die schwachen, aber eben doch verräterischen Edding-Spuren zu sehen sind.

Ich sage: »Tomputer! Tunst temacht! Tunstwerk! Swarz! Ssön!«

Es funktioniert.

Mama sieht Papa an, und beide fangen an zu lachen. Meine Worte scheinen eine kathartische Wirkung zu haben, denn sie lachen wie Jolly Jumper auf Ecstasy.

»Tunst«, prusten sie, »Tunstwerk, ach so, dann ist das natürlich okay! Das Kind muss seine kreative Phase ausleben!«

Papa verdreht zwar die Augen – vermutlich denkt er an die aufwändige Säuberungsaktion, die ihn erwartet –, aber er grinst Mama an und sagt: »Der Apfel fällt nicht weit vom Stamm.«

Das Lachen löst die Spannung, und sie scheinen sich zumindest in ihrer Liebe zu uns Kindern einig zu sein. Das macht mich glücklich.

Ich ziehe mich an Papa hoch, und als er mich endlich auf den Arm genommen hat, recke ich meine Hände in Richtung Mama. Er gibt nach und geht mit mir auf sie zu. Schlinge den einen Arm um ihn und den anderen um sie. In der Stellung würde ich am liebsten mein ganzes Leben lang bleiben. Sie lassen es zu, und wir kuscheln. Ha. Wäre doch gelacht, wenn die beiden nicht wieder zueinander fänden.

Und morgen gehe ich mit Papa joggen.

Ich seufze. Wenn man nicht alles selbst in die Hand nimmt. Teddy nickt mir anerkennend zu und sagt: »Mia, du solltest Psychologin werden.«

Das werde ich überlegen. Oder irgendwas mit Humor.

Wegen der Liebe.

Kapitel 38

DIE WENDE

Eine Woche später machen wir einen Ausflug zum Baggersee. Nach dem letzten Streit haben meine Eltern beschlossen, dass sie mehr Zeit miteinander verbringen sollten, und nun liegen wir hier auf einer Decke am Wasser. Hier ist es warm und sonnig, und Papa und Mama sagen, dass sie sich fühlen wie früher, als sie noch Hippies waren. Sie trinken Caipirinhas und Mojitos und rennen mit Flipflops durch den Sand, als seien sie junge Hunde, die sich um einen Knochen balgen. Finde das albern, doch sie sind so vergnügt, dass ich hier nie mehr weg will. Doch plötzlich fängt Fritz verzweifelt an zu schreien, und Mama sagt: »Chris, Fritz braucht jetzt seinen Mittagsschlaf.«

»Leg ihn doch in die Strandmuschel«, sagt Papa fröhlich, zwinkert ihr zu und sagt: »Früher haben wir da drin gelegen.«

»Aber nicht geschlafen«, lacht Mama. Dann wird sie ernst und sagt: »Fahr doch bitte mit Fritz eine Runde mit dem Auto, er kommt in der Muschel bestimmt nicht zur Ruhe, Mia konnte das auch nie.«

Wieso auch? In dem Ding ist es heiß, und es können Spatzen reinfliegen, die einen picken. Oder doofe Fliegen, die sich vom Wind erholen. Bei so was kann kein Mensch schlafen.

»Versuch es doch einfach, vielleicht ist Fritz da lockerer.«

Lockerer? Fritz? Als ich?

Langsam reicht es. Papa ist nur zu faul, seine elterlichen Pflichten zu erfüllen.

Ich pikse Fritz mit einem Strohhalm in die Rippen. Erwartungsgemäß schreit er nun noch lauter, als Mama ihn in die Muschel legen will.

»Siehst du«, sagt Mama, »es klappt nicht. Geh doch bitte.«
»Wieso ich?«
»Wieso nicht?«
»Du könntest doch auch!«
»Aber du bist doch sowieso öfter mit den Kindern an der frischen Luft. Ich sehe immer nur Seminarräume von innen, ich bleibe hier mit Mia und tanke ein bisschen auf, okay?«

Erst scheint es, als würde Papa nachgeben, doch dann sagt er: »Mia wollte aber gerade, dass ich mit ihr eine Burg baue.«

Davon habe ich heute noch gar nicht gesprochen, aber daran gedacht, und ich bin erschrocken, dass Papa Gedanken lesen kann. Oder ist das nur ein Trick? Mama hasst es, Burgen zu bauen, und Papa weiß das.

Augenblicklich gibt Mama nach und geht mit Fritz zum Parkplatz.

Unfassbar. Papa benutzt mich, um seinen Willen durchzusetzen. Was für ein durchtriebenes Subjekt. Ich zolle ihm Anerkennung und beharre nun darauf, dass er sein Vorhaben in die Tat umsetzt.

Wir schnappen uns die Schaufeln und fangen an zu graben. Nach einer Stunde sind wir fertig. Verschwitzt und glücklich betrachten wir unser Werk. Wir sind uns einig, die Burg ist uneinnehmbar, es fehlen nur noch schöne Steine zum Verzieren. Gerade wollen wir welche suchen gehen, als wir eine Stimme sagen hören:

»Sieh nur, ist das nicht der Blogger-Chris? Hallo!«
Papa blickt auf.

Auf dem Handtuch liegen zwei sonnengebräunte blonde Frauen mit großen Sonnenbrillen im Gesicht. Alles, nur das nicht. Ich ziehe Papa in Richtung Wasser, schließlich geht es hier um Architektur und ihre künstlerische Vollendung, doch er bleibt stehen und lächelt.

»Ja, das bin ich! Hallo.« Er zieht seinen Bauch ein. »Und das hier ist meine Tochter Mia.«

Die Frauen setzen sich auf und ziehen ebenfalls ihren Bauch ein. Vermutlich ein neues Begrüßungsritual unter Erwachsenen. Man kennt sich noch nicht so gut, um sich mit Küsschen rechts und links zu begrüßen, also sagt man hallo und zieht den Bauch ein, als Zeichen des Respekts. Mama sagt immer, Papas Bauchumfang sei mittlerweile respektlos ihr gegenüber, und nun verstehe ich, dass das einen gesellschaftlichen Hintergrund hat.

»Moment mal«, begeistert sich die eine Frau und setzt sich kerzengerade hin, so dass ihre Brüste noch gewaltiger daherkommen als sowieso schon und ich Angst bekomme, sie könnten ihr winziges Bikinioberteil sprengen. »Jetzt geht mir ein Licht auf! Das gibt es ja gar nicht! Wir kennen uns doch vom Spielplatz! Da hattest du doch mal die Windel vergessen, und ich habe dir mit Feuchttüchern ausgeholfen ... Ist schon ein Weilchen her ... Hier am See trifft man ja immer irgendjemanden!«

Papa scheint sich nicht erinnern zu können, da er aber ein freundlicher Mensch ist, um nicht zu sagen konfliktscheu, erwidert er: »Ja natürlich, das war nett.«

Die Frau rückt näher. »Ich bin die Julia, aber das weißt du sicher noch.« Irgendwas scheint sich in ihren langen blonden Haaren verfangen zu haben, denn sie wirft ihren Kopf zurück und streicht sie sich mehrfach aus der Stirn.

Die andere Frau sieht von ihrer Freundin zu Chris und wieder zurück. Dann steht sie auf, grinst und sagt: »Ich gehe mal schwimmen, kann eine Weile dauern.«

Die Zurückgebliebene (und dieses Wort ist an dieser Stelle sorgfältig gewählt) fordert Papa auf, sich zu setzen, und bietet mir ihren Donut an.

Die Situation ist brenzlig, aber der Donut riecht unglaublich gut und sieht locker und saftig aus. Wir können ja auch noch in fünf Minuten aufbrechen, denke ich mir, vielleicht ist Mama dann auch schon wieder hier.

»Dein Blog ist so toll«, säuselt die Sonnenbrille. »Man kann sich da unheimlich gut hineindenken. Und es ist so mutig von dir, das alles als Alleinerziehender zu stemmen.«

Papa räuspert sich. Auffordernd stupse ich ihn an. »Ähm, das bin ich gar nicht, aber danke!«

»Na ja, aber quasi.«

Sie steckt sich die Sonnenbrille in die Haare. Ich glaube es nicht. Vor uns sitzt die Handtaschen-Mutter. Ich drehe mich um und sehe Charleston-Hinnerk vor meiner Burg stehen. Allein. Mit einer Schaufel in der Hand. In die Höhe gereckt, bereit zur Zerstörung.

Ich schreie.

Erschrocken springt er zurück, und Papa fragt: »Was ist los, Mia?«

»Da!« Mehr kann ich nicht sagen, so fassungslos bin ich.

»Das ist Charleston-Hinnerk«, erklärt die Blonde. »Du erinnerst dich sicher, er ist im gleichen Alter wie deine Tochter, das passt ja so gut.«

Das passt gar nicht. Überhaupt nicht. Nicht die Bohne. Freundschaft nada. Niente. Nickese.

Einige meiner Waldkita-Freunde würden sagen: »Charleston-Hinnerk ist ein Arschloch und die Frau die Arschlochmutter.«

Mir ist das zu vulgär, aber inhaltlich ist das natürlich völlig korrekt.

Werfe den Donut in den Sand. Er sieht nun aus wie ein Veggie-Schnitzel, das paniert wurde, um über den Zustand des Verbrannten hinwegzutäuschen, verbrannt, damit es überhaupt nach irgendetwas schmeckt.

»Aber, Mia«, sagt Papa entrüstet, und ich könnte weinen, weil ihm mein engagiertes Verhalten sichtlich peinlich ist. Männer haben keine Kompetenz, die Strategien der Frauen zu durchschauen, also muss ich nachhelfen.

»Meine Freundin kommt gar nicht mehr wieder«, sagt die falsche Schlange gespielt verwundert. »Ich habe Angst, mir den Rücken zu verbrennen ...«

Papa sagt: »Das wäre ja doof.« Er überlegt. »Soll ich nachsehen, wo sie bleibt?«

Die verschlagene Pissnelke zwinkert ihm zu und sagt: »Könntest du mich vielleicht eincremen?«

Papa ist überrascht. Er zögert.

»Natürlich nur, wenn es dir nichts ausmacht. Ich habe nur unglaubliche Angst vor malignen Melanomen.«

Das medizinische Argument überzeugt Papa. Vielleicht ist es jedoch auch der dritte Mojito, den er mit Mama getrunken hat, der ihn weich werden lässt. Er greift zur Sonnenmilch.

Währenddessen muss ich mitansehen, wie Charleston-Hinnerk wonnevoll meine Burg zerstört. Nun bin ich hin- und hergerissen, wem ich zuerst einen in die Fresse hauen soll, ihm oder seiner Mutter.

Kurz bin ich erschrocken über meine Ausdrucksweise, aber solche Provokationen erfordern verbal harte Bandagen.

Denke kurz nach, dann reiße ich Papa die Sonnenmilchflasche aus der Hand und schmeiße sie mit voller Wucht auf Charleston-Hinnerk.

Er jault auf, und seine Mutter flucht und rennt zu ihm.

»Charleston-Schatz, hat das Mädchen dir weh getan? Das

meint die nicht so, die hat einen ganz lieben Papa! Der wollte mir gerade den Rücken ...«

»Doch das meint die so, die Mia. Und die Mama ist auch ganz lieb. Wenn man sie nicht provoziert.« Mama steht neben ihr. Irgendetwas an ihr erinnert mich an den unglaublichen Hulk, nur dass sie nicht grün ist. Ihre bedrohliche Haltung wird nur durch die Anwesenheit von Fritz geschwächt, der auf ihrem Arm genüsslich vor sich hin sabbert und ihr schönes Top waschmaschinenreif macht.

Die Blonde blinzelt und hält ihre Hand schützend über die Augen, um Mama besser sehen zu können. Ich setze mich in Position und schirme ebenfalls meine Augen gegen das gleißende Licht ab. Wie der Zufall es will, steht Mama im direkten Winkel vor der Sonne, so dass sich eine Art Corona um sie bildet und sie aussieht wie die Heilige Mutter Gottes. Genüsslich warte ich darauf, dass die Handtaschen-Mutter meine Mama erkennt. Ich bin gespannt, wie sie sich aus dieser Situation herauswinden wird.

Und tatsächlich, während sie noch ihren Sohn zu trösten versucht, weiten sich ihre Augen, und sie sagt krächzend: »Ich kenne Sie doch!«

Mama lächelt selbstbewusst.

»Ja. Ich bin die mit der mangelnden pädagogischen Kompetenz, denn DIE haben ja nur SIE, deshalb hat ja IHR Sohn die Burg MEINER Tochter zerstört. Mit DEM Zerstörungswillen wird er natürlich sicher mal ein berühmter Politiker. Oder einfach ein Arschloch.«

Sie macht eine Pause.

»UND ich bin die Frau von Chris. Von dem mit dem Blog. Mit der er VERHEIRATET ist. Und mit der er gerade einen Tag mit seinen KINDERN am See verbringt. UND glücklich ist.«

Die Frau ist sprachlos.

»Oh«, stammelt sie. »Entschuldigung, ich wusste ja nicht ...«

»Nein, das weiß keiner.«

Mama dreht sich auf dem Absatz um, schnappt mich, und wir gehen zu Papa, der mittlerweile wieder vor unserer grünen Strandmuschel sitzt und scheinbar unbeteiligt in der *Sport Bild* blättert.

»Chris, so geht das nicht.«

»Was denn, Schatz?«, sagt er und schlägt die nächste Seite um. Sehe, wie er sehnsüchtig einen Blick auf einen graumetallic-farbenen Porsche Cayenne wirft.

»Dein Blog muss sich ändern.«

Papa schaut auf.

»Aber damit verdiene ich Geld, Heike!«

»Ja«, sagt Mama, »aber was du da bloggst, wirkt alles so authentisch und natürlich, aus dem Leben gegriffen, familiär, intim – und da gehöre ich auch dazu.«

Papa kratzt sich den Bart.

»Natürlich gehörst du dazu, Heike«, erwidert er. »Das ist doch selbstverständlich.«

»Dann nimm mich mit rein.«

Papa hebt die Augenbrauen.

»Du willst mit in den Blog? Mit aufs Video? Du hast doch immer gesagt, dass ich dich da raushalten soll, dass du Angst um deinen eigene künstlerische Karriere hast, wenn dich die Leute durch den Blog kennen.« Und leiser: »Außerdem ist das geschäftsschädigend.«

»Bitte?«, fragt Mama. »Kannst du das bitte noch mal laut sagen?«

Papa spannt seinen Bizeps an und betrachtet ihn, eine typische Männergeste, um einer brisanten Sache durch gespielte Sportlichkeit den Wind aus den Segeln zu nehmen.

»Chris!«

Papa lässt wieder locker und sieht Mama an.

»Du weißt doch, wie das läuft. Wenn die Beziehungen der Stars öffentlich werden, ist die Hälfte der Fans enttäuscht. Und dass wir mit dem Blog Geld verdienen, müsste doch in deinem Sinne sein, denn das kann ich von zu Hause aus machen und dabei weiter in Elternzeit bleiben. Länger als geplant.«

Mama lässt sich auf das Strandtuch fallen.

Jaaaaa, Papa soll IMMER in Elternzeit bleiben und Mama auch. Würde mir dann für die Videos auch ganz tolle Sachen einfallen lassen, richtig verrückte Sachen, gefährliche Sachen, bei denen Papa mich retten könnte und als Superheld dastünde. Zum Beispiel Bungee-Jumping vom Balkon mit aneinandergeknoteten Feuchttüchern. Könnte er werbewirksam als Werbung für deren Strapazierfähigkeit verfilmen. Vielleicht könnte ihm die blöde Handtaschen-Mutti einen Superman-Anzug stricken, DAS wäre originell und endlich mal eine sinnvolle Aktion von ihr.

»Stimmt, Chris, das ist gut. Aber durch meinen Job haben wir doch genug Geld. Du müsstest doch gar nicht unbedingt arbeiten.«

»Aber nicht auf Lebenszeit, das kann sich jederzeit ändern. Man muss den Tatsachen ins Auge sehen.«

»Das kann es sich bei dir doch auch!«, sagt Mama und schüttelt traurig den Kopf. »Und in den Köpfen aller Follower die permanent abwesende Frau zu sein, die sich um ihre süßen Kinder angeblich einen Dreck schert und sich nur um ihre Karriere kümmert, ist für mich unerträglich.«

Sie fängt an zu weinen.

Ein Eisverkäufer kommt vorbei, und Papa winkt ihn heran. Normalerweise hält er das Eis am See für überteuert, doch nun scheint es ihm gelegen zu kommen, denn Mamas Schluchzen ist ihm sichtlich unangenehm.

Hastig kauft er mir ein Eis. Mir schnürt es den Magen zu, Mama so zu sehen, ich nehme das Eis trotzdem gern an, einfach nur als Maßnahme gegen eventuell auftretende Halsschmerzen, bei dem Wind weiß man ja nie.

Papa wendet betroffen den Blick ab. Behutsam legt er einen Arm um sie, doch sie stößt ihn weg.

»Du stehst überhaupt nicht mehr zu mir!«

Papa starrt auf das Wasser. Ein paar Spatzen fliegen umher, immer auf der Suche nach Essbarem. Ich verkrieche mich tiefer in der Muschel.

Dann sagt Papa leise: »Doch, Heike, das tue ich. Aber du machst es mir auch nicht leicht.«

»Ich? Dir? Nicht leicht?« Mama stößt hörbar Luft aus. »Ich mache die Hälfte des Haushalts, wenn nicht sogar mehr, verdiene unsere Miete UND kümmere mich noch dazu so viel ich kann um die Kinder – und ICH MACHE ES DIR NICHT LEICHT?«

»Das meine ich nicht«, sagt Chris.

Er seufzt.

Ich rufe: »Eierloch, Eierloch, fang mich doch, du Eierloch.«

Normalerweise spielt Papa dann den Pikser, der das Loch ins Ei macht, bevor man es kocht, und rennt mir hinterher. Doch diesmal reagiert er nicht.

»Es erfüllt mich einfach nicht, wenn ich immer zu Hause bin. Ich brauche auch andere Herausforderungen. Dieser Alltagstrott mit den Kindern ist das Härteste, was ich je machen musste – gönn mir doch die Entspannung, die ich in einer Aufgabe wie dem Blog finde.«

»Ich weiß, es klingt blöd und abgedroschen, aber wir müssen anfangen, an unserer Beziehung zu arbeiten«, erwidert Mama. »Was wäre denn anders, wenn ich in dem Blog dabei wäre?«

Papa überlegt.

Und überlegt.

Die Spatzen sind scharf auf mein Eis, und ich krieche noch tiefer in die Strandmuschel.

Plötzlich fängt Papa an zu strahlen.

»Heike! Ich habe eine Idee! Wenn wir das richtig aufziehen, könnte das sogar ein Knaller werden, und wir hätten noch viel mehr Klicks.« Er springt auf. »Das ist es! Wir zeigen allen, wie man im Bionade-Zeitalter ein ganz neues Familienmodell leben kann!«

Mama wirkt skeptisch.

»Äh, wie meinst du das? Neues Modell? Offene Beziehung oder was? Als Paar in den Swingerclub zu den ganzen frustrierten Möchtegernauchmalwieder-Nudisten?«

Papa lacht.

»Nein, so habe ich das nicht gemeint. Aber wer, wenn nicht wir, könnte zeigen, dass es möglich und normal ist, dass sich die geschlechtertypischen Rollen mischen, ohne dass einer von beiden den Kürzeren ziehen muss? Dass Frauen auch Männerarbeit machen und Männer Frauenarbeit.«

Nun kann Mama sich ein Lächeln nicht verkneifen.

»So hätte ich das zwar nicht ausgedrückt«, sagt sie. »Aber die Idee finde ich ziemlich innovativ.«

Sie überlegt.

»So was hat es tatsächlich noch nie gegeben. Alle erzählen immer, sie seien doch längst emanzipiert und modern, und dann arbeiten die Frauen höchstens halbtags und finden später nie wieder richtig in ihren Beruf zurück. Und bei kriselnder Beziehung haben sie dann aus finanziellen Gründen keine Chance, den Mann zu verlassen, und wenn er sie verlässt, stehen sie mittellos da.«

Papa starrt sie an.

Ich lasse mein Eis sinken.

Die Spatzen stehen in der Luft.

»Deshalb arbeitest du? Willst du mich verlassen?«, fragt Papa entsetzt.

»Nein, Chris. Aber ich möchte jederzeit die Freiheit haben, unabhängig über mein Leben zu entscheiden.«

Das klingt krass. Bin schockiert und denke nach. Natürlich kann es Situationen geben, die ein Ausbrechen aus der Beziehung erforderlich machen. Wenn Papa ein Serum nähme und sich in Mr. Hyde verwandelte. Regelmäßig. Das wäre nicht auszuhalten.

Falls ich jemals einen Experimentierkasten geschenkt bekommen sollte, werde ich ihn vor Papa verstecken, denn er liebt es, sich mit so was zu beschäftigen. Oder wenn seine Experimentierlust beim Kochen noch größer wird. DANN würde auch ich gehen.

»Oha«, sagt Papa und zieht Luft durch die Zähne.

»Aber darum geht es doch gar nicht«, sagt Mama eifrig. »Es geht darum, dass man den Leuten ein anderes Lebensmodell zeigt, in dem beide sich beruflich und persönlich entfalten können und man respektvoll und gleichberechtigt miteinander umgeht.«

»Dann bring ich jetzt den Müll runter und du guckst die Sportschau?«

»Genau«, lacht Mama. »Aber nur, wenn der Keeper vom FC Köln mitspielt.«

Papa verdreht die Augen und grinst.

Und jetzt kommt's.

Sie küssen sich.

Lange.

Bekomme fast Angst, dass ihr Speichel sich unbemerkt in Pattex verwandelt hat, und sie es nicht mehr schaffen, sich voneinander zu lösen, und die Eincreme-Mutti gleich in höhnisches Gelächter ausbrechen wird, weil ihr die Veränderung der Substanz durch einen fiesen Zaubertrick gelungen ist. Gerate in Panik, weiß mir nicht zu helfen und schreie »DA!«

Das Geschlabber hört schlagartig auf, und sie sehen mich an und lachen.

Nun sind alle glücklich. Nur die Sonnenverbrannte nicht. Sie glotzt meine Eltern an und zuckt verächtlich mit den Schultern.

Aber wir, wir sind glücklich, und das ist die Hauptsache.

Fritz schläft, meine Eltern haben eine Lösung, und mein Eis ist sicher in meinem Bäuchlein. Die Spatzen drehen enttäuscht ab.

Man kann es eben nicht jedem recht machen.

Kapitel 39

ARSEN UND NUTELLAHÄUBCHEN

Nach dem Tag am Baggersee gibt es eine Menge Veränderungen.

Papa joggt jetzt regelmäßig mit Fritz im Kinderwagen. Finde es gemein, dass er mich nicht mitnimmt. Vermutlich braucht er aber einfach nur den Kinderwagen, um sich aufzustützen. Immerhin hat er auf diese Weise schon etwas abgenommen und sieht nicht mehr aus wie eine Presswurst im Hipster-Shirt. Eine süße Presswurst.

Außerdem kommt mittwochabends jetzt immer Oma, damit Mama und Papa weggehen können. Was das soll, erschließt sich mir nicht. Als ob wir Kinder unsere Eltern jemals stören könnten. »Das ist jetzt UNSER Mittwoch«, haben sie gesagt. Als ob den beiden allein ein ganzer Wochentag gehören könne.

Nehme mir vor, Levke-Fee zu fragen, ob sie donnerstags hier die Stellung halten kann, damit ich mit Sören-Wotan und Fritz ausgehen kann.

Die werden sich noch umgucken, wenn statt Fritz und mir diese weinerliche Allergikerschnepfe im Haus ist. Ergibt aber eigentlich keinen Sinn, denn dann wollen sie freitags sicher auch wieder ausgehen.

Heute ist Mittwoch, aber Mama und Papa bleiben zu Hause, weil Oma krank ist. Mittlerweile basteln sie täglich an Papas Blog. So auch heute.

Mama sagt: »In der ersten Einstellung habe ich Schnittlauch zwischen den Zähnen. Da muss Photoshop ran, bevor du das hochlädst.«

Papa erwidert: »Nein! Das ist authentisch!«

Mama: »Das sieht aber hässlich aus.«

Papa: »Die Leute lieben Authentizität! Außerdem ist das ein Sinnbild dafür, dass man als Eltern von kleinen Kindern kaum Zeit für Körperpflege hat.«

Apropos Körperpflege.

Wir haben seit Stunden nichts gegessen, und mein Magen macht Geräusche wie Teddy nachts, wenn er von einem Kampf mit einem Dutzend doofer Dobermänner träumt. Oft wacht er dann auf und sagt: »Bei Dobermännern kommt man mit Rhetorik nicht weit.«

Die Erinnerung lässt mich schmunzeln, kann jedoch nicht darüber hinwegtäuschen, dass ich mich körperlich unwohl fühle.

Sage laut: »Ich habe Hunger! Gebt mir Nahrung!« Doch keiner reagiert. Die Stille wird einzig und allein vom Klappern der Tastatur unterbrochen, das immer hektischer wird.

Ich versuche es erneut. »Ist noch irgendwas da, das ihr noch nicht im Smoothiemaker püriert habt? Feste Nahrung? Von mir aus auch was Gesundes?«

Kann nicht glauben, dass ich das gesagt habe, und auch Papa und Mama starren auf den Bildschirm, als ob ich etwas mega Peinliches gesagt hätte. Wie neulich, als ich auf die Toilettentür gezeigt und ausgiebige Flatulenzgeräusche gemacht habe, als Marlon mich fragte, was denn Mamas größtes Hobby sei. Es hat so großen Spaß gemacht, dass ich damit nicht mehr aufhören konnte und Papa sich bemüßigt sah, mich aus dem Wohnzimmer ins Kinderzimmer zu tragen.

Versuche es lyrisch. Oder zumindest mit ungewohnter Ausdrucksweise.

»Meiner Kauflächen bedarf es Achtung zu geben!«

Nichts passiert.

Ich gebe nach. Rufe laut: »Happahappa haben!«

Das funktioniert sonst immer. Heute nicht.

Mama und Papa haben heute ihren visuellen Tag.

Okay. Ihr habt es nicht anders gewollt.

Schnappe mir den DIN-A-3-Block und male Maisdosen und Ketchupflaschen darauf. Nach einer Stunde bin ich fertig. Teddy nickt und reibt sich die Hände.

Verzweifelt halte ich Mama meinen Wunsch nach Nahrung unter die Nase.

Mama rümpft die Nase und will das Blatt beiseiteschieben, doch dann fällt ihr Blick auf das Gemalte. Sie erstarrt.

Hektisch stößt sie Papa am Arm an und flüstert: »Chris! Mia macht Pop-Art!«

Papa schüttelt den Kopf. »Poppen ist doch keine Kunst«, sagt er. »Konzentrier dich bitte auf den Text, hier muss zum Beispiel noch hin, dass Männer auch Duftkerzen ...«

»Mia malt wie Warhol!«

Betrachte mein Bild. Eigentlich ist das nur eine Dose mit Mais, um zu zeigen, dass ich Hunger habe. Und Ketchup, das leuchtet rot und da ist viel Zucker drin, den sieht man aber nicht. Geschickt gemacht, ein vor der veganen Volkspolizei verborgenes, verboten vollraffiniertes Vergnügen.

»Das ist eine Kritik daran, dass Bayer das Saatgutunternehmen Monsanto übernommen hat! Ein Protest gegen Genmanipulation!«

»Ich habe einfach nur Hunger, Mama.«

Sie ist vertieft in mein Bild und reagiert nicht.

»HappaHappa haben!«, rufe ich kindgerecht.

»Und die Reihung der Dosen als Prinzip der Parodie, einfach großartig! Und alles in grellen Farben!«

Was soll man machen, wenn man nur Textmarker zur Hand hat.

Mama holt die Videokamera.

»Unsere Mia wird sicher eine ganz Große!«

Klar werde ich groß. Kinder wachsen, alles andere wäre merkwürdig.

Papa ist wieder zum Schreibtisch zurückgekehrt, reibt sich die Augen und ruft: »Heike! Wir haben fast zehntausend Klicks! Wahnsinn!« Er schlägt sich auf die Schenkel. »Unser neues Konzept kommt noch viel besser an als mein Papa-Blog!«

Mama lässt die Kamera sinken und eilt zu ihm. »Zeig mal, das kann doch nicht sein!«

Überrascht hält sie einen Moment inne.

»Wow. Echt fett. Das müssen wir feiern.«

Echt fett. Der sprachliche Ausdruck meiner Mutter zeugt von ihrer zunehmenden Beschäftigung mit dem Internet.

Sie stürzt in die Küche, und ich hoffe inständig, dass sie mir ein paar Häppchen mitbringt. Fingerfood wie Gurken, Salzstangen, Zitronen-Fleischbällchen mit marinierter Zucchini und Kubebenpfeffer auf Spieß, was man halt so im Kühlschrank hat, geht alles. Doch sie kommt mit einer Flasche Crémant zurück.

Toll. Und ich?

Frustriert lutsche ich an meinem Daumen. Sollen doch die Vorderzähne schief werden – wenn ich verhungere, ist das sowieso egal.

»Genau«, sagt Teddy, »außerdem hast du mit schiefen Zähnen ein Markenzeichen. Das ist künstlerisch von großem Nutzen.«

»Klasse, wenn ich dann tot bin, Teddy.«

»Viele Künstler sind erst nach ihrem Tod berühmt geworden. Du solltest aber vorher noch ein paar Werke fertig kriegen.«

Er zwinkert mir zu und stupst mich in die Seite.

Haha, sehr witzig.

Vom Knallen des Korkens wird Fritz wach und schreit.

Sofort holt Mama sein Gläschen und füttert ihn mit Apfel-Birne-Mango-Kompott.

Schreie auch.

Mama sagt: »Was soll das, Mia? Ich habe dich doch gelobt!«

Wütend kippe ich Fritz' Brei auf das Bild.

»NEIN, MIA! Das schöne Bild!« Ärgerlich versucht sie, durch Wischen mit ihrem Ärmel die Mango vom Mais zu trennen.

Papa dreht sich um.

»Sie hat Hunger!«

Er rennt in die Küche und holt Reiswaffeln.

»Chris! Nicht!«

»Wieso nicht? Ich bin heute zuständig, das steht auf unserem neuen Plan! Montags, mittwochs, freitags du, dienstags, donnerstags, samstags ich, und sonntags wir beide gemeinsam nach Absprache. Und heute ist Mittwoch.«

»Ja, aber Reiswaffeln! Hast du das nicht gelesen? Da ist Arsen drin! Krebserregendes anorganisches Arsen!«

Spucke die Reiswaffel aus.

Mit Arsen kann man aus Nächstenliebe einsame alte Männer umbringen, das kenne ich aus einem Theaterstück.

»Es sind doch überall schädliche Stoffe drin! Pestizide in der Paprika, Glyphosat im Getreide, Fipronil im Ei, Kinder in der Schokolade.«

Mama muss lachen.

Ich nicht.

Kinder in der Schokolade. Schön wär's.

Mama sagt: »Aber das kann man doch nicht einfach akzeptieren.«

»Es bleibt einem doch gar nichts anderes übrig«, antwortet Papa.

Das beruhigt mich irgendwie.

Er fährt fort: »Vielleicht macht es die Menge! Ich gebe Mia einfach nur eine Reiswaffel.«

Nein, Papa. Durch Hungern kann man auch sterben.

Mittlerweile ist mein Loch im Bauch so groß, dass ich es nicht mehr aushalte.

Ich schnappe mir die Reiswaffelpackung und zische ab. Mama läuft mir hinterher. Ich verstecke mich hinter einem großformatigen Bild von Mama, das an der Wand lehnt.

Papa ruft: »Lass sie doch, Heike! Komm schnell, wir haben noch mehr Klicks! Und sieh nur: Hier lobt dich einer für deine Rolle als Ernährerin!«

Mama macht auf dem Absatz kehrt.

Endlich.

Manchmal frage ich mich, ob Geld mit Klicks zu verdienen und Anerkennung für die Elternrolle zu bekommen wertvoller ist, als sich um die akuten Bedürfnisse von Kleinkindern zu kümmern.

Hole mir das Nutella-Glas und verschanze mich hinter dem Bild.

Nach einer halben Stunde ist mir so schlecht, dass ich alles wieder ausspucke. Falls Arsen im Spiel war, ist es nun wieder draußen.

Letztlich fügt sich eben immer alles zum Guten.

Still-Bill, der Mami-Chat:

Eiskunstläuferin: Mein Konstantin-Levan ist hochbegabt.

Einlauf-Mutti: Du meinst »überfördert«.

Amaranth-Stute: Nimm es mir nicht übel, Eiskunstläuferin, aber Einlauf-Mutti hat recht. »Überfordert« passt wohl eher. Nimm ihn doch mal mit zum Kinder-Yoga. Der »herabschauende Hund« beruhigt auch hyperaktive Kinder. Und es macht Spaß. Sicher hat er einfach nur zu viele Hobbys.

Eiskunstläuferin: Von nichts kommt nichts. Werde ihm wohl einen Auslandsaufenthalt zum Geburtstag schenken. Ich kann mich aber nicht entscheiden, wohin. Was würdet ihr wählen?

Einlauf-Mutter: Castrop-Rauxel.

Eiskunstläuferin: Bitte?

Einlauf-Mutter: Wennste einmal unter Tage warst, siehst du die Welt mit ganz anderen Augen.

MissKatze7: Macht er eigentlich Sport?

Eiskunstläuferin: Selbstverständlich.

Amaranth-Stute: Oder ein Mantra. Das hilft auch.

MissKatze7: Welchen denn?

Eiskunstläuferin: Fechten und Schach.

Kunstabzugshaube: Reisen mit einem kleinen Kind ist doch Quatsch. Wir haben uns die USA jetzt ins Haus geholt. Es klingt vielleicht merkwürdig, und ich will wirklich nicht angeben, aber unsere Tochter malt jetzt Pop-Art.

Einlauf-Mutter: Pop-was?

Amaranth-Stute: Meiner ist Pferdeflüsterer.

Kunstabzugshaube: Pop-Art. Aber egal, Mia wird jedenfalls bald drei Jahre alt, und ich habe keine Ahnung, was ich ihr zum Geburtstag schenken soll. Habt ihr eine Idee?

Thermomixfee: Mein Max hat ein Verkehrs-Memory bekommen. Ist zwar noch ein bisschen früh, aber bei dem Verkehr heute kann man sich die Schilder nicht früh genug einprägen.

Kunstabzugshaube: Aha. War das sein einziges Geschenk?

Thermomixfee: Selbstverständlich nicht! Ich habe ihm ein Kochbuch für Smoothies geschenkt. Er püriert so gern.

Einlauf-Mutter: Schenk dem Kind ne Playstation. Dann ist Ruhe.

Thermomixfee: Das Wichtigste ist eh der Kuchen. Ich hab ein super Rezept für Bananenmuffins.

Einlaufmutter: Bananenmuffins. Von ökologisch geklonten Affen selbst geschreddert. Ganz ehrlich, ich finde, entweder isst man Kuchen ODER Obst. Bei uns gibt es Bienenstich.

Kapitel 40

DREI

Drei ist eine magische Zahl.

So viele gute Sachen fangen mit drei an.

Die drei Fragezeichen, Drei Haselnüsse für Aschenbrödel, Die drei Musketiere, Drei-Wort-Satz, *3 Engel für Charlie,* Dreirad, Dreidochtkerze.

Und nun bin ich drei.

Voller Aufregung über das beginnende neue Lebensjahr halte ich es in meinem Bettchen nicht mehr aus und gehe durch die Wohnung. Ich weiß, dass meine Eltern mich mit einem Geburtstagskuchen überraschen wollen, doch sie scheinen noch zu schlafen. Meine Schritte werden kräftiger, ich laufe den Flur auf und ab wie Grobi, wenn er die Wörter »hier« und »dort« erklärt. Als ob wir keine Ahnung von Erdkunde hätten.

Nichts passiert. Ich stampfe mit den Füßen auf, und das Parkett knackt so laut wie Omas Hüfte beim Chiropraktiker. Der ist so brutal, da kannst du auch direkt beim Beißer um eine Audienz bitten, sagt sie immer. Dennoch scheint er ihr gut zu tun. Die Welt der Erwachsenen ist zuweilen unergründlich.

Ich stampfe erneut auf. Ich springe. Ich werfe mich auf den Boden und trommle mit den Fäusten auf das wie Fischgräten gemusterte Parkett. Für Veganer wäre es ein Ding der Unmöglichkeit, hier zu wohnen.

Noch immer keine Reaktion. Ich seufze. Es bleibt mir nichts

anderes übrig, als auf die klassische Methode zurückzugreifen. Ich gehe ins Schlafzimmer und stelle mich vor das Bett.

»Aufwachen!«, schreie ich. »Teburtstak!«

Mama schreckt hoch, sieht mich erschrocken an und greift zum Wecker.

»Mia, es ist drei Uhr nachts! Geh schlafen! Dein Geburtstag ist erst morgen früh!«

Es ist DREI, Mama. Und ICH bin DREI. Und der neue Tag beginnt um Mitternacht. Was daran nicht passen soll, ist mir schleierhaft.

Beleidigt drehe ich ab und warte.

Baue aus Legosteinen einen Geburtstagsthron.

Stelle mich in den Kinderkaufladen und sortiere das Sortiment. Luftballons, Girlanden und lustige Geburtstagshütchen. Von allem ist genug da. Warte auf Kundschaft.

Greife zu den Igelbällen und versuche, darauf zu balancieren. Soll eine gute Massage der Fußreflexzonen sein. Hoffe, den Meridian für mehr Gelassenheit zu erwischen.

Um sechs Uhr geht es endlich los.

Mama und Papa flüstern im Flur und streiten sich darüber, wer den Kuchen hält und wer die Kerzen anzündet.

»Kann hier einfach mal Frieden herrschen? EINFACH MAL FRIEDEN?«, rufe ich erzürnt.

»Sie ist wach!«, flüstert Papa. »Beeil dich!«

»Wieso ich?«, flüstert Mama zurück.

»Weil du trödelst«, flüstert Papa.

»Ich? Du kommst doch immer zu spät!«

»Aufhören! Frieden!«

»Frieden wäre zu einfach«, sagt Teddy, »und zu langweilig.«

Das sehe ich anders. »›Krieg und Frieden‹ ist langweilig.«

»Ich? Zu spät? Andere Frauen wären froh darüber«, flüstert Papa, und beide lachen.

Ich verstehe das nicht, aber es spielt keine Rolle, denn die Tür geht nun auf, und die beiden betreten mein Zimmer mit einem runden hellen Kuchen mit drei brennenden Kerzen drauf, und sie singen: »Wie schön, dass du geboren bist, wir hätten dich sonst sehr vermisst.«

Wunderschön. Ich fühle die Tränen in mir aufsteigen und bin furchtbar gerührt. Verstohlen drücke ich mir Teddy ins Gesicht, und Mama sagt: »Guck mal, wie sie sich freut.« Begeistert drückt sie Papas Hand, der sie und mich glücklich anlächelt, und Teddy keucht: »Ich kriege keine Luft mehr.«

Mama zückt ihre Blockflöte und schickt sich an, mir zu Ehren eine, wie sie sagt, »feine Geburtstags-Melodei« zu spielen, doch ich rufe schnell: »Tuchen! Happahappa! Tetzt!«

»Du hast ja recht«, sagt sie und legt die Flöte weg. »Jetzt werden erst einmal die Kerzen ausgeblasen.«

Gute Mama, gerade noch die Kurve gekriegt.

Da wegen Fritz und mir sowieso jeder Tag früh beginnt und außerdem heute Sonntag ist, haben Mama und Papa meine und ihre Freunde zum Geburtstagsbrunch eingeladen. Hektisch beginnen sie, das Wohnzimmer mit Girlanden zu dekorieren und pusten durch bunte Papierrollen, die sich wie konzentrische Kreise durch die Gegend rollen. Man könnte an die Bilder Kandinskys denken, aber vielleicht noch eher an die Zucchinifäden, die Mama neuerdings mit dem Spiralschneider erstellt, um glutenfreie Gemüse-Spaghetti daraus zu machen. Als ob Gemüse dann besser schmecken würde.

Fritz steckt sich eine grün-gelbe Girlande in den Mund, verzieht das Gesicht und spuckt sie aus. Diese Dinger benutzen sie immer an Karneval, und ich bekomme Angst, dass mir gleich eines dieser neuen schrecklichen Kostüme angezogen werden könnte, wie Eltern es an Kindern süß finden, so was wie Fee, Wichtel oder Bio-Kürbis.

Mama stellt Streuselkuchen und Lillifee-Muffins auf den Tisch.

Die Gäste trudeln ein und bringen Geschenke mit. Es gibt ein Magnetspiel, Spielsteine aus Mais, die herrlich kleben, und haufenweise gelatinefreie vegane Gummibärchen. Außerdem bekomme ich von Gudrun und Bettina eine Schachtel in die Hand gedrückt.

Erwartungsvoll reiße ich das Geschenkpapier mit den lustigen Clowns auf. Ich öffne den Karton. Was ich sehe, macht mich sprachlos. Gudrun und Bettina haben mir Obst geschenkt – aus Holz.

Mein Verdacht bestätigt sich. Anthroposophen essen Holzobst.

Hauptsache bio, aber das geht doch wohl zu weit.

»Das ist Schneideobst!«, freut sich Gudrun.

»Jedes Obst hat eine Klettverbindung, siehst du, da! Das kannst du auf das Holzbrettchen legen und mit dem Messerchen zerschneiden. Wie echtes Obst«, sagt Bettina eifrig.

Mir ist bewusst, dass wir eine hohe Arbeitslosigkeit haben und dass Start-up-Unternehmen eine Chance bekommen sollten. Aber dass es erwachsene Menschen gibt, die Holzteile in Gemüseform schnitzen und anmalen und mit Klettverschlüssen versehen, um ihren Lebensunterhalt bezahlen zu können, und dass das tatsächlich jemand kauft, das haut mich um.

Hole Möhren und Äpfel und ein Messer aus der Küche, um ihnen zu zeigen, dass es auch anders geht.

Doch die beiden nehmen mir das Messer aus der Hand.

»Das ist doch viel zu gefährlich! Hier, nimm den Holz-Broccoli und das Holzmesser, du wirst sehen, das macht unheimlich Spaß«, sagt Gudrun.

»Wenn dir das so viel Spaß macht, dann mach es doch

selbst«, will ich sagen, doch nun schaltet sich Elke-Carmen ein.

Sie schenkt mir ein Kleid, und ich bin froh um die Ablenkung – und positiv überrascht, dass es kein Karnevalsfummel ist. Rhetorisch geschickt nötigt sie Mama, es mir sofort anzuziehen, denn es sei teuer gewesen und ein Designerstück, das sei echte Kinder-Haute-Couture und ich sei nun so weit dafür.

Oha.

Mama ringt sich ein »Oh! Toll! Warum nicht!« ab und zwängt mich in den teuren Fummel.

Habe mal eine dieser Haute-Couture-Modenschauen im Fernsehen gesehen und fand das hochinteressant. Da ging es um Kleider mit großen Rüschen, die sich nicht einmal Bill Gates leisten kann. Es wurde plissiert, gerafft, gebatikt und geklöppelt, was das Zeug hält, und warum? Weil es einfach schön ist und: teuer. Vermutlich ist die ganz hohe Schneiderskunst das wert, und damit meine ich nicht Edward mit den Scherenhänden und auch nicht Alexander Gauland, nein, das ist der mit der Aufschneidekunst, wobei man damit wiederum auch Wurst assoziieren könnte – ein Schelm, wer Böses dabei denkt.

Das Kleid piekst und scheuert an meinem Rücken, ist aber laut der Aussage von Elke-Carmen ein viel beachtetes Stück von Versace. Wenn es schon viel beachtet wurde, kann man es auch in den Schrank hängen. Wobei ich trotz der ganzen Pikserei zugeben muss, dass es tatsächlich schön aussieht.

Papa zückt die Kamera und sagt: »Dreh dich mal, Mia, dreh dich mal!«

Da ich kein Rumpelstilzchen bin, verweigere ich mich.

»Kennt ihr eigentlich schon meinen Blog?«, fragt Papa und freut sich auf positive Reaktionen.

»Ich mache jetzt Fotos«, erwidert Marlon und knipst mich

von vorn und von oben. »Blogs interessieren doch keinen mehr, ich instagramme.«

Papa fällt fast die Kamera aus der Hand, und ich schmeiße mich auf Fritz, um ihn zu schützen.

»Mia! Lass Fritz in Ruhe!«, ruft Mama, und langsam weiß ich nicht mehr, wie ich es ihnen recht machen soll.

»Perspektive ist alles«, sagt Marlon. »Ich habe wirklich ein Händchen dafür.« Zu Mama sagt er leise: »Ich mache übrigens auch Aktfotografie.«

Was für ein Schuft.

Instagram. Heute ist ja JEDER Instagrammer. Das ist so lächerlich. »Guck mal, ich habe ein Treppengeländer fotografiert, das aussieht wie eine Spirale. Ey, das ist voll das Schneckenhaus, weißt du, immer so rum, rum, rum, damit werd isch berühmt. Und guck mal, ich habe einen Instagrammer beim Instagrammen fotografiert und das voll instagrammmäßig auf Instagram gestellt, wow, isch möschte, dass ihr das liked!«

Neulich habe ich gelesen, dass Instagram allein in Deutschland neun Millionen Nutzer hat – und die fotografieren alles, was nicht bei drei auf den Bäumen ist. Es gibt da eine fürchterliche Fotoflut, Bilder mit süß schlafenden Katzen und vor allem mit selbstgekochten Gerichten.

Sören-Wotan sagt: »Und die Symbiose aus Instagram-Essen-Fotos und der Haute Couture ist Lady Gaga in ihren Kostümen aus Essensresten.«

Fritz meldet sich zu Wort: »Genau! Nach dem Motto ›Fleisch ist mein Kostüm‹.«

Levke-Fee wundert sich: »Warum geht sie nicht mit dem Zeitgeist?«

Ich: »Eben. Mein Vorschlag wäre ein Tahin-Ingwer-Detox-Fummel aus dem Unverpackt-Shop.«

Wir lachen, doch mich hat das auf eine Idee gebracht.

Marlons Kamera liegt auf den Tisch. Ich gebe Fritz ein Zeichen. Er versteht und lenkt Marlon ab.

Werde dem gegelten Schnösel nun zeigen, WER es hier fotografisch drauf hat.

Ich stelle alle Lillifee-Muffins nebeneinander, was schon mal nicht schlecht aussieht. Das wird ein besseres Foto, als Andreas Gursky es jemals gemacht hat. Supermarktregale, das kann er. Aber Lillifee-Muffins in Serie – das ist mein Metier. Aber irgendetwas fehlt noch. Hole die Kirschmarmelade aus der Küche. Während die Erwachsenen sich auf dem Laptop das neueste Video von Papa anschauen, kippe ich die Marmelade über die Muffins. Jetzt sieht es aus wie in einem Lillifee-Splatter-Movie.

Das ist gut.

Hole noch die drei anderen Marmeladengläser aus dem Vorratsschrank und kippe sie ebenfalls aus.

Ein Teil davon landet auf dem Boden, doch das macht die ganze Sache nur noch realistischer.

Ich rutsche aus, und prompt fliegt die Kamera in einen der Muffins, und ich lande mit meinem Kleid auf dem Boden in der Marmelade. Mühsam stehe ich auf, rutsche abermals aus und suche Halt bei dem nächstsitzenden Erwachsenen. Elke-Carmens Gucci-Robe ist nun ebenfalls voll mit dem zuckrigen roten Zeug.

Marlon wird bleich.

Elke-Carmen schreit los.

»O Gott! Ich hasse Kinder! Marlon, tu doch was!«

Marlon sagt fassungslos: »Meine Kamera!«

»Was heißt denn hier Kamera? Mein Designer-Kostüm!«

»Die ist hin.«

»Das kriegst du da nie mehr raus! Das ist feinstes Chenille!«

»Chenille nimmt man für Gardinen! Meine schöne Kamera ...«

»Das ist ja wohl die Höhe! Chenille ist en vogue, Chenille ist das neue Samt!«

»Hör doch mal auf mit deinem scheiß Kleid!«

»Ich soll aufhören? Immer geht es nur um dich! Du schläfst zuerst, du isst zuerst, du kommst zuerst!«

Das klingt geradezu verzweifelt, und ich möchte ihr zurufen: »Elke-Carmen, weißt du denn nicht, dass die Ersten die Letzten sein werden? Aber das würde dir ja auch wieder nicht passen. Weil dir nämlich überhaupt nichts passt. Auch nicht das Kleid.« Unlängst habe ich nämlich bemerkt, dass sie die Luft anhält, damit man ihren Bauch nicht sieht. Jetzt tut sie mir plötzlich leid. In einem Anfall von Nächstenliebe umarme ich sie, Marmelade klatscht auf Marmelade, doch sie schubst mich weg und schreit: »Kann einer mal dieses Kind reinigen! Und am besten auch in sein Zimmer bringen? Wo Kinder sowieso hingehören – und zwar IMMER!«

Papa hält seine Kamera auf das Geschehen.

Mama spricht ins Mikro: »Kleinere Unfälle passieren nun einmal im Leben. Unsere Tochter ist dreckig, die Kamera ist hin, und unser Freund Marlon und seine ... äh ... Geliebte streiten sich. Aber das Wichtigste sind doch die Kinder.«

Sie hält inne.

Elke-Carmen und Marlon sehen sich an und nicken.

Dann nimmt jeder von ihnen einen Muffin in die Hand und wirft ihn auf Mama und Papa.

Erschrocken legt Papa die Kamera zur Seite.

»Seid ihr von allen guten Geistern verlassen?«

Teile des Muffins kleben an seinem Bart. Mama hat einen rosafarbenen Zauberstab an der Wange kleben. Sieht aus wie eine kitschig geschminkte Falte.

Papa überlegt und sucht Mamas Blick.

Sie greifen nun ebenfalls zum Lillifee-Gebäck und verzieren durch einen geschickten Wurf Elke-Carmens Samt-Ersatz und Marlons gegeltes Haar.

In der Zwischenzeit hat sich Sören-Wotan unbemerkt über die Sprühsahne hergemacht und kotzt nun auf Elkes Kleid.

Das ist zu viel des Guten.

Elke-Carmen schreit: »Jetzt reicht es! Mit eurem Kinder-hier-Kinder-da-Gedöns geht ihr mir schon viel zu lange auf die Nerven! Ihr müsstet euch mal hören! Ihr feiert euch dermaßen ab! Mit dem Contest ›Wer hat den größten Schlafmangel?‹ und dem ganzen ›Guck mal wie süß, sie hat einen Pups gemacht, ein feiner Pups‹- und ›Wir haben uns jetzt ein Bakfiets mit Beleuchtung aus Ökostrom gekauft‹-Getue – das ist doch kein Leben! Marlon, du musst dich entscheiden. Entweder ich oder Sören-Wotan.«

Marlon sieht Mama an, dann seinen Sohn.

Ich durchtrenne den Broccoli.

Und ein Ei.

Nun sagt Marlon: »Du wirst es nicht glauben, Elke-Carmen, aber die Liebe zu einer Frau kann in den meisten Fällen mit der Liebe zu einem Kind nicht mithalten.«

Elke-Carmen steht zum ersten Mal der Mund offen.

Empört dreht sie sich auf dem Absatz um und geht in Richtung Tür.

Papa sagt leise: »Ich habe alles im Kasten.«

Mama lächelt Marlon an, zuckt mit den Schultern, dreht sich zu Papa und gibt ihm einen Kuss. »Du bist der Beste!«, sagt sie, und er antwortet: »Selbstverständlich!«

Fritz lacht freudig wie Nelson von den Simpsons, und ich habe kurzzeitig Angst, dass er gelb anläuft.

Die Tür fällt ins Schloss, Sören-Wotan dreht seine Daumen nach oben und zwinkert mir glücklich zu.

Freundschaft ist etwas Wunderbares. Und Liebe auch.

Epilog

CHRIS-DAD, DER BLOG

Heute hat meine Tochter wieder die Kleider meiner Frau aus dem Schrank geholt und ihre Schminke ausprobiert. Nun sieht mein Sohn aus wie eine kleinwüchsige Transe.

Würde aus ihm aber gern wieder den süßen kleinen Jungen machen, der er eigentlich ist. Also einen echten Cowboy, wie ich einer bin.

Weiß einer, wie ich die Schminke abbekomme, ohne dass es bei ihm in den Augen brennt? Er steht nämlich nicht so auf Waschen. Für Tipps wäre ich dankbar.

Euer Chris-Dad.

Kommentar Heike-Mom: Der Make-up-Entferner ist im oberen Regal im Bad.

Kommentar Julia: Hoffentlich benutzt deine Frau allergenarme Schminke. So wie ich.

Kommentar Chris-Dad: Danke, Schatz.

Kommentar Julia: Schatz?

Kommentar Chris-Dad: Ich meinte meine Frau.

Kommentar Julia: Ach so.

Kommentar Elke-Carmen: Schon wieder so eine furchtbare Sauerei.

Kommentar Wiebke: Lass das Kind doch experimentieren. Rollenspiele sind wichtig für die Entwicklung.

Kommentar Chris-Dad: Das ganze Gesicht ist voller Schminke. Lidschatten, Lippenstift, Kajal.

Kommentar Oma: So läuft Opa auch manchmal rum.
Kommentar unbekannt: 👧 + 👦 + 👧 + 👶 + 🍭 = 💗 💗 💗 💗

The end.

Barbara Ruscher
Fuck the Möhrchen
Ein Baby packt aus
265 Seiten. Broschur
ISBN 978-3-7466-2983-4
Auch als E-Book erhältlich

Gut gebrüllt, Baby!

Bin noch im Bauch. Draußen schreit eine Frau. Will ihr sagen, mit Schreien erreiche man gar nichts. Jetzt schreit sie MICH an. Heiße wohl PDA. Origineller Name.

Wer sich je gefragt hat, was uns unser süßes Baby mit seinem ohrenbetäubenden Brüllen sagen will, findet hier Antworten – und was für welche. Die preisgekrönte Kabarettistin Barbara Ruscher liefert hochkomische Einblicke in Babys Sicht der biologisch korrekten Familienwelt. Nach Monaten der Frühförderung in Mamas Bauch kennt Baby Mia zwar Mozarts Frühwerk, aber leider kann sie sich weder drehen noch sprechen. Nur ihr Teddy versteht sie. Und während Mia die ersten Meilensteine des Lebens – erstes Lächeln, erstes Mal Mama und Papa beim Sex stören, erstes Mal die olle Trulla anpinkeln, die Papa schöne Augen macht – hinter sich lässt, fordert der anstrengende Familienalltag seinen Tribut von ihren Eltern. Als zwischen Pekip und Biobrei die Ehekrise droht, müssen Mia und Teddy handeln.

Regelmäßige Informationen erhalten Sie über unseren Newsletter. Jetzt anmelden unter: www.aufbau-verlag.de/newsletter

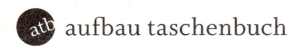